U0957793

全面抗战期间桂林损失调查研究

唐凌　付广华◎著

侵华日军暴行史研究

南京出版传媒集团
南京出版社

地将写作信史作为史家最根本的准则。在日本军国主义极力推卸战争罪行的情况下，通过广泛深入的调查研究，既能对其进行有力的批驳，更能争取国际社会的认可。另外，普通民众是这场战争的最大受害者，但是，由于传统的历史研究大都关注精英，忽略下层社会，造成史学研究中的结构性缺陷。通过调查，强化普通民众的话语权，就能深入了解许多历史的细节，丰富历史的内容，提高历史认识的清晰度和可信度，从而弥补这种结构性缺陷，使历史研究的科学性得到增强。再者，高等院校的基本任务是培养人才，在教学过程中，引导学生走出课堂，走进社会，开展历史调查活动，是实现历史教学目标的基本路径。师生在调查过程中不仅可以提高认识社会的能力和创新能力，还可以获得可观的课程资源，从而实现教学的双赢。更重要的是，通过关于桂林抗战损失的调查研究，可以使年轻的一代真切地认识战争及其危害，形成正确的历史观和社会发展观。正是出于这种考虑，我们确定以调查报告的方式来揭露日军对桂林侵略的罪行，并在此基础上对其所造成的损失进行评估。

从 2001 年 9 月调查桂林市东郊王家村“白骨洞”算起，我们的调查工作已经持续了近 20 年。期间，我们不仅调查了日军侵略桂林时造成重大伤亡或损失的地点及相关的历史知情者，而且还调查了过去和现在的有关档案及文献资料。我们深深地认识到，大量的实物资料和口碑资料不能离开田野调查，而文献调查则是“资料堆中的田野工作”。为了对历史负责和提高工作的效率，我们始终将调查工作侧重于三个方面：一是注意抢救活着的历史见证者。随着时间的推移，当年曾经历过这场惨痛战争的人们逐渐离世，研究抗战损失问题会变得越来越困难。出于这一考虑，我们在调查中，通过多次反复的访谈、拍照、记录，抢救了一批十分珍贵的资料。二是勘察现存的历史遗迹，叩问它们的特殊叙说。我们先后考察了八路军桂林办事处、七星公园三将军纪念塔、八百壮士墓、八百壮士就义地遗址、独秀峰下日军轰炸桂林的弹坑、“忆桂林大火”石刻、“白骨洞”遗址、“血泪岩”遗址、冷水塘日军战地医院遗址等，收集了相当数量的口碑资料和图片资料。三是收集日方的资料。比如由日本末次研究所收集的剪报资料、日军军部编写的战史资料以及由日军控制出版的《申报》等报刊资料，这些资料大都体现了日方的立场，是日本右翼势力所无法否认的。实地调查和文献调查耗费了我们大量的时间和精力，同时也使我们获得了许多珍贵而重要的资料。这些资料，增强了我们创新的自信心。

我们的研究工作既考虑历史的状况，也考虑现实的要求。根据当时的有关规定，着重从人口伤亡和财产损失两大方面展开论证。人口伤亡既包括被日军直接杀害、重伤、轻伤等所导致的伤亡，也包括因日军侵略而造成的中国民众病、饿、累等方面的伤亡。财产直接损失主要是日军烧杀抢掠造成的房屋损失，人民、机关团体和公务员役损失，交通事业损失，工业及公用事业损失以及合作社财产损失等；间接损失则是由于日军入侵而导致的防空设备损失、生产停滞以及盈利减少等。同时，我们也根据战争损失的构成要素进行补充。人口伤亡部分我们补充了空袭伤亡、官兵伤亡、沦陷前间接伤亡等内容；财产损失部分我们增加了沦陷前空袭财产损失、防空设备及疏散损失、难民救济等方面的内容，对于以前没有涉及的邮政、航空等方面的损失我们也酌加补充。当然，对于桂林抗战损失的历史影响，我们更是给予了充分的关注，因为这关系到对日军侵略进行正确的评价和定性。

早在本课题研究开始之初，我们就对自己提出了如下几点要求：资料要进行大力的发掘和整理，尽量用多元化的资料来说明问题，其中一些关键的结论，还用日方认可的资料来加以说明，目的是增强论证的力度。风格以纪实为主，努力使自己的研究成果具有志书的风格，同时又达到史学的意境。所谓“志书的风格”，即是指我们的行文一定要继承中国古代以来修志书的优良传统，努力收集大量的历史资料，展示较为翔实的历史过程。所谓“史学的意境”，即是指我们的立论一定要深远，把桂林的抗战损失问题放到中国乃至世界的背景中进行考察，争取在理论或方法上取得一些突破。对于复杂的难以确定的问题，用科学的方法来处理，例如，在计算人口伤亡和财产损失的量时，若感到有些问题不便确定，往往遵循对历史宽容的原则，只提出一个保守的估计，以供后人研究时参考，而不做具体的结论。我们知道，这样做虽然会使国家的利益受到一定的影响，却能体现出中华民族的宽广心胸，赢得世人的尊敬。

尽管我们在调查研究中付出了很大的努力，但是，由于历史及现实条件的限制，我们也遇到了很多困难，研究的成果还存在着一些不足。主要表现在：由于日方极力掩盖战争罪行，对当年有关的侵华资料进行封锁、销毁，因此在研究的过程中，我们对其侵略行径的认识还不够深入。抗战时期，由于日军的经济侵略和掠夺，加上中国方面扩充军费，通货膨胀相当严重，尤其是在抗战中后期，物价波动更为严重，这就给财产损失的统一数字换算带来了不利的影响。不论是政府还是民间组织机构，对战争损失的认识都有一个不断深化的过程，其中，间接损失这一概念的内涵变化较大。国民政府曾主持过不止一次的损失调查，这些调查对间接损失的界定不统一，数字相差也较大。有些项目由于缺乏完整的统计而不得不放弃。在战争时期，难民及军队具有很大的流动性，其人员伤亡和财产损失的情况因此具有一些不确定的特征。这些，都使判断工作不可避免地带有一定的模糊性。

战争必然会给人类带来苦难，延缓社会的发展。任何时候，我们都不希望战争发生。但是，当战争已经成为历史的时候，作为历史研究者，我们的任务却是要千方百计地让民族记住自己的苦难。因为只有这样，我们的民族才会更加奋发图强，建设好自己的国家，以强大的经济、政治和军事实力来制止战争，实现人类社会的和平发展。我们期望本项研究能在一定程度上起到这样的作用。

目 录

第一章 绪论

一、本课题研究的缘由

（一）本课题研究的紧迫性

抗日战争的硝烟已经散去70多年了，但是它留给人们的思索却一直没有停止。日本军国主义发动的这场侵略战争给中国带来了巨大的灾难，给中国人民留下了永远无法抚平的历史创伤。更可气的是，他们对自己所犯下的罪行一直不进行认真的反省，相反，还通过各种方式，开脱自己的罪行，美化侵华战争，不断制造伤害中国人民感情的政治事件。这种局面之所以出现，一方面是因为战后美国极力扶持日本，意图使之成为冷战格局中遏制社会主义阵营的一种势力。另一方面，日本的近代化进程与其发动的对外战争紧密地联系在一起。日俄战争、中日甲午战争，日本都是胜利者；第一次世界大战，日本也在战胜国一方坐享其成。从其心理上讲，如果彻底否定这场侵华战争，就要否定19世纪以来一系列对外征服的“业绩”。日本人一向尊崇实力，对于比自己落后的国家，很难低头认罪。再有，抗战结束后中国爆发了国内战争，国民政府对日本侵略采取“以德报怨”政策，包括放弃赔偿要求、赦免战犯等，无心为肃清日本军国主义势力、讨回中国人民的公道而斗争，从而也在一定程度上助长了日本军国主义的嚣张气焰。

正是由于这种复杂的历史背景，中国人民清算日本侵华罪行的工作才异常地艰难。中华人民共和国成立后，抗日战争研究逐渐受到学者们的重视，但是，由于相关史料的分散及缺失，调查涉及面大，取证工作也因战争破坏大受影响，加上研究力量及研究条件的局限等，使中国抗战损失问题一直没有得到很好的解决。1987年，著名历史学家胡绳在一次讲话中提出了一个损失数据。他说：“中国人民在抗日战争中牺牲的人数有2000万人，财产的损失和战争消耗，以1937年7月的美金计算，约为1000

亿元。”[①]这个数据的提出系个人看法，没有具体的统计作基础，显得有些笼统。到了1991年，中华人民共和国国务院发表的《中国的人权状况》进一步指出：“日本全面侵华战争期间（1937—1945年），中国有930座城市被占领，直接经济损失达620亿美元，间接经济损失达5000亿美元。”这个数据仅包含财产损失的内容，而未对人员伤亡提出新的数字，也没有包括1931年“九一八事变”之后至1937年“卢沟桥事变”之前的损失。此外，自1988年开始，中国军事科学院组织了有关专家对日本侵华战争中中国军民伤亡数进行了重点研究，通过比较分析战争前后的人口变化状况，认为“在抗日战争中，中国军队伤亡380余万人，中国人民牺牲2000余万人，中国军民伤亡总数达3500万人以上。”[②]这一损失数据也带有一定的估计成分，因而时常为国外尤其是日本学者所诟病。他们以社会发展的“先进”和“落后”画线，认为在第二次世界大战中，德国的反犹和日本侵华的性质是不同的，德国对犹太人是种族灭绝，而日本对华是殖民战争。日本对华侵略犯有“暴行”，但是这些“暴行”是战争过程中不可避免的。这种谬论相当猖獗。随着时间的推移和历史见证者的逐渐离世，研究日本侵华战争给中国带来的损失问题会变得越来越困难。为了还历史的本来面目，驳斥日本右翼势力的无耻滥调，澄清世人的模糊观念，加强对抗战损失问题的研究刻不容缓。

分区域开展研究是解决这一难题的有效途径，在区域中选择一些点来开展研究更有助于研究的深入。考虑到广西是抗战时期大后方的一个重要组成部分，桂林是当时广西的省政府所在地，也是著名的历史文化城市。全面抗战的中后期，日军两次入侵广西，发动了桂南战役和桂柳战役，桂林成为日军打击的重要目标，遭受了非常严重的损失，这种损失具有突出的代表性。因此，本课题以桂林为个案，对抗战损失问题开展调查研究，以期促进抗战损失研究向纵深拓展。

（二）本课题研究的理论意义

1. 为解决中国抗战损失难题提供直接的数据支撑

科学研究经常要涉及整体与局部的关系问题，只有局部得到确认，整体才会有存在的基础。不存在脱离局部的整体，也不存在脱离整体的局部。对于抗战损失这一难题来说，中国抗战损失是整体，桂林抗战损失是局部，只有弄清楚桂林到底遭受了怎样的损失，全广西乃至全中国抗战损失数据才可能有精确判断的依据，合理性才不致遭到人们的质疑。

---

① 胡绳：《在七七事变五十周年纪念会上的讲话》，《人民日报》1987年7月9日。

② 军事科学院军事历史研究部：《中国抗日战争》（下册），解放军出版社1994年版，第625页。

桂林是一个具体的城市，通过对桂林市遭受日本侵略的情况进行广泛的文献和实地调查研究，可以重新证实或补充当年政府的调查统计，从而得出科学且符合桂林实情的抗战损失数字。近年来，历史档案资料陆续解密，政府组织力量编修地方志，发掘和整理了一批有关抗战损失的资料，日方的资料也被陆续发现并经整理后发表。利用这些资料，我们就能对抗战时期的桂林损失状况形成较为准确的认识。抗战时期及战后的调查由于受观念和人力、物力等条件的制约，调查的领域比较有限，对战争损失的理解也比较肤浅，不少项目未归入损失之列，从而影响了对损失数额的正确计算。现在，随着对这场战争及其危害性认识的不断深入，越来越多的内容被确定为损失。利用现行的标准，重新对桂林在抗战中的损失进行分析，可丰富战争损失的内涵，提高战争史研究的科学性。在调查研究的过程中，我们所采用的文献资料与口述资料、新资料与旧资料、中方资料与日方资料相结合的方法无疑可以给其他的研究者提供某种借鉴。另外，资料的考实与田野考察必将对传统的历史学研究方法提出一定的挑战，从而促进整个抗日战争史乃至历史研究的进展。

2. 可为透视战争与城市发展的关系提供一个基点，帮助人们把握影响城市现代化的制约性因素

桂林有着2000多年的历史，自古以来就是岭南地区的政治和文化中心之一。20世纪初，桂林这座城市开始了近代化的进程。今天的桂林蒸蒸日上，正在走向世界著名旅游城市的行列。可是，谁又知道抗日战争期间由于日本的入侵使桂林的城市化进程倒退了多少年？这种倒退对桂林又产生了怎样致命的影响？在历史的进程中，战争虽然只是短时期内产生作用，但是战争一旦对城市造成毁灭性的破坏，就会使其丧失生机和活力，在很长一段时期内无法走向繁荣，甚至其周围的地区也会因此而受到严重的消极影响。按照年鉴学派的观点，历史是由长时段、中时段和短时段的因素所构成的。桂林具有非常悠久的历史，同时，桂林在抗战中又遭受了非常惨重的损失。通过对桂林抗战损失的调查与研究，并在此基础上分析影响桂林发展的长时段和短时段因素，我们就能了解战争与城市的关系，认清区域现代化的曲折道路。

3. 可为研究区域损失的特点提供依据

抗战时期，为了更有效地占领和掠夺中国，日本根据战争发展的需要对不同的地区实施了不同的策略。例如，在中国的东北，它大力推行殖民主义；而在华北、华中、华南等地区，则推行“以华制华”的策略。战争初期，日本侵略者实施速战速决，对中国重要的军事、政治及经济目标进行毁灭性打击，后来，随着战线的逐渐拉长，其战争机器的运转越来越不灵，给养、人员的补充都严重不足，因此不得不收缩战线，实施重点打击的作战方针。在整个抗战过程中，中国许多城市受到严重的破

坏，但是桂林的损失状况却具有自己的一些特征，如主要是在抗战的中后期遭受日军的侵略，持续的时间较长；受轰炸的次数多，并且被日军直接占领；另外，由于处于湘桂铁路线上，难民大量涌入，与之相随的是疾病流行，饥荒严重，使之雪上加霜等。桂林在战争中的损失不同于战争初期华北、华中等地区的城市，也与同时期的西南甚至广西的其他城市存在着差异。了解这些差异，有利于对抗战损失进行全面正确的评价。战争损失有的是直接的，有的则是间接的；有的主要表现为人员的伤亡，有的表现为财产的损失，有的则兼而有之；有的损失外显性比较突出，有的损失则需要结合其他的因素才能有所体现等。桂林抗战损失具有一定的典型意义，通过这一个案的调查与研究，我们就能进一步区分抗战损失的类型，增强统计的科学性。比较是重要的史学研究方法之一，战争时期的区域损失及损失的类型比较是当前需要加强研究的一个环节，本课题的研究对这一工作无疑会有所促进。

（三）本课题研究的实践意义

1. 可为驳斥日本军国主义美化侵华战争提供有力的证据

虽然日本战败投降已70多年，但日本政府对其发动的侵略战争一直未进行深刻的反省，极力为军国主义开脱战争罪责，这就不能不使我们深切认识到，只要日本不改变其军国主义历史观，那么，我们与日本右翼的斗争都不可能停止。当今世界经济、文化一体化趋势在不断加强，国家与国家、民族与民族都在竞争中加强合作，同时也在合作中加强竞争。竞争中出现的矛盾和斗争，必须依据国际法原则来解决，能否在竞争中处于有利地位，主要取决于是否具有强大的实力。因此，我们在与日本右翼势力进行斗争的过程中，必须寻找确凿的历史事实作为依据，揭露日本军国主义的侵华罪行，驳斥他们美化侵华战争的谬论。只有这样，我们才能赢得国际社会更多的支持，孤立日本右翼势力。我们在本课题的调查研究中，努力收集了较多的历史图片、文献和口述资料，并对这些资料进行考证，恢复历史的本来面貌。我们认为，这一工作做得越扎实，获得的证据就越充分，与日本右翼势力进行斗争就越有利。其中搜集整理的很多资料可以为驳斥日本军国主义谎言提供重要的历史依据，对于破除日本军国主义的影响必将起到一定的积极作用。

2. 可为桂林人民向日本政府索赔提供帮助

二战结束后，由于中国内战的爆发和美国操纵旧金山会议，致使中国向日索赔问题成为一个在国际上已不予考虑的“既定事实”。中华人民共和国成立之后，对日的政策是以民促官，大力开展对日民间友好工作。在冷战期间政府间无直接交往的情况下，这样做取得了细水长流促进民间交往的效果。20世纪70年代中日两国建交时，鉴于国民党政府在二战结束时事实上已被迫放弃了战争赔偿，加上当时中国迫切需要融入国际社会，我国政府宣布放弃对日索赔的要求，但是这并不等于民间赔偿的要求也同时放弃了。因此，通过加强包括桂林抗战损失在内的调查研究，获取战争损失的证据，通过国际法的程序，由人民或人民团体向日进行索赔，这在本质上是符合中华民族利益的，在现实生活中也是非常重要和必要的。坚持民间对日索赔要求，就是坚持民族的尊严。尽管索赔的过程非常艰难，但是这一行动势必对日本右翼势力产生压力。索赔主要是经济领域的斗争，桂林抗战损失的调查研究，显然会增强这一领域斗争的力量。

3. 可为其他战争受害国提供日军的犯罪线索

日军两次入侵广西都把桂林作为打击的重点，因为桂林位于大陆交通线上。日军打通大陆交通线的主要目的，既是为了更有效地控制中国的东南和西南地区，也是为了掌握东南亚战场的主动权。日军在桂林的行动，与其在东南亚各国的行动存在着一定的因果关系。从前日本末次研究所所记载的资料来看，日军始终都把争夺大陆交通线作为自己一贯的作战方针①。调查研究日军在桂林的侵略行径及其所造成的损失，可为东南亚各国提供日军所犯罪行的线索。反过来说，东南亚各国的研究也可以为我们的研究提供新的线索。这样，通过学术研究的互动，就能进一步加深对日军侵略罪行的认识。

4. 可为爱国主义教育提供生动的地方教材

爱国主义是国家和民族发展的重要精神动力。随着形势的发展和变化，爱国主义的内容和方式也在不断地变化。但是无论如何变化，以史为鉴、发奋图强、振兴国家是必须始终遵循的一个基本原则。只有时刻保持历史的记忆，才能实现民族的认同，爱国主义教育才能真正收到实效。抗战时期，桂林在日本军国主义铁蹄的蹂躏下受尽了屈辱，人民受尽了苦难。调查研究这段惨痛的历史，有利于警醒人们，避免悲剧重演；同时，通过探讨桂林走向近代化的艰难过程，深刻认识大力发展经济，建设和谐社会的重要性，有利于增强民族的自豪感，形成民族的凝聚力。

① 季啸风、沈友益主编：《中华民国史史料外编——前日本末次研究所情报资料》（中文部分）第66册，广西师范大学出版社1997年版，第447—476页；季啸风、沈友益主编：《中华民国史史料外编——前日本末次研究所情报资料》（中文部分）第67册，广西师范大学出版社1997年版，第3—420页。

二、研究范围和概念界定

（一）研究范围

1. 地域范围

民国时期桂林的政区有较大的变化。1913年6月，广西省政府设立桂林县，治所在今桂林市。始属漓江道，次年6月属桂林道。1927年道废，1930年属桂林区，1940年改置临桂县，划城区八桂、白龙、培风、义南、东江、凤北六镇及太沙、拓木、东附郭、西南附郭四乡，置桂林市①。1941年1月成立桂林市，辖前桂林县属之地，以及灵川县属之三合乡与乐清乡之三民、五权、乌石、上下街四村街，此四村街后与凤北镇属之中山街、六合、五福、三自、四教等五村街合并组成北附郭乡。当时共分为十二乡镇。市区辖境：东北至尧山脚，东南至龙门村，南至于二塘，西南至两路口小亭，西至侯山隘，西北至六合村（今水南中村），北至白石潭。后桂林市又按照1942年行政院颁布的《市组织法》，重新改编为九区，将八桂、白龙两镇合并为八桂区，义南、培风合并为培义区，其他风北、东江三镇，及东附郭、西南附郭、北附郭、三合各乡改区，并将柘木、太沙两乡合并为柘木区，东西约长15.5公里，南北长约19.5公里，共计面积约265平方公里。又在经纬方面，最东东经110.22度，最西东经110.14度，极南北纬15.11度，极北北纬25.22度。1946年市区面积352平方公里，东至邓家村（与李家村接界），西至路口（与汉塘村接界），南至白竹铺（与三塘接界），北至乌石街（与路西村接界）；东南到马家坊（与力脚村接界），西南到园塘村（与南岸村接界），东北到尧山顶（与尧山村接界），西北至六合村（与大同村接界）②。

本调查报告以20世纪30至40年代的桂林市为研究对象，有时为了研究的需要，也适当涉及现今桂林市的部分区域。

2. 时间范围

由于本课题主要研究的是抗战时期桂林市所遭受的侵略及其损失的问题，因此时间范围为全面抗战时期（1937.7.7—1945.9.2），同时适当向前后延伸。追溯历史是为研究战争破坏提供必要的史实铺垫，向战后延伸是因为抗战损失史料本身多诞生于此间。鉴于桂南战役和桂柳战役期间桂林受到的破坏最为严重，因此，1939年11月至

---

① 雷坚：《广西建置沿革考录》，广西人民出版社1996年版，第94页。

② 易熙吾主编：《桂林市年鉴》“土地与地政”，1949年版，第1—2页；颜邦英总纂：《桂林市志》（上）“建置”，中华书局1997年版，第121—122页。

1940年11月和1944年9月至1945年7月成为本课题研究的两个重点时段。

（二）概念界定

目前，学术界对于“抗战损失”这一概念，尚未形成一致的意见，主要的原因在于计算损失的时限不同。现在一般认为抗日战争应从1931年“九一八事变”算起，也就是“十四年抗战说”；有的则认为应当从1937年“七七事变”算起，秉持“八年抗战说”。我们认为，产生分歧的原因在于对“抗战”一词的理解不同，若认为中国的全面抗战是从1937年7月7日至1945年9月2日，则应将在此期间所遭受的损失称之为“抗战损失”；而若从1931年9月18日算起，则可将有关损失称之为“战争损失”或“第二次中日战争损失”，以示区别。这种划分只是为了便于说明问题，并不能改变损失本身的事实。

由于桂林地处大西南，直至1937年方遭受日本军国主义的飞机轰炸，时限问题显得并不那么重要。

至于“损失”概念，分歧不是很大。按照在抗战损失与赔偿问题方面颇有建树的韩启桐先生的观点：一个内容完全的战争损失数字，必须包括两部意义不同耗损。一部为军费；另一部即指战争破坏后果而言。其中后者可称为战争损失，或简称损失。包含有人口伤亡、财产损失、生产减损、贸易阻断，乃至为处理战争善后所需各项费用都可包括于此类以内①。

除此之外，韩启桐先生认为战争损失又常分为直接及间接两种，前者即一般所谓战争损毁，后者即一般所谓战争影响②。

而国际法中通常所谓的损失是指生命丧失、身体受伤或健康的其他损害；国家、自然人、法人的财产或国际政府间组织的财产受损或损害③。

参照前人建树与国际标准，我们把“桂林抗战损失”界定为：当时桂林市的地域范围内，各公私机关、学校、团体以及人民因日军侵略和抗战而遭受的直接和间接损失。

---

①② 韩启桐：《中国对日战事损失之估计》（1937—1943），载沈云龙主编：《近代中国史料丛刊续辑》第89—90号，台湾文海出版社1974年版，第1页。

③ 王铁崖、田如萱编：《国际法资料选编》，法律出版社1982年版，第575页。

三、主要史料

（一）文献资料

1.《广西省抗战损失调查统计》

1945年8月，日本宣布无条件投降，广西各沦陷地区先后光复。为了配合善后救济工作，以及为中央向日本索取损失赔偿提供依据，并为战后的重建提供参考，广西省政府调拨经费243万元，选派8人负责广西80县市局抗战损失的调查。其中在桂林展开调查的是巴一挥。各调查员于1945年8月底从百色出发，到11月陆续调查完毕，共收到调查表1023120张。并于同年11月6日成立了广西抗战损失调查统计资料整理委员会，专门负责整理资料。其中，苏伯强、李耀华等7人为委员，雷方伯为总干事，苏伯强为常务委员。该会分总务、整理和统计三组，每组设组长1人。总务组设干事6人，办理资料的收发、保管和会计、出纳、庶务、文书等事项。整理组设审核干事32人，办理资料的分类、编号、审核等事项。统计组设干事10人，办理统计事项。登记工作采用包办制，共用登记人员300余人。在资料整理方法上，由整理组印制村街、乡镇和县市三种财产损失整理表。整理时，先将各户填报的调查表交审核员审核，然后将经审核无误的各类损失调查表分类编号，由登记人员将损失数量填入村街整理表中，并计算村街损失总值，乡镇和县市的损失总值登记方法与此相同。最后由统计组分析综合，编制各种统计表，整理统计工作到1946年3月15日结束。

《广西省抗战损失调查统计》一书即是上述一系列辛勤劳动的智慧结晶，该书于1946年出版，后又收入1948年出版的《广西年鉴》第三回下册的附录。书中对广西省抗战损失调查经过，各县沦陷及收复日期、沦陷期间财产统计总表、人员伤亡（1944—1945年）、交通事业损失、矿业损失、工业及公用事业损失，公务员役财产损失、机关团体财产损失、各县受损失的乡镇村街数及户数（1944—1945年），桂南十九县沦陷损失等11个重大问题列表，是桂林抗战损失研究的重要史料来源。

对《广西省抗战损失调查统计》的评价，历来较高①。除了单行本和《广西年鉴》所载以外，其他尚有诸多专业刊物摘载了某一行业的抗战损失，如《广西省沦陷期间财产损失统计总表》（一）（二）即载于《桂侨旬刊》的1946年第2期。1947年出版的《广西经济建设手册》亦对广西省经济建设战时损失概况进行了记述。总的来说，广西抗战损失调查工作取得了较多的成绩，得出的数字也比较准

① 唐凌：《关于抗战期间广西矿业损失的调查》，《历史档案》1999年第4期。

确，而且对于相关数据的确定也比较谨慎[①]。但是这些资料还存在不少问题，主要体现在：

（1）广西省政府对各地损失的调查，从1945年8月底开始，到同年11月6日结束，所用时间不足3个月。在如此短的时间里，各项调查数据难免与实际损失不符。

（2）广西各地损失的统计从1944年9月到1945年8月，时限不足一年，这显然不能准确地估算出广西在整个抗日战争中所遭受的损失。

（3）广西省政府的调查大部分是对直接损失的调查，而对间接损失的调查统计则比较简单，不能反映整个广西抗战损失的全貌。

2.《广西年鉴》第三回

这是一部研究民国后期广西历史的重要资料集，由广西省政府统计处编印，1948年出版，分上、下两册。它依据当时广西省各厅的调查统计资料编成，材料收集面十分广泛，内容丰富，而且比较接近原始材料。《广西年鉴》第三回时限从1936年到1947年，内容涵盖经济、社会、文化等各个方面，是一本百科全书式的资料。该书附录的《抗战损失调查统计》中收录了《抗战损失调查补遗》，这部分资料是《广西省抗战损失调查统计》一书所不包含的内容，具有十分重要的史料价值。另外，本书中还有1944年9月以前广西各县市历次遭受日机轰炸的人员伤亡和财产损失情况统计表，是研究桂林抗战损失不可或缺的史料。

3.《广西统计季刊》

广西省政府统计室于1943年4月1日由前省政府统计处缩并改组成立后，决定将《广西统计月刊》改为《广西统计季刊》，当年6月出版了第1期，至1948年4月共出版了11期，《广西统计季刊》的内容侧重于统计理论、技术及数字的发表，其包含内容分为统计理论、调查报告、统计资料等。统计以行业划分，将这些资料与桂林的资料进行对比，可对桂林的损失程度进行判断。

4.《广西统计年报》

1947年出版，内容分为25类，其中灾情、救济等对了解抗战损失给广西和桂林社会带来的影响有着一定的参考价值。

5.《桂林市年鉴》

这是桂林市的第一部年鉴，记载时间自1945年8月1日至1947年10月底，出版期原定于1948年8月，后因物价上涨等原因迟至1949年夏方出。

① 参见《广西省政府公报》，1947年3月6日第2176期。

1946年11月，桂林市修志馆成立，易熙吾时为总编纂。后于1946年5月1日奉令成立了桂林市文献委员会，推举易熙吾为主任委员。《桂林市年鉴》即是在该委员会的辛勤努力下编辑而成的。当时只是编印了所征获资料的十分之七，其余的十分之三如今已不可获。尽管如此，《桂林市年鉴》对于研究桂林的抗战损失仍然具有极为重要的价值。就直接资料而言，《桂林市年鉴》以“特载”的形式对日军侵占桂林的有关史事以及桂林市沦陷期间的各项损失做了记载，其中《中日战争结束，胜利来到桂林》《桂林疏散特记》《桂林沦陷杂记》《桂林市沦陷期间各项损失统计表》《桂林光复特记》以及《救济情形》等对本课题的研究帮助甚大。同时，又由于“资料多来自主管机关团体”[①]，因而可信度很高，可以为桂林抗战损失的研究提供十分必要的背景资料。此外，年鉴涉及领域广泛，对于弄清桂林抗战损失的实况可以提供不可或缺的对照材料。

6.《桂林市志》

该志由颜邦英总纂，1997年中华书局出版，分上、中、下三册，共530多万字。除总述和大事记外，共有74个分志。其中相当部分都涉及日军侵略桂林及其所造成的损失。各分志在叙述桂林遭受日军侵略的具体情况时，将历史文献资料与口碑资料相印证，提供了不少新的线索。尤其是政府志、军事志、民政志、人口志、市政建设志、房地产志、电力工业志、机械·冶金工业志、机床工业志、建材工业志、纺织工业志、食品·造纸·印刷·日化工业志、商业志、供销合作志、交通志、教育志、文化志、文物志、宗教志等，具有较高的史料价值。

7.《中华民国史史料外编——前日本末次研究所情报资料》（中文部分）

本资料由季啸风、沈友益主编。资料来源为原日本军国主义侵华期间设于中国的末次研究所收集的剪报材料。该研究所将1912年至1940年7月间国内外50余种重要的中文、日文及英文报纸，按专题整理成辑，目的就是为本国政府和军队实施侵华活动提供参考。日本军国主义投降时，这些资料被国民政府接收，后存放于厦门大学图书馆。1997年由广西师范大学出版社影印出版。由日本的情报机构所收集整理的资料，内容及视野都很有特殊性，能帮助我们了解日军侵略中国的意图和步骤，具有较高的史料价值。日军侵略桂林的资料主要集中在第66册和第67册。内容涉及日机对桂林的轰炸以及围攻国民政府军队和利用中国社会内部矛盾实施侵略等方面，甚至有的资料还公布了率领日本轰炸机飞行编队轰炸桂林的日本军人姓名及其职务，轰炸造成的人员伤亡和财产损失情况大都比较翔实。毫无疑问，这些资料的发掘，对揭露日本军国

① 易熙吾主编：《桂林市年鉴》“弁言”，1949年版。

主义的战争责任，颇有价值[①]。

8.《中华民国史史料长编》

这是一套大型的资料书，由方仁元等主编，1993年南京大学出版社影印出版。主要收集民国时期政府的工作报告、领导人的讲话、视察实录、报刊的时事报道等。其中第62册至第65册中收录了较多日军轰炸和侵略桂林及其造成损失的资料，另外，桂林难民的生活状况及救济难民的情况也有所反映。虽然这些资料主要体现国民政府的立场，但是由于其构成具有多元化的特征，通过相互印证，仍具有较强的说服力。

9.《大公报》（桂林版）

《大公报》原在天津创刊。汉口、广州沦陷以后，《大公报》广州办事处的工作人员才撤到桂林，于1939年初成立了《大公报》桂林办事处，负责在桂林开展工作，为出版《大公报》（桂林版）奠定了基础。1941年3月15日，《大公报》（桂林版）正式创刊，馆址在东郊星子岩，日出对开一张。时由王文彬任发行人兼副经理。太平洋战争爆发后，香港《大公报》人员撤到桂林，编辑力量大大增强，同时创刊《大公晚报》。这种状况一直持续到1944年6月桂林第一次疏散。由于受局势影响，《大公晚报》被迫停刊，《大公报》（桂林版）也由7月1日起缩减篇幅，改出四开一张，同时疏散人员和器材，到9月11日桂林强迫疏散，《大公报》（桂林版）自12日起宣布停刊。

《大公报》（桂林版）一向重视桂林的各种新闻，当时一些年轻有为的记者如陈凡、曾敏之、黄克夫、赵范如等，以犀利的眼光观察社会，揭露日本侵略者所犯下的罪行，同时真实地报道民众的生活。报中常发表一些独家新闻，引起社会的广泛关注，长篇报道、访问记等也颇有吸引力，它对于抗日战争时期桂林的真实记录是其他媒体所不具备的。其中对于很多次日机轰炸桂林状况的报道都较为详细，为我们今天研究日军轰炸桂林所造成的损失提供了直接的资料，是控诉日本侵略者战争罪行的重要证据。

10.《桂林文史资料》

本套资料书由政协桂林市委员会文史资料研究委员会编印，里面收录了日军侵略桂林的不少资料。1984年12月出版的第五辑，副标题为“桂林抗战纪实”，集中记述日军侵略、侵占桂林的有关史事，内容十分丰富。其中，有关桂林防守战的5篇，有

① 唐凌：《抗战时期日军侵略广西情报资料辑录及考评——以〈末次情报资料〉为范围》，《华南理工大学学报》（社会科学版）2003年第4期，第42—51页。

地区的战争损失》（英文）的调查报告。

行政院《抗战损失查报须知》颁布以后，一些省区陆续编成了损失统计表，如1939年湖北省政府秘书处曾编成《抗战两年来湖北省公私损失统计》一书。桂南会战后，广西省振济会主持了灾情普查，后编为《桂南沦陷十九县灾情统计》，被韩启桐先生称为“我国当前最详细的损失调查”①。

最早有系统地估计中国抗战损失的著述也许要算潘嘉林先生的《抗战三年来我公私损失初步估计》②一文了，这篇文章写就于1941年春，惜因种种原因，未能公开发表。韩启桐先生在写作《中国对日战事损失之估计》（1937—1943）一书时曾参考过该文。本书提出截至1943年，中国军民伤亡776万人，财产损失达国币449700余亿元，约合美金132.59亿元。但这两个数据皆出自估计，并非实地调查统计而得，而且时限也仅至1943年，因而存在着严重的缺陷。

随着局势的进展，国民政府内政部成立了抗战损失调查委员会，并且颁布了《抗战损失调查办法》。各地方政府同时参照行政院颁布的《抗战损失查报须知》进行逐级调查填表汇报。在实际调查真正完成之前，由于对日索赔的需要，还“参照第一次大战时英、美前例，先就已有之资料，推算未报损失之数字”③，编制集中估计性质之报告。后来，在参考各地损失数据的基础上，最终形成了《中国抗战时期财产损失说帖》这一重要文献。

遵从国民政府指示，广西省政府亦组织大批人员进行调查，最终形成了前文所述的《广西省抗战损失调查统计》一书。

随着解放战争进行和国民党避居台湾，中国对日抗战损失的调查与研究也就暂告一个段落，以后长期无人问津。

（二）近四十多年来的研究概况

中华人民共和国成立以后，人民政府奉行“一边倒”的外交政策，基本上不和日本发生什么联系，因而，也很少有学者进行抗战损失的研究。这样一来，整个20世纪50至70年代，就成为抗战损失研究的空白期。

随着中日邦交正常化，对日关系研究逐渐受到重视。在这种背景下，中国抗战损失史研究重新进入研究视野也就理所应当。较早重新关注抗战损失史研究的是台湾学者。

---

① ②韩启桐：《中国对日战事损失之估计》（1937—1943），载沈云龙主编：《近代中国史料从刊续辑》第89—90号，台湾文海出版社1974年版。

③《战时公私财产损失人员伤亡调查报告表签呈》，载秦孝仪主编《中华民国重要史料初编——对日抗战时期》第二编《作战经过》（四），1981年版，第11—12页。

1974年，沈云龙先生在编辑《近代中国史料丛刊续辑》时影印了韩启桐先生的《中国对日战争损失之估计》（1937—1943）一书。1978年，黄大受先生发表了《日本侵华损害估计》一文。抗战损失问题逐渐引起学者们的关注。1981年，秦孝仪先生在主编《中华民国重要史料初编——对日抗战时期》大型史料丛书时，专门列目刊载了与抗战损失问题直接相关的档案和调查研究报告，为学者们进一步研究奠定史料基础。1983年，周一行先生在《日本侵华史实录》一书中，对抗战时期的人口伤亡和财产损失进行了重新估测，认为中国平民伤亡人数约2842万，军费开支99542531137美元，民间损失31330136000美元。1987年，迟景德先生出版了《中国对日抗战损失调查史述》一书，对中国抗战期间以及战后国民政府组织的调查进行了深刻的历史考察，是继韩启桐之后又一部研究中国抗战损失史的专著。

从20世纪90年代开始，大陆史学界关于抗战损失的研究也开始走上正轨，并且在这个领域内结出了丰硕的果实。

孟国祥先生从20世纪90年代初开始在抗战损失的研究上有所建树。1992年发表的《抗战期间损失调查述要》是大陆发表的第一篇专门探讨中国抗战总损失问题的研究论文。之后，孟国祥先生继续在这个领域内展开探索，于抗日战争胜利50周年（1995年）前夕与喻德文先生合作出版了《中国抗战损失与战后索赔始末》一书。这是大陆第一部专门探讨抗战损失与索赔问题的著作，在一定程度上可以说填补了抗日战争史研究的空白。该书比较全面系统地阐述了我国抗战时期损失的情况，对遭日本侵略者损害的总况，国统区和解放区的损失以及海峡两岸对抗战损失的最新研究，分别做了翔实的介绍，并专章叙述人身精神方面的损害和我国文物财产被劫掠与战后追索的情形，以及向日本进行索赔的缘故经过，对我国放弃战争赔偿的史实也做了较为详细的描述。与此同时，郭希华先生《抗日战争时期中国损失调查及赔偿问题》一文对黄炎培首先提出抗战损失调查提案、抗战损失调查机构的沿革、抗战损失调查的不彻底以及未能实现向日本索取赔偿的目的等问题做了较为周致的考察。这一年对抗战损失展开研究的还有珞珈的《抗日战争时期日本侵华造成的损失问题述论》。

此后，对抗战损失史的研究开始向纵深方向拓展，从关注损失调查转移到关注损失本身，各方向的专题性损失研究也逐渐浮出水面，尤其是文化教育事业方面的损失最为引人关注。

李彭元先生首先考察了抗战时期日本对我国文化典籍进行掠夺的情况[①]。袁逸先生不仅考察了抗战时期浙江省图书馆事业的损失，而且还与姜丽华合作研究了当时浙

① 李彭元：《抗战时期日本对我国文化典籍的掠夺》，《四川图书馆学报》1997年第2期。

应该说，中国抗战损失的研究，伴随着这一套丛书的出版，在史料汇编、总体损失、专项损失、区域损失等具体内容的研究上达到了一个新的学术高度，为有力地揭露日本军国主义的罪行、反击日本右翼势力否认侵略战争的言行提供了更多的证据。

（三）广西地方史研究中有关桂林抗战损失的成果

广西历史学界一向重视抗日战争史的研究，尤其对日本侵华暴行问题最为关注，故而对与桂林抗战损失相关的问题也有所涉及。

梁师华、吴忠才的《日本侵略军两次蹂躏广西的暴行》一文就日军两次侵略广西的概况和给广西人民带来的无穷灾难展开论述，其中颇多涉及桂林抗战损失的内容，并对广西遭日机轰炸而造成的人员伤亡及财产损失进行了初步的统计。

王晓军的《日军航空队袭击广西暴行述评》一文对日军航空队袭击广西的概况以及给人民群众造成的惨重灾难进行全面考察，其中亦有多处涉及日机轰炸桂林的问题。

中共广西壮族自治区委党史研究室编著的《广西抗战时期人口伤亡和财产损失》是前述《抗日战争时期中国人口伤亡和财产损失调研丛书》的一种，全面系统地论述了日本侵略者在广西的主要罪行、抗战时期广西人口伤亡情况、抗战时期广西财产损失情况，并且提供了大量专题研究资料作为支撑。

广西师范大学一些研究生也开始对广西抗战损失的研究。唐咸明先后分析了日军入侵所造成的图书损失①、蔗糖业损失②以及医药损失③；刘方富则论述了抗日战争时期广西的土产损失④；张旭杨分析了广西的工业损失⑤和边陲重镇龙州的抗战损失⑥。

除了上述专题研究成果以外，《广西抗日战争史稿》《新桂系史》《20世纪30年代的广西》《广西通史》等专著以及地方志、厂矿志等亦对广西抗战中的损失问题有若干论述，对桂林抗战损失的研究有着重要参考价值。

（四）简评

抗战损失既是日军侵华罪行的真实表现，也是抗日战争的一个历史遗留问题，因而需要深入探讨，认真研究。考察已有的专文研究成果后，我们发现存在以下问题：

1.在研究目的上，多只是为控诉日本侵华罪行，这就很容易感情用事，对于某些

---

① 唐咸明：《抗战时期日军两次入侵广西造成的图书损失初探》，《广西地方志》2005年第4期。

② 莫长胜、唐咸明：《抗战时期广西蔗糖业损失初探》，《广西教育学院学报》2006年第2期。

③ 巫文生、唐咸明：《论抗战时期广西两次沦陷期间的医药损失》，《柳州师专学报》2006年第4期。

④ 刘方富：《浅议抗日战争时期广西土产的损失》，《张家口职业技术学院学报》2006年第3期。

⑤ 张旭杨：《抗战时期广西工业损失研究》，《桂林师范高等专科学校学报》2017年第1期。

⑥ 张旭杨：《抗战时期边陲重镇龙州抗战损失初探》，《广西地方志》2014年第6期。

事实视而不见，而得出偏颇的结论。同时，有的一味服从政治需要，将主要精力花在了侵华日军暴行的研究上，而对暴行产生的后果则稍显关注不够。

2.在研究方法上，不少成果往往采取粗疏估计，笼统叙述的方法，而不能从量上分析，从资料中得出结论。损失牵涉到数据问题。每一个数据都应当来之有据，每一则史料都要认真分辨其真伪，否则很难以理服人。所以，在研究中，尤其是在抗战损失研究中，要多使用量化分析的方法，有时可以尝试运用一下数学模型来解决一些难题。

3.在研究范围和角度上，有些成果仅仅关注于损失调查的概况，或者对损失情况做一扼要介绍，深入分析、研究不够，期望能有一批抗战研究专家不辞劳苦，耐心细致地研究各遭受日本侵略省区的损失，得出令人信服的结论，那么离我们解决“中国抗战损失究竟是多少？”的难题也就不远了。这必将是中国学术界的一件幸事，也是中国人民的一件幸事。

第二章　沦陷前桂林社会的大发展

一、新桂系十年建设与现代桂林的草创

桂林是一座历史悠久的城邑。早在秦汉时期，这里就是岭南地区的政治、经济和文化中心之一。宋元时期，中原地区的移民不断来到这里，带来了大量的先进技术和方法，促进了桂林社会经济的发展。明代，靖江王府设于桂林。清代，桂林是广西巡抚衙门的所在地。1925年，以李宗仁为首的新桂系集团取代以陆荣廷为首的旧桂系集团后，桂林是新桂系的统治基地，广西的省会设在此。1934年3月，新桂系以“党政军联席会议”的名义颁布了《广西建设纲领》，决定在全省范围内开展大规模的经济建设。桂林成为当时建设的重点之一。从这一年到桂林沦陷约有10年的时间，桂林实现了经济的迅速发展，初步实现了向现代化城市的转变。

（一）工业化的初步实现

虽然广西当局出台了有关政策加速经济的发展，但直到全面抗战爆发前，桂林的现代工业仍然处于很弱小的状态。公营的除电力厂和修械厂之外，并无其他较大工厂。民营工业也不发达，较有规模的仅广宜安机米厂、民生木机纺织厂两家，其余如协昌隆玻璃工厂，日新、世昌、太和、捷成等四家肥皂工厂，规模都比较小①。

全面抗战爆发后，桂林的工厂迅速增多，工业的基础逐渐厚实起来。这主要是因为：

1. 沿海及中原沦陷地区物资与人才在桂林聚合

淞沪会战和武汉会战后，大片国土沦丧，人民被迫逃亡，工矿企业也被迫转移。桂林顿时成为避难人士的集中居住之地，人口迅速增加了数倍，金融工商各业随之逐渐繁荣。抗战初期，国民政府劝令全国各公营和私营企业向后方迁移并组设迁厂委员会，补助款项，调拨车辆，协助运输。在这种情况下，开始了中国实业界的“敦克尔

---

① 易熙吾主编：《桂林市年鉴》“工业与劳工”，1949年版，第2页。

克”行动，其中不少工矿企业来到桂林落户。

2. 桂林的交通比较发达，有利于工矿企业的原料和产品运输

全面抗战爆发前，桂林的水路和公路运输就已经发展到较高的水平，全面抗战爆发后，国民政府和广西省政府为了适应抗战和建设西南大后方建设的需要，投资兴建湘桂铁路和黔桂铁路。湘桂铁路由交通部和湘桂两省共同投资，1937年动工，1938年9月衡桂段通车，1939年11月桂柳段告成，运输能力因此大为增强。铁路运输较公路和水路相比不仅运量大，而且价格也比较便宜，这就为工矿企业在桂林的迅速发展提供了非常有利的条件[①]。

3. 战时经济建设的特殊需要为桂林工业的发展注入了活力

战争期间，所有机械修理、器材制造等都要依靠工业来承担。因此，许多工厂的职能不能不发生改变。桂林是抗战时期大后方的主要生产基地，机械工业是桂林工业的主体，虽然这些企业的规模不一，但是其产品却几乎都直接或间接与战时需要有关。这就表明，战争经济的推动，为桂林工业的发展注入了强大的活力。

4. 桂林特殊的地理环境和文化环境为工业的发展提供了保证

桂林多天然山洞，在战争状态下，这些山洞有利于人员和物资的躲避与储藏，能在一定程度上减少敌人的破坏。抗战时期，桂林成为著名的抗战文化城，人们通过各种形式创造抗战文化，宣扬抗战文化，爱国热情空前高涨。这种文化氛围，对战时工业的发展无疑也十分有利[②]。

5. 地方当局的积极倡导与推动是桂林工业发展的重要政治因素

由于桂林是广西省政府的所在地，加上抗战时期桂林具有上述这些有利条件，因此，地方当局积极倡导在这里发展工业，并在资金、人力、物力方面予以倾斜，从而进一步提高了人们投资兴办工矿企业的热情。国民政府资源委员会于1939年2月27日将锡业管理处设在桂林，并且通过各种宣传方式促进大后方锡的开采及销售[③]，使广西地方政府加快了桂林工矿企业发展的步伐。

据广西省政府统计处的统计，抗战时期由中央和广西开办的公营工厂有24家，其中较大型的广西企业公司士敏土厂、中央造币厂桂林分厂、中央无线电器材厂、中央电工器材厂第二厂等，资本都在200万元以上，其中广西企业公司士敏土厂为当时全国六大厂之一[④]。

---

① 陈晖：《广西交通问题》，商务印书馆1938年版，第28页。

② 秦柳芳：《抗日战争时期桂林市工业调查》，载政协桂林市委员会文史资料研究委员会：《桂林文史资料》第十辑，1986年版，第150—152页。

③ 唐凌、陈炜：《广告宣传与抗战时期大后方工矿企业的发展》，《广西师范大学学报》2003年第2期。

④ 广西省政府统计处编：《广西年鉴》第三回，1948年版，第607—608页。

表 2–1 桂林市公营工厂概况

类别 / 厂名	成立时间	资本数（元）	动力设备			工人数			
			种类	座数	马力总数（匹）	学徒	杂工	技工	共计
中央无线电器材厂	1931.4	2400000	柴油机 煤气机 交流发电机	1 2 3	— 100 134	149	49	173	371
广西企业公司印刷厂	1933.3	129290	火力机 马达	2 4	— 59	88	20	92	200
绥署橡胶厂	1936.1	100000	电动机	1	10	—	—	—	12
广西日报印刷厂	1937.3	—	电动机	1	5	—	—	—	45
广西绥靖主任公署交通机械工厂	1937.10	150000	柴油机	1	7.5	23	—	40	63
军政部第六军需马汉商合记军服厂	1938.3	500000	—	—	—	—	—	—	636
湘桂铁路桂林机厂	1938.3	1000000	各种动力机	25	—	25	214	309	548
扫荡报印刷工场	1938.12	100000	柴油机	—	—	—	—	—	40
中央电工器材厂第二厂	1939	2000000	发电机	1	670	20	70	210	300
中央电工器材厂第四厂	1939.1	1000000	电动机	1	670	20	80	200	300
科学印刷厂	1939.1	200000	电动机	1	15	—	—	—	69
★ XXXXX 厂	1939.3	1500000	—	—	—	—	—	—	1200
中央造币厂桂林分厂	1939.5	1170000	电动机	1	—	—	300	100	400

续表

类别 厂名	成立时间	资本数（元）	动力设备			工人数			
			种类	座数	马力总数（匹）	学徒	杂工	技工	共计
广西纺织机械工厂	1939.6	20000	蒸汽机	4	113	—	—	—	511
浙赣铁路碾米厂	1939.10	30000	电动机	2	40	—	8	1	9
湘桂铁路企业部煤厂	1939.11	—	—	3	30	—	38	27	65
广西企业公司士敏土厂	1940.1	8000000	马达	—	—	22	38	67	127
青年书店桂林印刷所	1940.4	40000	发电机 电动机	1 1	4 4	—	30	43	73
湘桂铁路企业部砖瓦厂	1940.6	200000	—	—	—	—	150	150	300
广西面米厂	1940.8	900000	煤气机 蒸汽机	1 1	45 60	—	39	8	47
大同印刷社	1940.10	15000	—	—	—	8	—	8	16
湘桂铁路企业部枕木厂	1941.2	200000	电动机	3	65	—	30	52	82
浙赣铁路桂林机厂	1941.4	200000	蒸汽机 发电机	1 1	20 20	20	18	98	136
广西省工业试验所纺织示范场	1941.9	800000	—	—	—	22	38	67	127

说明：①★该厂系军需工业，原材料中即如此。②原始材料多来自广西银行1940年实地调查材料。③表格缺省内容统一用“—”表示，全书表格同。

资料来源于广西省政府统计处编《广西年鉴》第三回，1948年版，第607—608页。

从表2-1我们可以看出，公营工业在当时得到了很大的发展，多数工厂都使用了现代机器设备，其类别有柴油机、煤气机、电动机、发电机等各种动力机，甚至工人的分工都很明显，工人阶级内部也有层次上的分化。这些都表明，桂林工业发展已经充分吸收了第二次工业革命的物质成果，在很大程度上保证了桂林初步工业化的实现。

由于桂林交通的发达，又是省会和“江南唯一繁盛都市”①，民营工业也呈现出蓬勃发展的景象。1938年只开设了永兴米厂、利成枧厂、希孟氏及钱荣记机器厂4家；到1939年，一年即开设工厂24家，涉及机器、电焊、制铁、印刷等多个行业。次年，新设立工厂25家。1941年更创纪录地设立了31家民营工业②。甚至在以后的几年，仍然陆续有工厂设立。当时，江、浙、湘、鄂一带或其总厂在沪、湘、渝各地的，仅设分厂在桂林的就有数十家之多，它们还组织有迁桂工厂联合会，共谋发展，蓬勃繁荣一时。到1943年，全市具有一定规模的民营工厂共99家，其中机器业21家，金属制造业20家，印刷业15家，酸碱业9家，碾米业8家，建筑业7家，交通器材业4家，电工器材业3家，纺织业2家，其他4家③。

1940年至1941年，中国银行为了加强对迁桂工厂的扶持，组织力量对桂林工业进行了一次较全面的调查，这次调查为我们从又一个角度认识桂林的工业提供了帮助。

这次调查历时半年，公营和民营工厂均在调查之列。工厂的标准按照国民政府经济部的规定，为实收资本在1万元以上，平时雇佣工人在30人以上，并用动力制造产品。据《中国工业》刊登的调查报告，被调查的工厂共有110多家，分为十大类，即公用事业、通信器材工业、机械工业、电器制造工业、特种工业（造币等）、化学工业、纺织工业、食用工业、建筑工业、教育用品工业。这些工厂中，战前成立的仅11家，其余均为抗战爆发后由江、浙、湘、鄂等省迁来或成立。总计由外地迁来的工厂共有45家，约占全部总数的40%。战时的桂林工业呈现出五大特点：一是大规模的工厂多为公营。当时国营和省营的工厂虽然只有19家，占全市工厂的17%，但其资本额则占全市工业资本总额的73.67%，民营工厂的规模大都较小，厂数虽有88家，占全市工厂的78.58%，资本额则仅占全市工业总额的16.29%。民营工厂中资本达50万元的仅1家，30万元的2家，20万元的3家，18万元与15万元的各1家，10万元的12家，5万元至10万元的13家，其余均在5万元以下。二是工厂业务偏重于战时需要。机械制造

① 《大公报》（桂林版）1941年4月14日，第3版。

② 广西省政府统计处编：《广西年鉴》第三回，1948年版，第610—613页。

③ 广西省政府统计处编：《广西年鉴》第三回，1948年版，第597页。

产品、无线电产品等都直接或间接地用于军事目的。其中，仅通信器材业工厂的资金总额就达14222500元，约为全市工业资本的41.21%，从事此类工作的工人，计有4871人，占全市工人总数的61.53%。当时，也有一些工厂从事日常商品的制造，但数量不多。三是工业的人才多半外来。在110多家工厂中，完全由本省人经营的只有20家，资金总额701000元，仅占民营资本的12.66%，其余均为外省人士经营。这说明广西近代工业主要受外力推动。四是劳资关系较为融洽。因为当时桂林是抗战大后方的重要生产基地，工业界又缺乏技术工人，所以工厂不得不提高工人的待遇。中央主办的各工厂，除工资外，多半有米贴，且有抚恤的优待。小规模的民营工厂，大多供给食宿，有的还让工人参与分红。抗战时期，工人具有较高的觉悟，了解抗战救国的重要性，对生活上的困难能予以克服，因此，劳资冲突很少发生。这对提高劳动生产率无疑提供了有力的保证。

调查报告还显示，桂林的工厂中机械工业类的最多，共48家。浙赣机器厂为交通部主办，主要制造蒸汽引擎和矿场所用之蒸汽抽水机。中国动力机制造厂为民营，主要制造仲明式袖珍引擎。从事机器制造的工厂共有9家，除六河沟制铁公司外，均属民营。此类工厂能制造的机器，除车床、钻床、刨床、铣床、冲床、虎钳等工作机之外，所有面粉机、纺织机、印刷机、卷烟机等亦分别承制。从事汽车制造的工厂有1家，专制柴油发动机，除原料需要依赖外国进口外，全部机件均能自制，并聘有德国工程师2人，担任技术指导工作。从事火车修理的工厂1家，为湘桂铁路主办，规模甚大，其设备系集中津浦、平汉、粤汉等路一部分机件应用，所有湘桂铁路机车客车之修理，以及道钉桥梁等之制造，几乎全部系该厂自行承制。从事电器制造的工厂有3家，其中中央电工器材厂二厂专制无线电收发报机上所有部件及各式电灯泡，第四厂则专制发电机，以及干电池、蓄电池等。特种工业主要有中央制币厂1家，专铸1角及5分辅币，其机器设备向英国购买。这些工厂是桂林发展水平的重要标志。

桂林工业存在的主要问题一是民营工厂的设施比较简陋，机械化程度较低；二是在战争环境下，生产原料的供应比较困难。因此，调查报告呼吁政府和社会各界加强对桂林工业尤其是民营工业的资金支持，同时，加强对运输渠道的管理，以保证生产原料的正常供应①。

我们还可以通过一个具体的行业来了解桂林工业的发展情况。

抗战以前，桂林市的印刷工业大小不上30家，大部分属于手工印刷，资金总额不

① 秦柳芳：《抗日战争时期桂林市工业调查》，载政协桂林市委员会文史资料研究委员会：《桂林文史资料》第十辑，1986年，第150—152页。

满30万元。有一家从事报纸业务，两三家排印机关学校的公报讲义，其余均为印刷杂件。全市印刷工人不足300人。1938年长沙大火之后，上海科学印刷厂、汉口中国印书馆、国光印刷厂、华大印刷厂、衡阳岳阳印刷局、军训部印刷厂、陆军测量印刷所等分别迁桂。桂林原有各厂亦竞相扩大。计1941年底共有50余家，工人总数激增至800人以上。此后，因出版需要增大，印刷厂又进一步增多。到1943年7月，达到109家（其中包括手工印刷厂在内），见表2–2。

表 2–2 桂林市印刷工业调查简表（1943 年）

厂名	厂长或经理	资金额	开设年月	工人数	艺徒数
科学	宋乃公	200000	1939.1	64	14
建设	周敬之	320000	1940.4	56	14
华大	贺德润	100000	1938.3	12	7
青年	洪素野	40000	1940.1	29	22
三户	冯文麟	50000	1938.8	26	14
国光	蓝昌农	20000	1939.3	56	14
中国	周菊初	100000	1939.1	41	15
秦记西南	沈国良	24000	1942.2	38	12
岳南	郑萌光	50000	1940.1	5	7
崇文	龙振煊	100000	1936.9	18	12
国文	蒋怡支	20000	1931.1	9	11
学院	增瑞臣	20000	1936.2	32	8
大荣	彭锦涛	30000	1941.11	16	6
永源	刘云	50000	1938.5	32	10
崇大	王学坚	100000	1940.5	25	6
文丰	沈明琅	500000	1941.1	28	10
艺林	邵瑞森	100000	1941.3	10	14
鼎丰	魏琴生	80000	1928.1	32	6
华成	朱绍丰	100000	1940.1	14	4
绍容	区达璋	100000	1940.3	50	22
中新	何石林	800000	1942.6	87	8
大成	卢乃芬	100000	1941.1	40	3
良友	吴松山	250000	1942.5	25	8
维云	李福山	80000	1942.12	19	11
现代	邓霎荪	300000	1942.5	10	4
维新	王轸明	20000	1942.1	9	3
时新	凌石泉	500000	—	24	21
华英铸字	贺德润	600000	1943.1	16	8
光华油墨	朱文奎	50000	1942.1	10	1

续表

厂名	厂长或经理	资金额	开设年月	工人数	艺徒数
工合油墨	—	—	1941.1	7	1
华昌	易熙吾	100000	1943.5	7	1
建文	陈祝春	80000	1943.1	18	10
建业	龚洗文	250000	1943.1	—	—
建华	盛舜	500000	1943.9	32	8
美昌生	武钰镗	100000	1941.5	8	5
林生	戴林生	100000	1943.5	—	—
志成	王虚吾	400000	1943.6	—	—
亚洲	黄明	150000	1943.7	—	—
环球	廖家权	50000	1941.7	—	—
建成	唐云	2000000	1943.7	43	12
广西	钟秀山	—	1934.1	140	48
文化合作	谢鸿	300000	1941.11	20	6
浙赣	荀国钧	1000000	1943.9	—	—
军训部	闵志达	—	1939.3	—	—
军令部	—	—	1939.5	—	—
中央无线电厂	—	—	1941.1	—	4
中央电工厂	—	—	1941.11	—	—
中央军校	刘成宪	—	1941.6	16	—
正义	—	—	1943.7	—	—
三友	—	—	1943.7	—	—
联合书店	—	—	1943.6	—	—
华新铸字	王轸明	100000	1943.2	6	5
大公报	金城夫	—	1942.3	—	—
扫荡报	黎蒙	—	—	—	—
力报	张雅琴	—	1941.3	75	14
自由晚报	宗祺仁	—	1940.6	2	9
大信	柏封庆	60000	1942.3	54	—
侨信	胡好	500000	1943.3	—	—
达德	—	—	1942.2	—	—
华生	耿玉璋	65000	1942.2	—	—
大达	—	—	1941.4	—	—
艺新	庞孚文	300000	1942.9	—	—

说明：本表根据同业公会的调查，以铅印为主，不包括石印等小规模印刷店。

资料来源于洗文《桂林市的印刷工业》，原载《中国工业》1943年9月第19期，《桂林文史资料》第十辑转载。

从业务方面考察，1943年与抗战前相比出现了明显地增长，见表2–3。

表 2–3 桂林市印刷工业增减情况

（单位：厂或店家数）

业务分类	战前	1943 年	加或减	业务分类	战前	1943 年	加或减
书版	—	8	加 8	书版兼彩印杂件	1	6	加 5
书版兼杂件	2	12	加 10	彩印	—	5	加 5
杂件	5	30	加 25	新闻	1	5	加 4
铸字	—	2	加 2	油墨制造	—	2	加 2
装订	—	3	加 3	小石印文具铺	10	36	加 26

资料来源于洗文《桂林市的印刷工业》，原载《中国工业》1943 年 9 月第 19 期，《桂林文史资料》第十辑转载。

在此期间，印刷厂生产工具的增加也非常迅速，见表2–4。

表 2–4 桂林市印刷工业主要工具增加百分率（%）

年别 工具名称	1937	1938	1939	1940	1941	1942	1943
对开机	40.00	28.00	100.00	124.00	152.00	188.00	216.00
四开机	47.33	60.87	100.00	126.09	195.65	252.17	295.65
铸字机	31.82	50.00	100.00	127.27	145.46	181.82	259.09
铜模	38.10	47.63	100.00	114.29	121.43	142.86	171.43
切纸机	28.57	—	100.00	114.29	157.14	185.71	214.29
总计	37.26	37.30	100.00	121.19	154.33	190.11	231.29

资料来源于洗文《桂林市的印刷工业》，原载《中国工业》1943 年 9 月第 19 期，《桂林文史资料》第十辑转载。

这些指标充分说明，抗战爆发后，随着文化事业的发展，桂林的印刷业取得了长足的进步。通过印刷业这一个案，我们对整个桂林工业的发展进程会有更深刻的认识。

总而言之，桂林当时的工业甚为发达，“市区四周，烟囱林立，无论机器工业、化学工业及其他一切与工业建设相关之工业，大都齐备”①，从而形成以机械、金属制造、电器、纺织、印刷为主的工业区，初步实现工业化。尽管桂林的工业带有鲜明的战时特征，但是这并不妨碍它对桂林社会经济促进作用的发挥。

（二）现代交通运输体系的构建

1921年至1922年，孙中山以桂林为大本营率军北伐。在此期间，他大力号召广西各界人士积极修筑新式公路，并指出公路为开发财富之钥匙，是广西摆脱贫困状况的

① 易熙吾主编：《桂林市年鉴》“工业与劳工”，1949年版，第1页。

首要条件之一。公路一开，地价就会高涨起来，社会资本就会增加，民生主义就能得以实现[①]。在孙中山的号召下，公路建设渐为各方人士所注意。

1925年，新桂系广西当局修筑了桂林到柳州的公路。两年以后，又开始动工兴建了桂林与全州间的桂黄公路和桂林与荔浦之间的公路。其中桂全段集资共79万多元，征工3000人，计11.16万工日。路基宽9米左右，全路共建桥梁66座，涵洞748座。1928年该路通车。抗战爆发后，又增修了桂穗路（桂林到贵州三穗），全程达480公里。共分三期工程，第一期工程共征调民工5980人，改建桂林至义宁路段。第二期工程征调民工2600人，承担义宁（今五通镇）至宛田路段施工。第三期工程征调民工3.35万人和湖南石工1万余人，修筑宛田至青龙界路段。路基宽度约7米。1941年7月正式通车[②]。1938年，广西管理局桂林区共有长途营运汽车33辆，其中，5人车2辆，1吨半车2辆，2吨车29辆。同时，民营的桂全公路汽车联营社有汽车27辆，其中，5人车7辆，1吨车8辆，1吨半车4辆，2吨车8辆[③]。1939年，在桂林成立广西商车联营总社，负责全省商营汽车的管理[④]。在这种情况下，桂林成为广西乃至西南地区的公路运输中心之一。

抗战爆发后，由于运输量大为增长，桂林市政府和社会各界也积极地参与湘桂铁路的修筑工作。根据当时的计划，修筑该路一是使广西与邻省铁路干线如粤汉、浙赣铁路等相连接，以开发本省的经济；二是使广西铁路干线与国际铁路相衔接，以便当海洋交通被敌人封锁时仍可维持国际的大陆交通[⑤]。该路由国民政府交通部和湘桂两省共同投资，为了加快该路的修筑步伐，桂林社会各界主动集资入股[⑥]。另外，还

① 《在广西阳朔人民欢迎会上的演说》，载《孙中山全集》第5卷，中华书局1981年版，第636—638页。

② 颜邦英总纂：《桂林市志》中册，中华书局1997年版，第2238—2239页。

③ 陈晖：《广西交通问题》，商务印书馆1938年版，第58—61页。

④ 广西省政府十年建设编纂委员会：《桂政纪实》，1946年版，第146页。

⑤ 陈晖：《广西交通问题》，商务印书馆1938年版，第26页。

⑥ 近年广西师范大学地方民族史研究所组织了多次社会调查工作，发现桂林及其附近县的档案馆藏有一些湘桂铁路桂段路的股票。为便于研究，现选取其中的一张进行介绍。该张股票正面文字为“广西省政府为发给股票事。今据唐联兴认缴湘桂铁路桂段股股款桂钞一十元正，计一股。合给股票一纸，息折一扣，存执为据。广西省政府主席黄旭初。中华民国二十七年九月×日。”背面为“湘桂铁路桂段路股股票附录”，共有八款，具体内容如下：“（一）本路由交通部及湘桂两省合建；（二）本路衡桂段商股每股桂币一十元十足收缴；（三）本路股票为有名记式，如有遗失或转让，应将认股人姓名籍贯及股票号数转呈省政府及广西银行登记办理并登报声明；（四）本省所有村街绅富商户矿商公务人员各股在铁路未筑以前一律以官利××××二十七年一月一日起息，至铁路完成通车以后另行由铁路保息，此项官利即行取消；（五）给息日期由省政府以命令公布之；（六）本路路股给息事宜由广西省银行办理；（七）本股票得在市场随时买卖抵押，并得作为公务上之保证金及担保品；（八）如有伪造本路股票渔利者应依法究办。（该股票藏荔浦县档案馆，民国档案全宗号87目录号6）

采取征工代投资的方法来促进湘桂铁路的建设。桂衡段357公里，广西负责桂林至全县间路段的修筑，共征用桂林、兴安、灵川、全县、资源、灌阳、龙胜、义宁、百寿、永福、阳朔等县的民工156300人，1938年9月全线通车；桂柳段174公里，共征用富川、榴江、蒙山、恭城、荔浦、中渡、柳城、融县、洛容、柳江、修仁、三江、钟山、平乐、昭平等县的民工87200人，1939年11月通车。自通车伊始，湘桂铁路即承担了繁重的运输任务。见表2–5和表2–6。

表 2–5 湘桂铁路 1938 年至 1943 年乘车旅客人数

（单位：人）

旅客种类 / 年别	一般旅客	游览	优待	其他	共计
1938	138380	7304	15	59468	205167
1939	952714	25332	3274	598737	1580057
1940	2017169	44912	334	1276797	3339212
1941	2985989	35240	411	673705	3695345
1942	2486608	40087	1455	625068	3153218
1943	3366628	27488	2295	718248	4114659
总计	11947488	180363	7784	3952023	16087658

说明：笔者改正了个别因统计而出错的数据。

资料来源于广西省政府统计处编《广西年鉴》第三回，1948年版，第1041—1042页。

表 2–6 湘桂铁路 1938 年至 1943 年载运货物量

（单位：吨）

货物种类 / 年别	商运货物						非商运货物				共计
	农产	禽畜产	林产	矿产	制造品	小计	政府用品	他路材料	本路材料	小计	
1938	5945	640	324	6827	6833	20569	55168	50	14789	70007	90576
1939	68583	5466	5904	80498	37126	197568	196575	240387	296770	733732	931300
1940	86518	13049	18332	132977	54350	305226	208514	137206	230174	575894	881120
1941	82192	18352	43655	192799	54834	391832	127281	141530	362135	630946	1022778
1942	65979	10301	43534	668153	56241	344208	131635	179155	375993	686783	1530991
1943	67174	10627	46487	214816	50605	389709	101681	220442	447635	769758	1159467
合计	376391	58435	158236	1296061	259989	2149112	820854	918770	1727496	3467130	5616232

说明：笔者改正了个别因统计而出错的数据。

资料来源于广西省政府统计处编《广西年鉴》第三回，1948年版，第1040—1043页。

表2–5和表2–6数据显示，这一时期湘桂铁路的运输，客运商业性特征比较突出，

而货运则非商业性的物质占有较大的比重，特别是抗战爆发后几年更是如此。东南沿海和华中地区一带的工厂、机关、学校等的货物，正是通过湘桂铁路这条运输大动脉向桂林移动，这对于桂林现代经济发展和抗战文化形成有着极重要的作用。

航空方面，广西当局为了适应民用航空业的发展和战时航空军事运输的需要，以桂林为中心，开展修建机场和创办航空公司的工作。

机场主要有三处：一为二塘机场，该机场位于桂林市南面6公里的二塘。1929年，广东省政府试办民航拟开航广西，广西省政府于是年4月修建机场，由于市场原因，机场建成后未启用。1936年，广西省政府迁移桂林，对二塘机场进行扩建，建成南北向碎石跑道1条，长2000米，宽75米；滑道1条，长1800米，宽15米；还有停机坪、机窝、油库等。11月，西南航空公司开航桂林。1938年2月，从有效抗击日军的战略需要出发，广西省政府征调桂林、兴安、永福、阳朔、义宁、全县等地民工共17364人，对二塘机场再次进行扩建，同年5月完成，用去工款147143元。机场占地长1200米，宽420米。1943年7月，二塘机场第三次扩建，征地近1000亩，年底完工。跑道长2000米，宽75米。二为秧塘机场，该机场位于桂林市西郊13公里处（今临桂区四塘乡和庙岭乡一带）。1933年草建，有跑道、停机坪、营房等设施。抗战爆发后，广西省政府积极配合中央政府，扩建秧塘机场作为西南要冲的空军重要据点。1939年至1941年共扩修三次，累计征调桂林、灵川、临桂、兴安、全县、资源、义宁、龙胜、永福、百寿、灌阳、恭城、平乐、荔浦等地民工37000人，用去工款227575元。机场占地长2000米，宽500米；跑道长2000米，宽75米；备降道长1500米，宽50米，还建有联络道、油库、弹药库、机窝、房屋等设施。三为桂林机场，该机场位于市南郊10公里处，也称李家村机场。1943年动工兴建，征调民工43000人，1944年夏再征调民工66000人。建成泥碎石跑道1条，长1600米，宽50米，利用自然山洞改造飞机洞库（复兴洞）1座，可容飞机10余架。此外，还建有疏散公路、贮油棚、营房等[①]。

1933年6月，广西与广东合办了西南航空公司。在购置了航空业所需要的基本设施的基础上，公司开通了桂林飞往广州、柳州、南宁等地的航线。抗战爆发后，广西的民用航空线主要由中国和欧亚航空公司共同经营。1938年1月，中国航空公司在桂林设立分公司，开辟滇、渝、桂航班[②]。同年，欧亚航空公司开辟滇、渝、桂、港线。这些航线既承担客运也承担货运的任务。这一空运网的建立，加强了桂林与西南

---

① 颜邦英总纂：《桂林市志》中册，中华书局1997年版，第2273—2274页；广西省政府十年建设编纂委员会：《桂政纪实》，1946年版，第169—171页。

② 广西省政府统计处编：《广西年鉴》第三回，1948年版，第1155页。

方各大城市之间的联系。

沦陷前，桂林政府还采取诸多措施发展市内交通。早在1932年，桂林就开始修建南门桥到现在十字街广场的马路，使原来由石板铺就的狭窄阴暗的街道变成了宽敞明亮的大道[①]。1939年改成省辖市以后，进行了大规模的城市建设。次年，完成了太平路、文明街等的修筑，同时进行文昌桥、龙珠桥的建造。北极路、南极路在这一年也得到改造[②]。后来，又修筑了市区各马路两旁的人行道，先由南北干路及桂东路、桂西路开始。在沿湖地区，还修立湖堤，修整道路。三多路、五美路、西成路也于1942年4月兴工补修，敷以碎石[③]。通过市区内马路的修筑及修补，使市内交通状况得到很大的改善，初步形成了通行汽车的道路网。这一时期，在北起群众路，南至崇信路，东起滨江路，西至丽君路范围内修建了合流沟渠23.19公里，以利排污。同时，为了适应战时市区扩大和人口增长的需要，除鼓励原有的人力车发展之外，还增添了公共汽车，开行的线路有火车南站到火车北站的南北线，以及由阳桥起经过定桂门转桂东路、桂西路、环湖路回到阳桥的东西线。经营公共汽车业务的主要有民办的承德公司、开源公司、华强公司和壬记公司[④]。

电讯是现代交通事业的重要构成要素。桂林沦陷前，电讯业出现了蓬勃发展的态势。1928年，桂林长途电话筹备处成立，开始架设长途电话线路。次年，桂林至荔浦100公里、桂林至全县128.5公里的长途线路竣工并开通。1932年增建桂林至兴安、桂林至阳朔单铁话线电路2路，1936年新增桂林经恭城至灌阳报话双线电路1路，全长177.5公里。抗战爆发后，为了沟通后方联系，交通部拨款赶修桂林至零陵话双铜线1条，全长180公里；桂林经荔浦至柳州2.6毫米铜包钢话线1条，全长243公里。1937年9月，上述2条线路完工投产，开通至衡阳载波长途电路1条。1939年，又开通桂林至贵阳、梧州和桂林经义宁、龙胜至三江的长途电路。1940年11月，随着西南战事日趋紧张，为加强通讯，又开通了桂林至重庆、昆明、上饶无线电话电路，次年增开至兰州、永安、西安无线话路。1943年，增设桂林经柳州至贵阳双铜线单路载波电话电路1路。总计桂林沦陷前，长途电路有：桂林至柳州、梧州、荔浦、兴安、全县、阳朔、灌阳实线电路7路；至衡阳、柳州、贵阳载波电路3路；至重庆、兰州、西安、昆明、上饶、永安无线话路6路[⑤]。乡村是桂系集团执行“三自”（自卫、自治、自给）

---

① 曾度洪等：《桂林简史》，广西人民出版社1984年版，第181页。

② 《大公报》（桂林版）1941年7月1日。

③ 《大公报》（桂林版）1942年4月22日。

④ 颜邦英总纂：《桂林市志》中册，中华书局1997年版，第1473页。

⑤ 颜邦英总纂：《桂林市志》中册，中华书局1997年版，第2319—2320页。

和“三寓”（寓兵于团、寓将于学、寓征于募）的基层组织，为更有效地推行政令，桂林民团区还架设了795公里的专用电话线，使重要的乡镇都可通话[①]。

通过构筑市外、市内的交通网，桂林形成了现代化的交通体系，在这些体系中虽然仍存在有人力车、轿子等传统交通工具，但汽车、火车、飞机、电讯等的出现使得桂林的交通结构发生了根本性变化，走上了现代化的轨道。

（三）现代化城市服务设施的普遍设立

新桂系广西当局把省会从南宁迁回桂林以后，桂林的城市服务设施建设也逐渐得到发展。除上面已提及的较现代化的市内交通网以外，在沦陷以前，桂林的金融服务业、旅店宾馆业、现代公用事业以及风景区建设都取得了很大发展。

金融服务业是现代社会中最为重要的第三产业之一，其在战时的桂林是十分发达的。1938年以前，桂林仅有广西银行，在此之后，新的金融机关纷纷设立，渐见蓬勃景象。最显著的表现是中国银行、中央银行、交通银行、中国农民银行四家国有银行桂林分行的设立。除了这些大型银行以外，较大型的银行还有湖南省立银行、上海商业储蓄银行等。这些银行的业务主要是存款、放款、汇兑等，有的还从事保管、信托、票据、贴现、公库代理等现代业务[②]。特别在1940年10月以后，桂林人心安定，“各部机关行商采购物品咸集散此间”[③]，金融服务业也因而欣欣向荣，步入繁荣时期。当时外对香港、上海的汇兑，内由重庆、成都等地移来的资金，均大幅增长。香港沦陷以后，对外汇兑业务逐渐萎缩，于是全部转为对内地的交易。但所汇之款却以军汇为最多，仅就中国农民银行桂林分行一家言之，在1940年下半年，汇入的款项82%为军款，汇出的款项军款亦占79%[④]。其他各银行的军汇比例也很大。次之则为商汇，汇进来的一部分用于本市，其余多向浙、闽沿海商埠流出，购买货物内运。这些银行的广泛设立奠定了桂林西南金融中心的地位，也给古老的桂林带来一定的冲击。

旅店宾馆业是现代桂林十分重要的服务业之一。在沦陷以前，桂林的旅店宾馆数量迅速增多。1932年桂林还只有接待游客的新型旅馆12家，到1940年一下子猛增到68家。这些旅馆与传统的客栈有着很大的区别。从其命名上即可看出一些端倪，它们的名称很多采用西洋的地名、物名、位置，如巴黎饭店、维他命酒店、东方酒店等。在旅馆建设过程中，也添置了很多现代化的设备，如电灯、电话等。此外，旅馆在管理上大都引进西方先进的管理经验，在员工的招聘、收入的分配与结算、员工的考勤

① 广西省政府统计处编：《广西年鉴》第三回，1948年版，第1023页。

② 广西省政府统计处编：《广西年鉴》第三回，1948年版，第964页。

③ 《大公报》（桂林版）1941年4月1日。

④ 广西省政府统计处编：《广西年鉴》第三回，1948年版，第958页。

与处罚、内部设备的保养与维护、客户内部的清洁卫生等方面都有较严格的标准和规章制度。有些宾馆甚至还提供文娱体育方面的服务，如带有官方色彩的乐群社即是一例。该社常办各种晚会，邀请一些艺术家到宾馆大显身手，演出魔术、杂技以及民族或西洋乐器的独奏、合奏等，大大开拓了桂林人民和旅桂人士的眼界。体育方面，乐群社四周建有露天篮球场、网球场，入居的旅客可以自己去打球健身，也可观看由乐群社组织的各种球赛①。旅店宾馆的现代转型满足了旅桂人士的需要，也是桂林的旅游服务业现代化发展的必要条件。

现代公用事业的发展表明一个城市迈向现代化的决心。当时，桂林的现代公用事业（主要是电和水）也得到较大的发展。早在1915年②，桂林就建立了第一家电厂，当时厂房建在象鼻山，初系商人集资创办，有200匹马力煤气电机和160匹马力蒸汽发电机各1部，但因管理不善，机件连年损坏，逐渐亏损，到1934年无法维持，只好关停，后又转给广西电力厂经营。到1936年冬，由于省会迁桂后人口大幅增加，原有机力显得远远不够，省府将原购作采矿用的360匹马力煤气机3部装于雉山岩，加强电力，逐渐能满足需要。1937年，疏散到桂林的工厂日多，人口激增，电力供应又出现紧缺的现象。广西电力厂桂林分厂在城南雉山岩新辟电厂，将采矿的410马力（300千瓦）柴油、木炭两用发电机组3台和260千瓦柴油发电机1台装竣发电。衡阳铁路通车后，该路理事会经理处桂林电厂设于城西牯牛山，装机总量1000千瓦，发电机为捷克司可达产品，锅炉为株洲发电所产品。发电除供铁路使用外，还向市区送电。湘桂铁路还在北门新码头建电厂1座，装机容量500千瓦，所发之电一方面供铁路自用，另一方面也向市区供应。在此期间，一些迁桂工厂为确保其生产的顺利进行，自备发电设施发电，总容量达5000马力（3600千瓦）③。从1936年冬开始，桂林市区的主要街道设立了电力路灯，结束了煤油街灯的历史④。

自来水厂的设立则始于省府迁桂之后。过去，城区沿江居民饮用地表水，远离江河的居民则凿井饮用地下水。据载，市区内较有名的“七井”为黄泥井、义井、白龙井、桂山井、称钩井、东井、闺女井。1937年12月成立桂林自来水厂，于伏波门外置水筏安装抽水机1部，并在伏波山上安装了50吨容量的小水塔1座，专供省府用水⑤。1938年在城区中心铺设第一条供水管道，东镇路到十字街管径20厘米，十字街到南

---

① 黄家城主编：《桂林旅游史略》，漓江出版社1998年版，第192—194页。

② 易熙吾主编：《桂林市年鉴》“社会事业”，1949年版，第22页。

③ 颜邦英总纂：《桂林市志》中册，中华书局1997年版，第1560—1564页。

④ 颜邦英总纂：《桂林市志》中册，中华书局1997年版，第1461页。

⑤ 易熙吾主编：《桂林市年鉴》“社会事业”，1949年版，第23—24页。

门桥管径15厘米。1939年建成立式泵房1座，进水每小时120立方米机泵2组，出水每小时180立方米机泵2组，日供水量约300立方米。1940年水厂有电力马达4台，总功率33.81千瓦①。

实事求是地说，当时电力与自来水两项公用事业的发展水平与其他城市相比是较低的，电力只可勉强供应各机关及街道用电，许多普通群众只能点油灯；而自来水的供应范围也只限于政府机关和部分城镇居民，大部分市民依然只能直接汲饮漓江水。但是应当懂得，这些城市公用事业主要是在提高城市居民生活质量的理念下发展起来的，而且还是在保证军工生产不受影响的前提下开展建设的，每一项工程，都需要政府和社会各界做出非常艰苦的努力。桂林的电力和自来水公用事业能取得这些成就，与其当时所具有的特殊的政治、经济和军事地位显然有着密切的关系。

风景区是现代桂林对外展示城市形象的平台。在沦陷以前，为了满足大量抵桂人口的游览需要，桂林市在改善市容的原则指导下进行了初步的风景区规划和建设。1939年建市之初，就筹划设立城东公园、城北公园等景区②。市里的环湖地区为中心风景地带，经过培植花树，修立湖堤，当时已初具规模③。后来又在此基础上兴建了榕湖·杉湖公园。另外，还建设与维修了中山公园、风洞山、伏波山、七星岩等名胜。甚至对漓江也进行了一定整修，在部分河段修筑了防护堤。同时，为了构建美好的市容环境，还在桂林市附近山地普遍植树造林，广泛种植映山红及桃军娘等观赏树木④。市里街道旁边大量种植了白崇禧提倡的桂树。1932年6月成立桂林市政工务局，同年11月改称市政工程处，设立苗圃，负责推广新的林木品种。桂花、樟树、枫香、银杏、翘荚香槐、桂林白蜡、宛田红花油茶和四方竹等都是桂林特有的林木资源，在市政工程处的大力推广之下，这些植物的栽种面积不断扩大。通过桂林市政府和人民的辛苦努力，市区的风景观光区建设上了一个新台阶，代表了旧时代桂林城市园林化的最高水平。

城市的消费功能往往也反映出城市的现代化程度。随着大批外来工矿企业、人口的到来和城市设施的改善，桂林的消费结构和消费水平发生了较大的变化。抗战前夕，桂林市的旅馆业就已经逐步地兴盛起来，其中，秀峰、桂林、西南、新广西、金台、环湖等是当时较大的旅馆。它们不仅可为旅客提供住宿和饮食，还可开办舞会、

---

① 颜邦英总纂：《桂林市志》中册，中华书局1997年版，第1464—1466页。

② 《桂市点滴》，《大公报》（桂林版）1943年7月1日。

③ 《环湖风景区禁倒垃圾》，《大公报》（桂林版）1942年3月31日。

④ 《桂市近山普遍造林》，《大公报》（桂林版）1943年4月13日。

体育活动等[①]。1941年，在桂东路（今解放东路）建有三教咖啡厅，乐群社附近建有红梅酒家兼营咖啡厅[②]。抗战时期，为了适应民众对文娱活动的需求，桂林改建、扩建了一些剧院和电影院，其中戏院主要有位于阳桥南端的新华大戏院、位于王辅坪关帝庙处的南华戏院和三名戏院、位于中山北路义学巷内的国民戏院、位于十字街口西北角的新世界戏院、位于中山北路三皇街的银宫戏院、位于乐群路的广西剧场等；电影院主要有位于正阳路的明星画映院、位于中山南路阳桥头南端的新华电影院、位于乐群路南侧的高升电影院、位于凤北路口的金城电影院、位于中山中路的国泰电影院、位于中山中路桂剧院北侧的新世界电影院、位于三皇街的银宫电影院、位于中山北路凤凰街的大众电影院等[③]。在这些戏院和电影院里，经常演出和放映一些进步戏剧或电影，使广西一些古老的剧种如桂剧等得到有效改造，同时，也使戏剧和电影成为激励人民，打击敌人的有力武器[④]。酒店、咖啡厅、舞厅、新式剧院和电影院等的设立，不仅改变了人们的消费观念，也改变了人们的生活方式，而这些改变，又必然会引起生产方式和生产结构的改变，促进人们生产和生活的现代化。

新桂系《广西建设纲领》颁布以后，特别是抗战以来，桂林的城市设施建设都取得了一定的成绩。与此同时，在现代旅游城市建设方面也进行了努力，初步形成了自己的一些特色。如果假以时日，其现代化的进程必定会加快起来。当然，由于新桂系广西当局只是为了维护本阶级的统治，加之日本军国主义的侵略，使得现代桂林的建设仅仅停留在草创阶段，后来也毁于日本军国主义侵略的战火。

二、彪炳千秋的抗战文化城

在伟大的中国抗日战争史上，乃至在整个中国文化的历史上，桂林都有着重要地位，这不仅因为其是广西、西南的经济中心和中转地，还因为其对中国抗战和现代文化的巨大贡献，造就了彪炳千秋的抗战文化城。

（一）桂林抗战文化繁荣的主要表现

1. 文化力量空前强大

七七事变爆发前乃至其后的较长一段时间内，桂林的文化人士和文化团体一直很少，很难开展起在全国有重大影响的文化活动。1938年10月前后，随着武汉的疏散与

---

① 颜邦英总纂：《桂林市志》中册，中华书局1997年版，第1369页。

② 颜邦英总纂：《桂林市志》中册，中华书局1997年版，第1355页。

③ 颜邦英总纂：《桂林市志》下册，中华书局1997年版，第2814页、第2840页。

④ 李应瑜：《桂剧简史》，载《广西文史资料》第十九辑，1983年版，第163页。

沦陷，大批文化人士通过湘桂铁路向桂林涌来。一时之间，桂林文化人云集，桂林逐渐成为中国抗战文化的中心之一。太平洋战争爆发后不久，香港又输送了大批文化人到桂林。这样，桂林就聚集了当时全国最强的文化力量。据统计，当时活跃在桂林的各类文化人士多达1000人，其中闻名全国的就有200多人①。他们之中有作家、艺术家、记者、出版家、自然科学家以及各种名目的社会科学家。这在当年的国统区是独一无二的，正如当年报纸所言："留桂的文化工作者，无论质和量，有一个时期都占全国第一"②。

2. 文化事业繁荣发达

抗战前，桂林只有唐文南书局和桂海书局两家书店，却以卖文具为主，兼营中小学课本；没有任何出版机构；戏剧亦只桂剧一种；报纸仅仅有《广西日报》一种③。这种状况到1938年后有了很大改观。据统计，桂林沦陷前很长一段时期内有各类书店出版社179家、印刷厂109家。出版大小日报、晚报共10种，各类杂志近200种，书籍仅文艺专著就达1000多种④。其他各类书籍亦有数千种，几乎涵盖所有学科领域，范围相当广泛。当时书店之多，出版业发达，前所未有，因此又直接促成了印刷业的繁荣。桂西路就因为书店林立、门庭若市而被时人称为"文化街"。

3. 文化活动丰富多彩

抗战期间，到桂的文化人士开展多种多样的文化活动。那时，由各文化团体组织的时事报告会、学术讨论会、座谈会、研究会和讲习班，几乎天天都有。听众也总是济济一堂，座无虚席。歌咏、音乐、美术活动也都热火朝天，除文化团体组织的专业歌咏会、音乐会和美术展览以外，各个学校、群众组织也成立有自己的歌咏队、合唱团，经常举行各种音乐会、歌咏比赛等活动。

最为引人注目的也许要算是戏剧演出了。当时桂林戏剧演出十分频繁，每月都有新剧目上演，几乎每隔几天就会有一次公演。演出的剧种也丰富多样，有桂剧、话剧、评剧、湘剧、歌舞剧、活报剧等。各剧团还深入农村，甚至走上前线进行演出。除此之外，桂林文化界还组织了千人抗战歌曲大合唱、万人火炬歌咏在游行、持续三个多月的"西南剧展"以及倾城而出的国旗献金大游行等爱国主义文化活动，是桂林文化史乃至中国抗战文化史和世界反法西斯战争文化史上的不朽篇章。

（二）文化城的伟大历史贡献

① 参见覃延欢、廖国一主编：《广西史稿》，广西师范大学出版社1995年版，第434页。

② 王坪：《文化城的文化状况》，《广西日报》1943年9月8日。

③ 曾度洪等：《桂林简史》，广西人民出版社1984年版，第190页。

④ 广西社会科学院、广西师范大学主编：《桂林文化城概况》，广西人民出版社1986年版，第3—5页。

1. 推动抗日救亡，引导西南地区文化的正确走向

“一定的文化（当作观念形态的文化）是一定社会的政治和经济的反映。”①全面抗战爆发后，中华民族与日本军国主义的矛盾成为中国社会的主要矛盾。由这一当时中国最大的政治而决定，文化界参与抗日救亡是当时最为重要的任务。文化城的出现就是为适应伟大的民族抗战。因此，在内容上首先是反映抗战的现实，歌颂抗战的壮烈，同时包含各种有益于启发人们民族意识、激励人们抗战精神的内容。桂林抗战文化运动的旗手欧阳予倩总结他在桂林的七年战斗历程时说：“在广西我所排的戏完全为了抗战；我自己写的戏，也是为了抗战。”②田汉在谈到戏剧改革时也说：“建剧一如建军，必须有一个最高的目的，而随时抱定这一目的去推动、去督励、去检查。这目的应当与我们今天的历史任务一致——那就是用戏剧来争取中华民族在对日抗战中的胜利。”③与戏剧一样，诗歌、小说、杂文、漫画、木刻、音乐、舞蹈等作品和各种文化活动也无一不是为了抗战救亡，当然，其中也有一些作品或活动并非直接反映抗战，但从中仍可以找到文化人间接反映抗战、服务抗战的心迹。这些直接或间接反映抗战救亡的作品或文化活动，代表了新民主主义文化的发展方向。正是由于文化城坚持了正确的文化走向，才得以向四邻传播，对整个西南地区形成巨大的震撼作用。《新华日报》桂林航空版发行后，向西南、西北、华东等方向输送；许多好的书籍刊物也通过各种渠道流向临近的省市，使那里的读者即时受到教育。新中国剧社成立以后，除在桂林演出外，还到长沙、衡阳、昆明等地演出，扩大了文化城的影响。桂林文化城在抗日救亡、传播进步信息方面做出了巨大贡献，还引导了西南地区的文化走向，使其在进步的方向上健康发展。

2. 安置了大批从香港撤退回来的文化人，为中国文化的继承和发展保存了有生力量

1938年武汉、广州沦陷后，一批文化人士撤往香港。1941年皖南事变发生后，鉴于国内政治形势的恶化，重庆、桂林又有一批文化人士撤退至香港。这样，留港文化人士约达2000人。随着1941年12月25日香港沦陷，这些文化精英的去留就成了大家关注的问题。中国共产党对这些人尤其关注，即由中共南方局电示香港地下党负责人连贯，负责筹划撤退文化人，由东江纵队政委林平负责接应。从1942年1月下旬起，大批文化人，如茅盾、梁漱溟、金仲华、蔡楚生等，先后都到了桂林。他们到桂林后遇

① 毛泽东：《新民主主义论》，载《毛泽东选集》第二卷，人民出版社1991年版，第665页。

② 田汉：《他为中国戏剧奋斗了一生》，载广西艺术研究院、广西社会科学院主编：《欧阳予倩与桂剧改革》，广西人民出版社1986年版，第259页。

③ 田汉：《田汉文集》第15卷，中国戏剧出版社1986年版，第112页。

到的最大问题就是生活困难。当时，李济深对这个问题十分关心。他曾打电报给蒋介石，请拨一笔经费，成立一个研究机构，安排这批文化人从事研究工作。但蒋介石却没有回音，李只好在桂林本地想办法，先从其办公厅有限的经费中挤出一些钱来救济文化界的朋友。另外，李济深及新桂系民主人士李任仁、陈劭先等人也介绍了一些文化人到广西建设研究会任研究员，或到文化供应社以及其他书店、报刊任编辑等。也有一些文化人士到大学和中学任教，如著名学者林焕平就由梁漱溟介绍进入广西大学任教①。经过多方艰苦的努力，从香港撤退回来的文化人，基本上得到安置。值得注意的是战时桂林人数众多，物资十分紧张，能够安排好这批文化人士并非易事。这批文化人的妥善安置保证了文化城后期的繁荣，也为中国文化的继承和发展保存了有生力量，他们是中国文化的宝贵财富。

3. 文化城的文化结晶对后世产生了深远影响

抗战文化城不仅为中国的抗日救亡运动做出了重大贡献，也接纳了一批从港撤退的文化人士，为中国文化的继承和发展保存了有生力量，而且也对后世的文化建设产生了深远影响。

桂林抗战文化城的文化结晶十分丰富，出版报纸杂志289种，各类图书数千种，内容涉及政治、经济、文化等各个方面，抗战书籍占了全国的80%②。如此众多的成果，领域又那么广泛，可以说每一个研究者都可以从中获得启示和研究线索。如果是研究自然科学的，可以从中了解到煤炭汽车、人造橡胶以及多种化工制品的制造方法。当然，如果是研究社会科学的，仍然会感觉自己走进了一个丰富的知识宝库，从中可以挖掘出很多极有价值的宝藏来。

有的研究者已经对桂林抗战文化的深远影响做出探讨③，认为文化城的文化结果是进行爱国主义教育的优良教材，可以为当代先进文化的创新和大众化提供经验。文化城的文化结晶一定会激励和鼓舞我们的文化工作者继续努力，为建设更发达的桂林文化而努力，争取重塑桂林抗战文化城的辉煌。

综上所述，桂林在沦陷前成为全中国的抗战文化城，其文化成为中国现代文化发展的一个重要成果，并且对中国现代文化的塑造起了重要作用。桂林抗战文化城一定会永垂青史，彪炳千秋。

---

① 林焕平：《桂林文化大事记》，漓江出版社1987年版，第3—4页。

② 曾冉波、覃静：《关于建立桂林抗战文化中心的思考》，载苏关鑫、李建平主编：《桂林抗战文化研究文集》（七），广西师范大学出版社2003年版，第279页。

③ 付广华：《桂林抗战文化与当代先进文化建设》，载苏关鑫、李建平主编：《桂林抗战文化研究文集》（七），广西师范大学出版社2003年版，第63—67页。

第三章　桂林的受难

一、美丽的桂林在日机的狂轰滥炸下哀号

作为现代科技的宠儿，飞机直到第一次世界大战时威力还不是很大，活动范围狭小，使用也仅限于战争前线以及接近前线的地方，因而当时飞机对敌人后方城市的轰炸，总的讲起来是没太大效力的。但这种情况在第二次世界大战时发生了很大变化，飞机的速率每秒钟可以达到300至500英尺，已经超过子弹的速度，而且其种类与机型都大大增多，因而在战略上可以起重要作用①。日本侵略者在对华发动战争的过程中，就大量使用飞机轰炸我国后方城市，而且公然无睹国际法的存在，对我不设防地区和平民进行了轰炸，给中国人民带来了严重的灾难。丧心病狂的日本侵略者对桂林这么美丽并且不设防的地方也进行多次狂轰滥炸，使其受到巨大创伤。

早在发动全面侵华战争不久，日军就派舰队抵达南中国海地区，对我两广地区虎视眈眈，这其中就包含有海军航空部队。后来，随着侵华战争的进展，日本又把陆军航空部队派到华南地区，协助地面作战。大抵初期的空袭多出自海军，后期的侵犯则主要为陆军②。

根据中日战场及太平洋战场转折的状况，并且考虑到轰炸背后的动机，我们把日军航空部队轰炸桂林的暴行分为三个阶段：

第一阶段：从1937年10月15日起，到1939年11月15日日军部队开始对广东、

---

① 丁达译：《现代战争中的飞机与坦克》，《新华日报》1939年9月14日。

② 据中国社会科学院近代史研究所中华民国史研究室编辑的《中华民国资料丛稿·译稿》第十一辑《中国事变陆军作战史》第一卷第二分册，按1937年7月11日陆海军中央协定规定，陆海军航空作战担负地区的区分为，“在华北方面消灭敌航空力量主要由陆军担任，在华中、华南方面消灭敌航空力量主要由海军担任，陆军担任自卫性的航空作战。”（中华书局1980年版，第117页）这种情况至桂柳会战前夕发生改变，参见该丛稿《广西会战》上册第二章的有关内容。

广西发动陆上进攻时止。

这一时期，日军的战略目标是夺取武汉和广州。而桂林位于武汉的南面和广州的西面。在地图上，这三个城市大致构成为一个三角形。日军在围攻武汉和广州的过程中，多次出动各型号飞机对桂林进行狂轰滥炸，目的就是为了孤立武汉和广州，同时，也是企图通过猛烈轰炸中国的后方城市，动摇中国军民的斗志。这一阶段，由于政府对桂林防御未能及时重视，加上民众缺乏防空的基本知识，因此遭受了很大损失。而日军飞机由于很少受到中国军民的抵抗，更是肆无忌惮，多次轰炸，而且行动非常猖狂。

日机空袭桂林开始于1937年10月15日①。这一天的上午11时35分，日军重轰炸机中队飞抵桂林轰炸，在城郊投弹40余枚，城内落8弹，炸毁民房39所，死市民53人，伤达200人，被炸乡村共9处，毁民居50多所，死伤农民逾300人。桂林此次遭日机轰炸，与广西另外一重要城市梧州同样遭遇。此后直到沦陷，日机对桂林的空袭从未停止。

1938年11月21日，日机又一次大举空袭桂林。当时的重庆《新华日报》报道这次日本飞机的空袭曰：

> 敌机二十一架廿一日晨来袭桂林，防空部于十时发出警报，十时五十分首批敌机九架经怀集、钟山、平乐、阳朔，窜入桂林上空，在城内盘旋一周，飞南郊投弹六十余枚。第二三批各六架，俄亦侵入城区投弹三枚，并以机枪向下扫射。其中一架，经我高射炮命中，带伤逸去。敌机在城内所投之弹，重约二百磅，一落于皇城图书馆门首马路中，无损失；一落于桂北路八八号门首，炸毁民房五栋，伤平民三人；一落于桂北路七〇号马路中，震倒民房四栋，死平民一人，伤三人②。

从上述材料可以得知，日机此次轰炸出动飞机21架，投弹60余枚，外加三枚各重

---

① 1937年10月17日天津《大公报》。关于袭击广西最早的证据当为此次日机对桂林、梧州的轰炸。王晓军在其《日军航空队有袭击暴行述评》一文中认为1937年12月19日日机对梧州的空袭乃祸桂之始，应当予以更正。新编《桂林市志》（中华书局，1997年）的第663页也认为日机轰炸桂林始于1937年12月的说法也应当予以更正。曹裕文先生在这个问题也犯了一点小错，他把本次轰炸的时间定为10月14日。参见曹裕文：《日本侵略者在桂林的暴行》，载《桂林抗战文化研究文集》（七），广西师范大学出版社2003年版。

② 《敌机昨袭粤桂，延安首次被炸》，重庆《新华日报》1938年11月22日。

200磅的炸弹[①]，致使我民房毁坏9栋，死平民1人，伤6人。甚至连日机来袭的路径也一清二楚，这亦表明此次轰炸出自当时在南中国海地域的日军海军航空部队。另报道中言炸弹落于马路中无损失，乃不确之言。难道炸坏马路不算是损失吗？

对于此次对桂林的轰炸，日本方面资料亦有所记载：

> [同盟社香港二十二日电]据中央通讯社梧州来电称，日军飞机□□架，于二十一日上午八时左右，轰炸广西桂林及梧州，且于十时再空袭桂林。

> [同盟社上海二十二日电]桂林攻击部队□□机，袭击桂林旧飞机场，地上所有党机十三架中，粉碎六架，炸破七架，以外格纳库二栋，附属建筑物及仓库一栋，与市内中央衙门等外。在空中未认有党机，但在上空因受党军猛烈地上枪火，日机一架油柜起火。然因善于难航，遂以平安归还甚地方[②]。

以上这两则史料皆出自于《中华民国史史料外编——前日本末次研究所情报资料》。日本末次研究所是为本国军队和政治、经济、文化部门的侵华活动服务的，它所确认的资料，无疑体现了日本政府的立场。将该所收集的这些资料与《新华日报》的报道结合起来分析，可发现虽然在轰炸次数上各自的记载有所不同，但是都肯定给桂林造成了破坏。在同盟社的报道中还出现了“桂林攻击部队”这一概念，说明日军为了轰炸桂林，在组织上曾进行过特别的准备。

这次轰炸结束后不到十天，日军又连续出动飞机不断地轰炸桂林，给桂林造成巨大的损失，其惨状令人不忍睹视。

> 1938年11月30日，敌机35架侵入桂林城区狂轰滥炸。上午十一点二十五分，第一批敌机15架，由恭城侵入桂林城区，在东城一带投下爆炸弹、烧夷弹数十枚而去。十一点三十五分，第三批敌机18架继至在湘桂铁路、北城桂北路一带投弹滥炸，并以机枪猛烈扫射。十一点四十五分，第三批敌机2架在城内皇城、

---

① 按照二战时一个著名的德国专家乌什洪计算，100磅以上的炸弹是以炸毁一个工厂为目标的，而平均每公顷投250磅炸弹的轰炸可以使大部分的工厂陷于停顿（参见丁达译《现代战争的飞机与坦克》，《新华日报》1939年9月14日）。日军此次在桂林城内投下约200磅的炸弹的破坏力可想而知。

② 分别参见《末次情报资料》第66册的447页和451页，编者在后文所加时间为1938年11月。又可参见唐凌：《抗战时期日军侵略广西情报资料辑录及考评——以〈末次情报资料〉为范围》，载于《华南理工科大学学报（社会科学版）》2003年第4期。

中华街、凤北路、桂南路、文昌阁、伏波山等处，及城外象凤山、沙水门、水车门一带投弹约60枚，内有烧夷弹多枚，致使凤北路、皇城北路等处着火，延烧甚广。经查明死伤171人，大半系妇孺，被毁房屋200栋，炸沉民船3艘。桂北路桂南路均为桂林最繁盛街道，已成一片瓦砾。湘桂铁路路轨也微损①。

1938年12月2日，桂林又遭敌机狂炸。西南城一带商业区及住宅区落燃烧弹及重爆炸弹，共70余枚，临桂路、西成路、交通路、崇善路、义巷街、白蕉苍、西门外、南城郊一带大火，延烧半日，房屋致毁442栋，其中含崇善路回教清真寺1所，南门外汽车站亦被烧毁。后经查明，平民死11人，伤17人。按桂林为西南一仅容6万人口的小城，今遭敌机接连两度惨炸，毁屋600多栋，繁盛市区尽成瓦砾，全城已呈残破不堪之象②。

1938年12月24日，敌机9架于下午一时侵桂，在东南城依仁路、榕城路、环城东路一带投弹50余枚，文明路、望街、桂南路等处中烧夷弹起火，炸毁烧毁房屋共100余栋，平民死伤20余人。桂南路美国宣道会和通泉巷回教礼拜堂均被炸毁。有一弹适中宣道会防空壕，炸死避难教友12人，著名作曲家张曙及其女儿大大亦同时遇难③。

1938年12月29日，敌机18架于下午二时八分侵入桂林，在城内投下烧夷弹爆炸弹约100枚，复在南郊投弹数十枚。由于当日大风，敌机投下烧夷弹后，即烈焰腾空，东西南北四城共有火头约30个，而以乐群路、桂西路、中北路、特察里、桂南路等处火势最烈，破坏最大。仅房屋一项在当日十时已破毁在1500栋以上，全城无家可归者10000多人，灾情奇重④。

---

① 《大批敌机袭桂，桂林地区惨遭轰炸，湘浙晋各地亦被投弹》，《新华日报》1938年12月2日；又可参见《申报》1938年12月3日。

② 《敌机昨又狂炸桂林，回民住区受灾最惨……》，《新华日报》1938年12月3日；关于此次轰炸的具体损失情况，又可参见《申报》1938年12月3日；同时还可参考赓雅《桂林被狂炸以后》，载《申报》1938年12月21日。

③ 《敌机昨炸桂陕湘，桂林回耶教堂遭炸毁，作曲者张曙被炸遇难》，《新华日报》1938年12月25日；又可参见《申报》1938年12月26日。

④ 《新华日报》1938年12月31日；又可参见《申报》1938年12月31日。

以上四次日军飞机的轰炸皆出自于其海军航空部队，破坏面涉及桂林全城。据不完全统计，四次轰炸损毁房屋达2200多栋，几达桂林所有房屋的一半①，可见破坏之大。日本方面对第二次轰炸予以记载，但却没有说明损失状况，反而却说："毁坏各军事设施"，从中可以想见日军在对当时的世界人民撒谎。事过50多年以后，黎远明老人对第一次大轰炸仍记忆犹新，因为恰在这一天，他因病在家未能出去避难，因而亲历了这次大轰炸，他的回忆《我所亲历的一次日军轰炸桂林记》一文是对日本军国主义侵略桂林的强烈控诉②。

虽然经过日本多次轰炸以后，美丽的桂林已经变得千疮百孔，但日军方面为了摧毁桂林人民的抗日意志，破坏中国后方的有生力量，仍然残酷地对桂林实行轰炸。

> 1939年11月11日，敌机18架以肇庆、信都来袭桂林，于十一时七分分两队由东南方面同时侵入市空，在伏波门、南门外、江东岸、湘桂路车站投爆炸弹、烧夷弹100余枚。伏波山四周落重爆炸弹约20枚，山下承恩观及附近民房数十栋全毁，山腰亦中弹，南门外汽车站柜台附近及火神庙两处，中烧夷弹起火，毁民房14栋。湘桂路车站附近落弹甚多，路轨微损。总计平民死者8人，伤50余人③。

日本方面所收集的资料则是这样记载此次轰炸的：

> [同盟社上海十二日电]舰队报道部发表：昨日（十一日）午后急袭桂林之海军航空□□机，虽受新高角炮阵地之猛烈炮击，仍能制压之。将新设于该市附近停车场附近之小型仓库多数炸毁，其中两处起火，并另引着两个。又炸毁该市南端之工场及其他重要军事设施，全机平安返航④。

与中国方面资料比较即可发现，日军此次出动的仍然为海军航空部队，其所谓炸毁的绝不仅仅是军事设施，仍然是以破坏城市为目的。报道中对于轰炸伏波山等名胜

① 《敌机残酷狂炸，桂林市区殆全毁，大风中投弹百余，灾情奇重，前后被炸五次，毁房三千余》，《新华日报》1938年12月31日。笔者则根据数字计算得2000栋以上。

② 参见中共桂林市委党史研究室编《桂林抗战纪实》，漓江出版社1995年版。

③ 《敌机昨初袭沙市，美教堂及锡光小学全炸毁，桂林吉安等处遭敌机袭击》，《新华日报》1939年11月12日。

④ 季啸风、沈友益主编：《中华民国史史料外编——前日本末次研究所情报资料》（中文部分）第67册，广西师范大学出版社1997年版，第40页。

古迹的罪行只字不提，可见他们在新闻宣传上大肆欺骗，混淆视听。

仅仅事隔一日，日军又一次出动飞机18架轰炸桂林，在郊外投弹40余枚，毁屋10余间，伤平民4人①。此后，由于日军开始了在华南的登陆战，为了配合战场作战，暂停了对桂林的轰炸。

综合上述资料，可得出以下结论：

第一，1937年七七事变后不久，日军对桂林的轰炸就已经开始，这表明日军很早就把桂林作为打击的重要目标。

第二，1938年底和1939年底是日军飞机轰炸桂林最猖狂的两个时期，这是因为，1938年10月武汉和广州都相继失陷，紧接着日军便拟夺取南宁，截断桂越国际交通线，并借此为海军航空兵基地，对以重庆为中心的中国西南地区发动攻击。频繁地出动飞机对桂林进行轰炸，就是实施该战略的前奏。1939年11月中旬，日军第5师团与台湾旅团在海军航空部队的掩护下，由钦州湾的龙门港登陆，先后占领了钦县、小董、高峰坳、南宁、昆仑关等地，桂南战役因此而爆发。在这次战役中，日本动用了强大的空军力量，当时的制空权基本上被日本空军所掌握。桂林行营主任白崇禧在回忆这场会战时指出：1939年12月，“我空军在五塘、八塘间上空支援地面部队作战，曾与敌发生空战。我机因性能较差，遭受相当之损失”“第38集团军在宾阳总部，为敌机炸中。因其为前方各部联络中心，一时通信中断，无法指挥掌握……”②在武汉会战和桂南会战中，桂林虽然不属于战场范围，却是中国军队的重要支撑点，因此成为日军飞机轰炸的重要目标。制空权的缺乏，使日军飞机能长驱直入，猖狂地进行轰炸，给桂林造成非常严重的损失。

第三，日军飞机轰炸的重点是机场、公路、铁路、工厂、商业区和居民聚居区，投下的既有炸弹也有燃烧弹，这显然是要把桂林变成废墟和焦土。抗战前期和中期，日本大肆扬言要迅速灭亡中国，把桂林夷为平地，是他们推行“速亡论”的必然结果。

第二阶段，从1940年8月24日至1943年3月13日止③。

在这两年半的时间里，日军主要对桂林采取间接性轰炸的形式。

---

① 《敌机三批昨狂轰衡阳，投弹百余，北门成废墟，桂林株洲亦遭轰炸》，《新华日报》1939年11月13日。

② 白崇禧：《桂南会战》，载中国人民政治协商会议广西壮族自治区委员会文史资料研究委员会编：《广西文史资料》第二十五辑，1987年版。

③ 我们之所以把本阶段定在1943年3月13日为止，乃是因为就在这一天，日军还出动了飞机空袭桂林，具体情况详后文。而在此之后，《大公报》（桂林版）很长一段时间内不再有日机空袭桂林的报道，这亦表明日军正在做出战略调整。

日军1939年11月15日在钦州湾强行登陆后，就面临着中国军队的坚决阻击，但由于敌我力量悬殊，防城、钦县先后失守。日军陆续推进，至24日即攻占了南宁。然后日军继续北犯，战略要地高峰隘、昆仑关也相继沦于敌手。从此，敌我双方军队形成对峙局面。日军在此期间还曾经向李宗仁、白崇禧示好①，由于这种原因才一度暂停了对桂林的军事轰炸。但日军逐渐发现他们说服不了李、白二人，于是对桂林的轰炸又重新开始。

1940年8月24日晨7时，日机50架侵入桂林市空盲目投弹，开始了停止轰炸9个月之后的首次轰炸。此次轰炸市区及郊外，美国浸信教会的房舍全部被炸毁，损失约达10余万元，伤病人、工人11人②。

在此之后，日军飞机隔三岔五地侵入桂林，或是投弹，或是侦察，使桂林人民长期生活在动荡及恐惧之中。

到了1941年的8月4日，桂林市又一次遭受了重大劫难。是日上午首先有敌机1架从湖南方向飞来侦察。12时许，敌机21架侵入桂林市空，在市区内往返投弹3次，市内文化机构如助产护士学校、省临时参议会、新运妇委会、乐群社等均落有炸弹，房屋多被炸毁；中华圣公会、美浸信会则被部分炸毁，市民方面也略有死伤。另外，敌

---

① 李啸风、沈友益主编：《中华民国史史料外编——前日本末次研究所情报资料》（中文部分）第67册，广西师范大学出版社1997年版，第270页。据记载，早在日军侵占南宁后不久，南宁方面日本军司令官就于十日向白崇禧、李宗仁两将军发出通电如下："一、大日本军以遮蒋介石政权与法属安南之交通线为唯一目的，已将南宁地方占领；二、我南宁方面大日本军，对于广西省内白李两将军之施设及其政令之彻底，表莫大敬意，深留意于极力回避其经营力之破坏，又为保护两将军治下的一般民众之生命财产与其幸福，欲充分努力；三、望两将军洞察世界情形，向促进东亚同文同种之两民族提携而迈进；四、将军而若无所悟，始终欲敌对大日本军，则望无论何时举全力前来夺回南宁，则我南宁驻屯军有以独立与将军之五十万军队对抗，而具有获得战捷之装备，航空兵力与确保者也；五、将军部于南宁地方之役，已阵亡千余勇士，已为合葬于南岸中山公司，郑重供养，幸乞放怀。"这一通电被收入"第二期抗战与汪伪政权的建立（十一）"目，时间被定为1939年11月。从这则材料中可明显看出日军对新桂系广西当局有"招纳"之意，而日军方面却以"白崇禧、李宗仁"并称，似不知李、白二人各自在广西地位，或许个中更有其他阴谋。另笔者以为《末次情报资料》的编者把时间定在1939年11月也是存在问题的。我们知道，日军占领南宁在1939年11月24日，而本则材料的时间则为"十日"，而且多次表明已占领了南宁，可见时间似应定在1939年12月。事实上，日军对李、白的"招纳"持续时间很长，据《桂系大事记》（广西文史资料选辑总第三十七辑，1993年版）第353页记载，直到1942年1月21日，日本方面还派遣特务黑田潜入桂林与新桂系广西当局谈判。关于抗战时期日本方面对广西的看法，我们将另文撰述。

② 政协桂林市委员会文史资料研究委员会辑录：《日军轰炸桂林罪行录》，载政协桂林市委员会文史资料研究委员会编：《桂林文史资料》第五辑，第114页。

机还炸死警察7人，炸伤11人[①]。

此次事件后来被称为“八四轰炸”。由于给桂林市及其人民造成的破坏和伤害很大，很多桂林老人在事隔50多年后仍然清晰地记得当时的情形。按照植恒钦老人1995年的回忆，“这天共来了20多架日寇飞机，从南向北狂轰滥炸；南门火车站、汽车站、桃花江两岸、榕杉湖两岸、独秀峰、伏波山、老人山、叠彩山、北门外等都遭到轰炸，敌人投下的都是燃烧弹、杀伤弹，有500多同胞丧生，受伤人数无法统计。助产护士学校、省参议会、乐群社、中华圣公会、新妇女运动会等以及许多民房、商店被炸烧毁”“解除警报后，从岩洞出来，看见南面烈火冲天，浓烟翻滚，中山北路、桂东路、水东街成了一片火海，太和塘也被火焰吞没”[②]。

众所周知，国际法严令禁止滥炸文化教育机关、宗教活动场所以及具有历史纪念意义的标志性建筑和历史古迹等。但万恶的日本侵略者却从来不遵循国际法的要求，对桂林的文化机关和教会机构进行了多次轰炸。

除上述事实外，为《桂林市志·大事记》所记载的日军轰炸事件还有：

1941年6月12日，日机空袭桂林，发生空战。

1942年1月18日，日机袭城区，中山北路发生大火，从义学街到桂东路的大商店全毁。

6月12日和28日，日机分别空袭桂林，发生空战。

10月29日，日机30架袭桂林，被驻桂部队击落3架。

11月2日，日机40架分批袭桂林，被驻桂部队击落2架。

11月23日，日机侵犯桂林，被击落2架。

1943年3月13日，日机8架在南郊扫射广西大学开往良丰的交通车，死伤15人[③]。

据不完全统计，日军在这一阶段空袭桂林共30次，出动飞机454架次，投掷炸弹、烧夷弹380余枚，造成大量平民伤亡，同时毁损大量房屋以及其他财产。

综合分析这一时期日军飞机轰炸桂林的资料，发现有几个情况值得注意：

第一，桂南战役后，日军飞机很长时间没有袭击桂林，直到1940年8月才重新对

① 《敌机五十二架分袭湘桂，桂林市区昨被炸，文化机关多受损》，《大公报》（桂林版）1941年8月5日。

② 植恒钦：《日军轰炸桂林亲历记》，载《桂林抗战纪实》。

③ 颜邦英总纂：《桂林市志》上册，中华书局1997年版，第68—70页。

桂林进行轰炸。主要原因是日军占领了武汉和广州之后，抗日战争进入到相持阶段，战线的延长使日军的兵力越来越分散，不得不放弃“速亡论”，改用“以华制华”的政策。以李宗仁、白崇禧为首的桂系集团在中国近代史上具有举足轻重的作用，而且此时也是防守广西的重要力量，因此日本侵略者对其极力拉拢。据前面所提供的资料，这种拉拢的过程持续了较长的时间，由于未能奏效，日军后来又恢复了对桂林的轰炸。可见，桂林暂时的安宁与日军侵华政策的调整有着一定的联系。

第二，随着太平洋战争的爆发，日军加强了对大陆交通线的争夺。湘桂铁路是大陆交通线的重要组成部分，而桂林则是该铁路的一个重要门户，因此，1942年日军飞机对桂林进行了较密集轰炸。尤其是下半年，数十架飞机连续轰炸桂林的现象多次出现。从这个意义上说，桂林这一时期的受难，既是日军拉拢桂系集团失败后泄愤的结果，也是太平洋战场日军争夺主动权的结果。

第三，日军飞机在这一阶段对桂林实施轰炸的时候，受到中国空军和美国驻华空军特遣队第76战斗中队的拦截，也受到地面炮火的阻截。因此，其猖狂性有所收敛。轰炸的地点以郊区为多，轰炸时以分批和突袭为主。这虽然使其破坏力受到一定限制，但是却加大了桂林的防空成本。另外，美国“飞虎队”参与桂林防空，提升了桂林的军事地位，同时，也引发了日本对桂林新一轮的更大规模的打击。形势的发展很快证实了这一点。

第四，这一阶段日军轰炸桂林的资料中，日本方面收集的一项记载我们至今未能从中国方面的书刊中得到证实，这项记载是：

> [同盟社上海十一日电]舰队报道部发表：海军航空部队，曾于去年底在柳州上空击落敌机二十有余，使敌空军蒙受大打击，复期以歼灭敌残存航空兵力，遂于十日下午，以精锐部队之大编队，突然奇袭桂林，在该地上空及飞行场内，击灭敌机二十三架，我方无损害，全机安然归还。原口端中佐及十岚大尉指挥之有力部队，于是日下午二时左右在桂林上空与前来挑战之敌E十四、十五及十六型战斗机约四十架，交战甚烈，击落敌机十四架后复冲敌之猛烈炮火，对于空中战后飞落桂林飞行场之敌战斗机，浴以巨弹，其九架确已起火。场内中央部等五处亦已发生大火灾，获得极大成果①。

① 季啸风、沈友益主编：《中华民国史史料外编——前日本末次研究所情报资料》（中文部分）第67册，广西师范大学出版社1997年版，第302页。

这项记载亦出自当年日本末次研究所的剪报资料，编者把时间定为1941年1月。然而，我们在核对这则史料时却未发现中国方面有相关记载，《大公报》（天津版）、《广西大事记》没有这次轰炸的记载，甚至连《新华日报》也只字未提。怎样看待这个问题呢？是由于日军方面夸大其词，故意向外界传播错误消息？或是国民党方面害怕影响士气而封锁了信息？还是由于《中华民国史史料外编——前日本末次研究所情报资料》的编者定错了时期？我们将继续关注并查阅与本次日军轰炸有关的信息，争取使这个问题得到解答。

第三阶段，从 1943 年 7 月 9 日至桂林沦陷①。

抗战后期，中日双方对西南地区的争夺日趋紧张。1943年初，蒋介石与美国总统罗斯福协商，决定将陈纳德将军指挥的飞机增加到500架，以进一步遏制日军的空军实力。在这种情况下，日本逐渐失去了在中国大陆的绝对制空权。因此，早在1943年6月26日，日军侵华大本营就发布命令，急速将第8飞行团司令部编入第5航空军的战斗序列，加强第5航空军的指挥能力，但这一措施却未能如期提高部队的战斗力。到8月初，日军参谋本部又计划在一个月内为第5航空军增加战斗机80架，并以战队进行改编。后日军侵华大本营经过多方讨论，结果于8月17日发布大陆命第1003号，命令派飞行第22战队（4式战斗机）从日本内地，飞行第29战队（2式战斗机）从台湾，飞行第60战队（97重轰炸机2型）从内地，前往华南地区进行支援，参与桂柳会战。飞行第22战队37架于8月21日至24日、飞行第29战队21架于8月27日、飞行第60战队25架于8月24日分别到达武汉或南京，纳于第5航空军中。至9月2日，第5航空军可能出动的机数已达到218架②。

按照日机出动的不同目的，本阶段又可以分为两个小阶段。第一个小阶段为桂林会战前日军进行的空中歼灭战，时间大致从1943年7月9日至1944年10月29日，其轰炸的主要目标是消灭中美空军的有生力量，以配合以后的“广西会战”。第二个小阶段则是配合第11军的地面进攻，为占领桂林奠定基础，时间大致从1944年10月29日至1944年11月10日桂林沦陷，对桂林进行了毁灭性的轰炸，破坏尤大。

1944年7月上旬，第5航空军为了配合地面作战，大肆出动，主要对桂林、柳州等地进行攻击。据日本方面的军事报告，9日在桂林击落或击毁中美空军飞机28架，13

---

① 本阶段的有关史实主要根据日本方面资料。分阶段亦结合了中国方面的资料，如《大公报》（重庆版）1943年8月14日第2版有《敌在华空军增加》一文，内有“刻敌似正在准备新的攻势，恐不远期或将发动。”可见，其中有一个转折存在。

② 日防卫厅战史室编，天津市政协编译委员会译：《中华民国史资料丛稿·译稿·广西会战》上册，中华书局1985年版，第35—36页。

日又击毁、焚毁89架，甚至受到天皇口头嘉奖，日本中国派遣军总司令官还特地颁发了奖状①。

7月下旬，第5航空军命令其第90战队转进广东，分别从华中与华南相呼应地夹击桂林、柳州。飞行第11战队及第90战队于7月28日夜间在桂林焚毁、击毁我方飞机62架，7月31日焚毁、击毁26架②。

8月上旬，日军继续开展针对桂林、柳州的空军歼灭战。下旬，由于第5航空军得到如前所述的战斗与轰炸兵力的增强，更加放肆地攻击桂林。然而，由于攻击的敌机部队多为99双轻机，效力不大，于是日军方面决定采取夜间攻击，从中选出飞机利用月明晴天进行夜袭，以期对在桂林的中美联合空军以决定性的打击③。以后甚至还在暗夜出动轰炸机攻击桂林，日军认为："对于熟悉的机场，虽在暗夜晴天，确信基本上可以达到控制和扰乱的目的。"④从第5航空军在这一小阶段对桂林的袭击来看，是贯彻了这一指导思想的。关于这方面情况，当时地处上海沦陷区为日本所控制的《申报》有如下记载：

> [东京14日中央社电]某基地电，日陆军机队，本月11日首次夜袭桂林美军飞机场，炸毁敌机11架。14日再袭桂林，炸毁停放地上之大型机6架，更滥炸桂林铁路及其他军事设施。日机全部返航⑤。
>
> [日军某基地中央社电]日陆军机8日拂晓冒恶劣天气，连续空袭桂林西南之敌机场，排除敌炽烈之高射炮火及战斗机之截击，炸毁敌机场一行路，使其2处起火，尚有其他战果，以视野模糊，未能确认。是役日机自炸1架，尚有1架未还基地⑥。
>
> [中国大陆基地3日中央社电]日空军于中国战线，连日展开如火如荼之击灭

① 日防卫厅战史室编，天津市政协编译委员会译：《中华民国史资料丛稿·译稿·广西会战》上册，中华书局1985年版，第38页；又可参见《申报》1944年7月15日所载《日大本营昨发表袭桂林机场战果》一文。

② 日防卫厅战史室编，天津市政协编译委员会译：《中华民国史资料丛稿·译稿·广西会战》上册，中华书局1985年版，第38页。

③ 日防卫厅战史室编，天津市政协编译委员会译：《中华民国史资料丛稿·译稿·广西会战》上册，中华书局1985年版，第37—39页。

④ 日防卫厅战史室编，天津市政协编译委员会译：《中华民国史资料丛稿·译稿·广西会战》上册，中华书局1985年版，第68页。

⑤ 《日陆军机队夜袭桂林》，《申报》1944年3月15日。参阅1944年3月13日、15日《大公报》（重庆版）。

⑥ 《日机袭桂林》，《申报》1944年4月10日；参阅1944年4月9日《大公报》（重庆版）。

渝美空军战。8月1日深夜，数度轰炸桂林，并出敌不意，实行奇袭，已获得完全成功[①]。

[日军某基地30日中央社电]日夜间轰炸机队28日晚空袭柳州。继于29日空袭渝方面称航空要塞之桂林机场，乘渝机归还甫行降落之际，大肆轰炸，一举摧毁渝机22架，并使1处机场设施发生大爆炸[②]。

[日军前线某基地31日中央社电]日轰炸机队，曾于29日夜间恶劣天气，轰炸桂林机场，除炸毁停在该机场之渝机21架外，并曾使其设施1处中弹爆炸[③]。

以上5次空袭皆是在夜间进行的，并且不惜冒着恶劣天气，可见日机是按照既定方针行动的。袭击的重点地区是城郊。由于市区在过去频繁的轰炸中已经受到了严重的损失，只剩下残垣断壁，民众几乎无完整的房屋可居住。加上市民感到城区的地形不利于隐蔽，日机轰炸时无处躲藏，因此纷纷逃到郊区。另外，当时中国军队及盟军以及部分政府机构、社会团体、学校等也集中在城郊。如1937年冬，中央陆军军官学校第6分校从南宁迁至桂林城郊李家村；是年，桂林修炮厂设于鸡公山下；1939年陆军大学参谋补习班设于丽泽门外狮子岭；桂林中学为避免日军飞机的轰炸，将初中班迁至临桂县会仙乡和永福县罗锦乡；1940年7月，广西省振济会儿童教养院设于临桂；1941年6月，美国驻华空军特遣队第76战斗中队驻守在桂林城郊的李家村和临桂县的二塘；1943年3月，美国驻华空军特遣队扩编为第14航空队，第23战斗机大队和第308轰炸机中队驻桂林。因此，日军没有像过去一样集中轰炸市区，而是把郊区作为主要目标。他们根据特务和汉奸的指引，不断在这里投弹轰炸，给桂林民众带来新的损害[④]。

第二小阶段日机发动的空袭是为了配合日本军队地面进攻而进行的，对桂林的破坏尤其严重，拟放入本章第二节中与桂林会战一起论述。

这样，我们初步了解了日机狂轰滥炸桂林的有关情况，通过梳理史料可以发现：日机虽然在一些特定时期是以军事设施为轰炸目标，但在大多数情况下，却对桂林进行了惨无人道的轰炸，损害内容涉及普通平民、名胜古迹、文化教育机关、教会场所以及居民区等，而这些内容按国际法来说是受保护的、禁止轰炸的。

国际法规定："禁止以对平民造成恐怖破坏或损害非军事性质的私人财产，或伤

---

① 《日空军猛袭各机场》《日空军袭桂林经过》，均载《申报》1944年8月4日。

② 《日空军袭桂林，毁渝机廿二架》，《申报》1944年8月31日。

③ 《日军奇袭桂林，发挥巧妙战术》，《申报》1944年9月1日。

④ 颜邦英总纂：《桂林市志》上册，中华书局1997年版，第70—72页、第1159页。

害非战斗员为目的空中轰炸”“禁止对不紧接地面部队作战地区的城市、乡镇、乡村、居民点或建筑物进行轰炸”。“禁止对不设防的教育机关、名胜古迹、宗教场所等进行轰炸”[①]。而日军却是明知故犯，违反国际法，违背人道主义，犯了严重的战争罪和反人道罪，应当受到严厉惩罚。同时，应负责赔偿由此所引起的人身或财产的损害。

二、桂林会战及其战火破坏

（一）桂林会战情形

1944年春，已经穷途末路的侵华日军悍然发动了打通大陆交通线的“一号作战”（我方称为“豫湘桂战役”），这一作战计划分为三个组成部分：河南会战、湖南会战和广西会战。其中广西会战又曾称为“桂柳会战”。桂林会战即这次作战的一个组成部分，有的著述也称之为“桂林抗日保卫战”[②]。

随着长沙、衡阳等大城市逐渐落入日军的控制，新桂系广西当局受到极大震动。9月12日，桂林防守司令部司令韦云淞发布了一道强迫疏散令，限令市区内所有民众于三日内疏散净尽，否则以汉奸论处。一时之间，一个五六十万人口的热闹城市变得冷冷清清[③]。之后，为了加强桂林的防卫，桂林守军把阵地前影响射线的房屋拆掉或烧毁。中正桥头至伏波山和北门以外，以及丽泽门经南门至文昌门一带均有房屋被拆毁或烧毁，江东街则全部烧毁[④]。

当时中国方面的部队组成有：桂林防守司令部（司令韦云淞）、第31军直属部队（军长贺维珍）、第131师（师长阚维雍）、第170师（师长许高阳）、第79军294团、第175师523团第1营、第188师563团第1营，炮兵第29团及山炮1连、第135师野炮连、重炮1连以及城防高射炮兵营1营[⑤]。到底有多少人参与了桂林防守作战？当时的

① [英]劳特派特修订，王铁崖、陈体强译：《奥本海国际法》下卷第二分册，商务印书馆1989年版，第49页。

② 颜邦英总纂：《桂林市志》军事志，中华书局1997年版，第1185页。

③ 参见郭炳祺：《一九四四年桂林防守战》，载政协桂林市委员会文史资料研究委员会编：《桂林文史资料》第五辑，1984年版，第58页。

④ 冯璜：《我所耳闻目击的桂林防守战》，载中国人民政治协商会议广西壮族自治区委员会文史资料研究委员会编：《广西抗战亲历记》，1987年版，第92—93页。

⑤ 易熙吾主编：《桂林市年鉴》“特载（一）”，1949年版，第9页。

桂林防守司令部副参谋长覃戈鸣说有17000至18000人[①]；在桂林作战被俘逃脱的131师上校参谋钟其富则言约有20000人[②]；曾任131师参谋长的郭炳祺说约30000人[③]；新编《桂林市志》认为有25000人[④]。按照覃戈鸣的说法，第170师是后调师，大半是新兵，第131师也有一部分新兵，合新兵约6000人，这些新兵是不在韦云淞的战斗兵之内的。据日本战后的战报，至11月11日午已经检点中国军队遗尸5665具，俘虏13151人[⑤]。两者相加即得18816人，若再算上在七星岩为日军用毒气杀死的823名官兵，即达19639人。加上后来逃出城外的士兵，数量肯定超过20000人。综合各种资料分析，我们认为《桂林市志》的估计是比较客观的。

再看进犯桂林之敌。负责对桂林作战的为日本中国派遣军第6方面军下属第11军大部以及第5航空军等，具体序列包括第37师团（师团长长野祐一郎中将）、第40师团（师团长宫川清三中将）、第58师团（师团长毛利末广中将）、针支队（由第34师团步兵第218联队主力组成，由针谷逸郎大佐指挥）、军直属炮兵队（指挥官山崎清次少将）、第3坦克联队（联队长因幡武中佐）和第5航空军（司令官下山琢磨中将），总兵力约7万人，可出动飞机218架[⑥]。

10月28日中午以后，由于阻击日军第58师团第一线的中国军队溃退，使得日军得以进入灵川县境。于是，第11军司令官横山勇中将下令各部队迅速向桂林地区挺进。到10月31日，日军第40师团已进入七星岩东侧及北侧地区，与我军131师相对峙。接战以后，中国军队与敌人展开了殊死搏斗。到11月4日傍晚，第40师团在优势火力的帮助下攻占了七星岩一角。7日晨，敌铃木大队攻占七星岩顶端，后用毒气和火焰器攻击七星岩口，致使中国官兵823人同时遇难。8日，日军各部队的攻击准备均已就绪。其中，第58师团从北部地区，第40师团从东部地区，第37师团从南部地区，针支队从西北地区对桂林展开攻击，攻击的重点为第58师团正面。

---

① 覃戈鸣：《抗日时期桂林大火及沦陷经过》，载政协桂林市委员会文史资料研究委员会编：《桂林文史资料》第五辑，1984年版，第34页。

② 《广西日报》（昭平版）1945年4月20日。钟其富言日军有10万人，并且敌之兵力超过四倍，故推算得20000人。

③ 郭炳祺：《一九四四年桂林防守战》，载政协桂林市委员会文史资料研究委员会编：《桂林文史资料》第五辑，1984年，第57页。

④ 颜邦英总纂：《桂林市志》军事志，中华书局1997年版，第118页。

⑤ 《日军攻占桂林获重大战果》，载《申报》1944年11月14日；又可参见日防卫厅战史室编，天津市政协编译委员会译：《中华民国史资料丛稿·译稿·广西会战》下册，中华书局1985年版，第121页。

⑥ 日防卫厅战史室编，天津市政协编译委员会译：《中华民国史资料丛稿·译稿·广西会战》上册，中华书局1985年版，第36页。

9日零时，日军各部队开始对桂林发起攻击。炮兵部队猛烈地对中国军队各阵地进行射击，步兵也在炮火掩护下强攻。我军予以还击，给日军以沉重打击。后来敌大举增援，在陆空联合下，以马王洲为阵地，从桂花街向我131师中心阵地猛攻，我军因伤亡惨重，防守重地伏波山、风洞山、王城等接连丧失。敌人随之冲入桂林城内。虽然我170师曾从西南增援反击，但由于兵力悬殊，无法将其击退。到10日下午，城内虽然仍在进行激烈的巷战，但战斗业已接近尾声。韦云淞、贺维珍、许高阳等率部取道桃花江逃走，被敌阻击，死伤、溺毙无数。阚维雍、吕旃蒙、陈济桓三位将军光荣牺牲[①]。

（二）战事对桂林造成的极大破坏

“战争以破坏为原则，尤以攻城夺池损失更巨。”[②]这句话来描述桂林会战是最恰当不过了。日军攻城给桂林造成了各方面的毁灭性破坏。

攻击桂林的日本第11军直属炮兵队自1944年11月8日15时25分开始对独秀峰（桂林市区北部的公园内）、象鼻山（桂林市区东南角）、老人山（桂林市西北400米）、风洞山（桂林市区北部）等的炮兵和阵地要点，（以）100毫米加农炮、150毫米榴弹炮、150毫米加农炮一齐开始了射击。到下午5时20分时，又有敌歼击机8架对风洞山南侧及独秀峰附近俯冲轰炸，黑烟冲天，很快蔓延成大火。

9日零时，第40师团炮兵和第11军直炮兵队的加农炮一齐开了火。100毫米加农炮部队（12门）首先一分钟两发集中射击了3分钟，150毫米加农炮（16门）则各射击20发。城内瞬间化为火海；老人山背面浓烟冲天。早晨7时43分，第5航空队飞行第6战队袭击了桂林市街南半部。飞来了歼击机在各外轰炸扫射，20多处被炸毁，市内省政府一带起了大火。8时炮声更激烈，黑烟在市区四面八方滚滚升起。

10日6时30分，第40师团步兵第236联队第2大队果断地进行巷战，炸坏省政府围墙，冲进并继续扩大战果[③]。

---

① 参见日防卫厅战史室编，天津市政协编译委员会译：《中华民国史资料丛稿·译稿·广西会战》下册，中华书局1985年版，第101、121页。《大公报》（天津版）1944年10月28日至11月13日第二版亦有文。据该报11月9日、11月11日记载日军在攻取中国军队阵地时大量使用毒瓦斯。

② 易熙吾主编：《桂林市年鉴》“特载（一）”，1949年版，第2页。

③ 日防卫厅战史室编，天津市政协编译委员会译：《中华民国史资料丛稿·译稿·广西会战》下册，中华书局1985年版，第111—113、115、119页。

以上这些史料皆出自日本防卫厅战史室编著的《广西会战》一书中，这本书中记载了日军方面的许多原始文电，这些记述已经承认了他们摧毁历史文化名城桂林的事实。

从日本方面记载的这些资料来看，日军的炮火和轰炸已经波及整个桂林城，而且“城内瞬间化为火海”，对桂林的古建筑和居民住房进行了空前绝后的破坏。即在七星山就有两处著名的古迹被损毁。一是庆林观，该观是唐代桂州总管李靖于唐贞观六年（632）修建的，历代桂林人民悉心保护，使之一直成为普陀山最为珍贵的历史文化古迹。另一个即是栖霞寺，该寺是明清时期桂林的佛教活动中心，其中收藏有许多珍贵的佛教法器和经书。由于日军炮火轰击而使该寺起火，劫后仅存山门基座而已[①]。靖江王城是桂林最为宏大的建筑群，日军入侵时为省政府驻地，从上面资料看，日军在短短3日之内就对王城实施了3次破坏，王府承运殿仅存基座，各种建筑全被炸毁、焚烧殆尽。甚至连被誉为“南天一柱”的独秀峰也因受日军炮火攻击而有所破损。其他如始建于隋代的千年古刹开元寺也遭到日军炮轰，主体建筑遭毁，唯有舍利塔孤存。当然，由于日军侵占桂林后，很少有人来关注日本炮火轰击造成的破坏，只是在恢复以后对这些情况进行了一些调查整理，所以很清晰的情形还是不可能被了解的。

再看中国方面对桂林被破坏情况的记载。《大公报》记者戈衍棣在《桂林的毁灭》一文中写道：

> 我们的西南名城整个地毁灭了！
>
> 南郊崇信村无线电机厂还剩几栋残破的洋房，电工二、四两厂已经没有一间房子了。造币厂、将军桥都已没有了。越走向城里破坏得越厉害，大小房舍，公私建筑，都没有幸存的。灰黑色的火车站，仅剩了几堵破墙，南门桥是敌人重修过的，撤退时又纵火，幸被我们扑灭，桥上还可以过人。进南门后，没有一栋完整的房子，仅懋业大楼还没有烧掉，现在要算是桂林顶好的一栋房屋了。
>
> 幽美的环湖路，野草蔓生，湖水无光，不但旅湖水艇没有了，广西日报社、市政府、环湖饭店都没有了。繁华的中南路中的茂郁的树木，都烧成了枯枝，看不到一点夏天的景色……
>
> 从没有辟成的十字广场，左看书店业集中区的桂西路，右看金城业集中区的桂东路，一切都完了，一目无遮的可以看到东西郊外的远山，只有广西省银行的

① 参见黄家城主编：《桂林旅游史略》，漓江出版社1998年版，第240页。

中间还存有一栋楼房。

省政府已经烧光了，仅剩下作警卫室用的三间房子……正阳路的大华饭店、三明戏院都没有了，我们的桂馆（指大公报馆——辑录者）的营业处也只剩下半堵危墙。青年馆、广播电台、社会服务社都没有了。公共体育场上长了很深的草。

中北路是找不到房子的，乐群社也烧光了……桂北路的末端还剩有两栋民房，绥署、陆军监狱、银行监理官办公处、银行公会那些比较大的房子都没有了。作为要人住宅区的东镇路也烧得很惨，仅夏公馆还剩一点下房……

叠彩路的西端北面还剩一所住宅，此外如军政部办事处、省立医院，再过去如老君洞旁的黄主席公馆，一切公私建筑都没有了。总之，城区内绝找不出五栋以上的完整的房子，“一片焦土”四字是桂林最忠实的写照。至于新的工业区的北极路和新的住宅区东江，更老早破坏无遗了。

联络城区和东江区的中正大桥焚毁了，这是多数人预料中的事……我报桂馆星子岩下的编辑部工厂也早烧光了，只有大门上的两堵方墙，作为一个标志……今天是光复后的第五天，城里住户没有十家，因为他们回来是无处可安身的[①]。

这篇通讯是在桂林光复后的第六天，即1945年8月2日写的，作者看到和听到的应是桂林当时较为真实的状况。从其所涉及的内容来看，主要是市区的交通设施、政府机关、社会团体、工厂以及民房被破坏的程度。该通讯所采用的是纪实描述的方法，篇幅虽然不长，但是我们从中已经可以很真切地感受到变成“一片焦土”的桂林的惨状。

对照《扫荡报》记者关于桂林沦陷前市容的报道，我们对沦陷后的惨状会有更清晰的概念。

桂林这个山城……在市容上，它老是古色古香，摩登大厦，为数仍少。有的，多是婆娑的路树，和平坦的柏油马路，以及五光十色的街招而已。至市区的（蓉湖），为桂林名胜之一。市府现已积极美化。虽春水来迟，但湖畔柳絮，已嫩绿成荫，春意倍觉盎然。至郊外，别墅林立，水秀山清，诗情画意，每令旅人神往[②]。

---

① 《桂林抗战纪实》，载政协桂林市委员会文史资料研究委员会编：《桂林文史资料》第五辑，1984年版，第122—124页。

② 《扫荡报》1944年5月8日，载方仁元等主编：《中华民国史史料长编》第64册，南京大学出版社1993年版，第78—80页。

这段报道写于1944年5月8日。虽然桂林这时已遭受过战争的打击，但是仍然具有很大的活力，在春夏之交，其秀丽的景色仍非常迷人。然而，几个月后，桂林却在日寇的蹂躏之下残破不堪，这是多么巨大的变化！

桂林房屋，敌机轰炸烧一部分，中国军队为扫清视线烧一部分，作战时毁一部分，日寇撤退时又纵火烧一部分，诚所谓“三光”政策。历经兵燹，所剩寥寥无几。桂林文献资料委员会战后组织的调查，对桂林市建筑物毁坏如此严重的原因有一个分析：

> 敌军侵入广西，存心破坏，当其撤退时，尤甚。其编制中组织有烧杀队，套红色臂章，每到一处，肆意烧杀。烧杀队经过之后，继以检查队，检查队之任务，在检查烧杀队之工作是否彻底，是否达成，否则应受相当处分。是故，广西受害最重①。

该报告认为中日双方争夺桂林和日军撤退前的破坏是最严重的，同时认为日军飞机的轰炸和国民党军队为扫清视线而拆除或烧毁民房也是造成桂林重大损失的因素。这无疑是一个实事求是的分析，因为它并未把中国方面的破坏排除在外。现在的问题在于：中国军队对桂林所进行的破坏责任究竟应由谁来承担？根据国际法和国际惯例，侵略者对别国实施侵略的过程中，不论是采取屠杀、抢夺、破坏的手段，还是采取逼迫的手段使被侵略国不得不自行毁坏自己的财物而造成的损失，其责任都应由侵略者承担。第二次世界大战结束后，苏联、美国等国都按照国际法和国际惯例来确定战争责任，中国当时的国力很弱，在追究战争责任方面难有作为，但是这并不等于日本可以不向中国承担自己的责任，因为历史是不能抹杀的，国际法及国际惯例也是不应有二重标准的。

三、沦陷桂林的悲惨命运

自1944年11月10日沦陷，至1945年7月28日光复，桂林一直处于日军的殖民统治之下。日军据桂期间，烧杀抢掠，奸淫妇女，无恶不作，犯下了滔天罪行，使桂林市及其人民的生命和财产安全受到严重的损害。

---

① 易熙吾主编：《桂林市年鉴》“特载（一）”，1949年版，第26页。

（一）日军对桂林人民的残害

1. 蓄意谋害，残酷屠杀

日军刚刚侵占桂林时，常常任意杀人，如同儿戏，许多桂林无辜平民无端死于日军的屠杀。日军的谋害与残杀手段之残忍，完全违背了基本的人道。

1949年出版的《桂林市年鉴》记载有这样一个事例：

> 桂林市东附郭区田心村民秦剑三者，当敌人某次入村时，与同村老友某（时二人均七十岁人）避出村外，行至河桥，猝与敌军敌人相值，彼等将其友推入河中，老人在水内挣扎，彼等则拍手欢呼。继又用枪威吓，迫秦入水搭救，彼等立桥上看两老在水内纠缠，相与大笑而去。秦故善泅，乃扶其友出水，虽未毙命，据云其心中之恐惧及入水时之寒冷（时已冬令），固非常人之所堪矣，二人经此痛苦，各奔前程，其友卒被杀害[①]。

这个事例乃当年光复时修志工作者调查所得，事例确凿。在那么寒冷的冬天，日军竟迫使两位70岁老人下河，任由他们在水中挣扎，致使其中一位老人因为恐惧和寒冷而去世，日军的蓄意谋杀和残暴由此可见一斑。

在我们的最新调查过程中，也得到一些有关日军进行残酷屠杀的资料，如日军在桂林市郊柘木镇王家村的暴行：

> 1944年9月13日（农历）傍晚，日本鬼侵入王家村，先是在村中强奸了1名妇女，还把她的父亲杀死，村民们很害怕，就钻进村东岳山上的岩洞里去躲。次日，村民们看到村中有些房子被烧着了，好像日军已经撤退了。于是我们（指口述者王恩锡老人）9个青年就爬出来救火。下山后看见日军。我们就跑到其他地方去躲。当日军看到这个岩洞有人躲藏，就跑了上来。在洞口，强奸了2名来不及进洞的妇女。由于岩洞入口狭窄，只能爬着进去，日本鬼不敢进去，就下山了，谁知一个日本鬼在出洞口不远跌下岩去，摔死了。寇兵为了报复，又爬上山，用洞口的棉被、粮食等烧起来，让烟灌进去。到了晚上，还活着的人开始爬出来。十五日，日本鬼见还有人爬出来，就拿干辣椒放在棉被中烧起来，要把里面的人全都熏死。后来，日军撤走后，我们进岩洞去看了一下，里面的人全都死了，总共有137人，其中有几家全部死光。由于许多死尸没有移出，在里面变成

---

① 易熙吾主编：《桂林市年鉴》“特载（一）”，1949年版，第20页。

白骨，我们就逐渐把这个岩洞叫作“白骨洞”。

上述引用材料系我们2001年冬季调查所得，讲述者王恩锡老人时年87岁，虽然时过境迁57年，老人讲述时还是历历在目，语调充满了无限的感伤和悲愤①。

日军杀人的手段令人发指。1944年11月，他们将市郊大墟东岸仙人山西边脚的群众26人一次性杀死。上塘村李老祖被他们用残忍手段虐杀。1945年7月12日，两个日军抓住蔡岗村一个小孩，用刺刀砍成3段，血肉横飞②。1945年4月，日军怀疑市郊义宁县维持会及保安队不忠，抓住副会长苏章甫当场用刺刀杀死，另47人则被铁丝穿掌，牵到县城东部一土坑旁，用刺刀戳死后推入坑中③。

桂林地势多山，山多洞穴。日军盘踞的8个多月，市民和市郊的村民大都被迫躲藏在山洞里。日军每到一地，即派兵向附近村庄搜索，掠夺财物。在抗战后期，日军的物资供应越来越困难，因此必须通过抢掠来维持战争的需要。入侵桂林的日军成了一伙以抢食为生的流寇。一日本士兵毫不掩饰地说道：“士兵们都是生龙活虎的小伙子，到了宿营地，就开始在居民屋里到处翻找粮食啦、酒啦，特别是一些老兵，像野兽一样的好嗅觉，在一些角落找出食物和酒。”④当然，在许多村庄，他们并未能如愿地找到食物。后知村民多避居附近山洞，遂向山洞搜索。一旦发现洞内有中国民众躲藏，多用火烧洞门，入洞后抢夺财物，若洞门未能破开，便在洞外施放毒烟，熏入洞内，村民因此受毒致死者甚多。市郊临桂县属五塘洞村山寨，致死者二三百人，有十余家全被焚死，凄惨之状，不可笔述⑤。这种情况在日军占领桂林期间经常出现，凡是不愿为他们提供食物或满足他们兽欲的民众，一律予以杀害。再看看发生在桂林城郊的灵川县和临桂县的一些事例就会更清楚，据载，1944年10月，日军在灵川大墟金山岩用烟熏死洞内7人，烧毁稻谷2000多担；11月，日军在潭下黎源村用稻草将躲藏在大寨岩内的15人熏死；12月，驻定江大丰西日军用稻草将躲在走边岩20多人熏死，又毛家村铜盘岩被日军熏死4人⑥。1944年11月2日，城郊临桂县会仙税村避入大

---

① 另见赵平：《白骨累累的黄泥岩》，载政协桂林市委员会文史资料研究委员会编：《桂林文史资料》第五辑，1984年版。

② 廖江主编：《灵川县志》，广西人民出版社1997年版，第736页。

③ 李典荣主编：《临桂县志》，方志出版社1996年版，第18页。

④ （日）鱼住孝义：《大陆殿兵团——日军湘桂大溃逃写真》，载广西《文史春秋》1944年第4期，第32页，转引自沈奕巨：《广西抗日战争史稿》，广西人民出版社1995年版，第258页。

⑤ 桂林市文献委员会：《桂林沦陷杂记》，载易熙吾主编：《桂林市年鉴》，1949年版，第27页。

⑥ 廖江主编：《灵川县志》，广西人民出版社1997年版，第736页。

赤岩洞内的村民被200余名日军围住，炮轰、扫射、火烧达2小时，村民死伤38人；10日，日军火烧庙岭马埠江村一岩洞，熏死避入洞内的村民74人[①]。在日军占领桂林期间，民众躲进城郊阳朔县岩塘村硝岩被熏死的有27人，躲进竹桥村牛岩被熏死的有26人，躲进笔架山的后山岩被熏死的有14人，躲进登子岩村的依夫岩被熏死的有6人[②]。桂林山水秀美，日本侵略者却用卑劣残忍地手段，大量地杀害桂林的民众，制造了一个又一个的惨案，秀美的山水为冤魂哀号！

2. 强迫人民从事军事活动

日军在攻打桂林时，受到市外中国军队所埋地雷的阻挡，于是，就进郊区农村抓了一大批平民，其中男女老少都有，先用绳子绑上，然后驱赶着在前面探路[③]。这些无辜的桂林人民就这样在日军的枪炮下成了他们的扫雷工具，许多人因而致死。甚至还曾经出现过一些和平居民被残暴的日军抓去试探中国军队机关枪位置的现象[④]。这些平民被迫成为日军的工具，丧失了做人的基本权利，有些人甚至因此失去自己宝贵的生命。不知那些日本所谓的“人道主义卫士”们对此还有何话可说?

除了强迫桂林人民直接参与其军事活动外，日军还到处抓丁拉夫，帮助日军运输、修路，间接为日军军事目的服务。被拉夫者饥饿没饭吃，天冷无衣添，在全副武装的日军压迫下整日劳动，稍有停歇就挨枪杆、鞭子，甚至于当场被打死，史料中有如下记载：

> 秦剑三之子二十岁，在中学读书，敌军入境后被拉夫到大圩挑运粮食，回村路上被其他敌军所持，缚其手足，用刺刀由高处向下击刺胸腹头脑各处，受二三十创至昏去。彼醒已入夜，觉身在瓦砾堆中，身上亦满被垃圾蒙盖，伸首四察，了无人迹。因匍匐由堆中，时手足已无碍，全身虽甚痛楚，力不暇及，勉强循路还家，历时颇久，到一树下，气力已竭，痛楚更甚，竟废然倒地。模糊中觉树上有坚物坠身上，欲探为何物，奈已无力举手，复昏然睡去。醒时天已拂晓，见身所在，始忆及昨日事。试起立已无所苦，力疾赴家中，家人扶夜登床，检察创伤，二十余处，不再流血，察及下体，其生殖器已不知何处。医治月余痊愈，

---

① 李典荣主编：《临桂县志》，方志出版社1996年版，第18页。

② 谢求聚主编：《阳朔县志》，广西人民出版社1998年版，第325页。

③ 阳素臣：《记桂林沦陷期间的伪组织》，载政协桂林市委员会文史资料研究委员会编：《桂林文史资料》第五辑，1984年版，第224页。

④ 宁德星：《守城日记》，载政协桂林市委员会文史资料研究委员会编：《桂林文史资料》第五辑，1984年版，第72页。

敌人何以出此情形，不得而知[①]。

上述记载亦出自前述《桂林市年鉴》。这则史料与前引一样，都是在桂林光复后不久通过实地调查记载下来的，具有很大的可信度。从中我们可以看出，帮助日军做事的人，仍然有可能被残酷杀害。

关于日军据桂期间抓丁拉夫的事实，我们在2001年冬季调查中也得到了确证。据讲述者李望初老人告诉我们，“1944年9月13日（农历），四五百日本鬼子侵入我们村（桂林市郊冷水塘村），他们拉夫抓走了8个人，其中就有我的父亲。我父亲被日本鬼子抓到鹿寨，敌人为了防止他逃跑，不给他衣服穿。三个月后我父亲披着稻草跑了回来。”我们调查时，老人72岁，记忆力很好，同时还讲了其他一些史事。他的证言，是对日军罪行的一种控诉。笔者之一唐凌的家乡在桂林市郊灵川县定江乡的莲花塘村，沦陷期间日军也多次到此拉夫，村民因害怕被迫逃走，日军便把房屋烧毁。“逃日本”是当时村民经常性的一件事情，由于日军反复焚烧，村里的房屋大都破损不堪。唐凌现在的祖屋是在抗战胜利后才修建起来的。离莲花塘村不远的庄上村是唐凌母亲的娘家，桂林沦陷时的遭遇与莲花塘村一样，也是被日军入村拉夫，凡不从者即放火烧房屋。

2012年至2013年，我们又一次在桂林周边开展调查，文史工作者和民众提供了更多的细节。他们说，兴安沦陷后，日军第11军第58师团，开始沿湘桂线及东西北部地区对桂林实行围攻。灵川成为桂林城外围防线主战阵地。日军相继占领了铁路沿线的许多村庄，目的一方面是为了建立围攻桂林的据点，另一方面，是为了获得战争所需要的物资。

据莲花塘村民唐必增回忆：

村里有些人冒险回村探听情况或拿财物，结果有5个人被日本鬼子拉作挑夫，其中2个很快逃走，1个到湖南时也找机会逃了回来，而另外2个直到今天都不知所踪，人们猜测是死在外地了。鬼子在此期间还杀了唐承汉爷爷的哥哥，他是回村时被日本鬼子抓住，怀疑有敌对行为而将其杀害的。另外一个老奶奶被压死在风车之下，到底谁把风车推倒的不知道，总之她是在日本人占领村庄期间死掉的。日本鬼子占领我们村庄长达几个月，记得1945年夏天还有日本兵进村[②]。

---

① 易熙吾主编：《桂林市年鉴》“特载（一）”，1949年版，第20页。

② 据笔者2012年12月26日调查采访，唐必增1937年生，住定江镇莲花塘村。

矮山塘村民廖桂发回忆：

> 日军占领矮山塘村后，5个人被拉夫，其中4人死在外面①。

如果说日军拉夫是其在战争中的需求，那么在桂林这种需求就更为紧迫了。因为，第一，桂林的地形比较复杂，山路较多。日军在运输军需物品的过程中，汽车难以发挥作用，必须依靠大量的人力来担当。第二，日军占领桂林期间，补给已经非常困难，不得不通过抢夺当地民众的粮食和财物来维持战争的需要，在此过程中，他们经常受到抗日武装和民众的反抗。因此，当他们抢夺了粮食和其他财物后，一般都强迫当地民众运输，以便集中力量来防范人民的抗击。第三，为了确保“大陆交通线”被打通，日军占领桂林后，一方面必须修筑工事，以便坚守，另一方面，还要向南继续推进，攻占柳州、宾阳、南宁等军事要地，并向重庆方向进逼，以迫使国民政府屈服。所以，民工的需求量比过去任何时候都要大。正因为如此，桂林民众苦难的加重也就在所难免。

3. 虐待俘虏

日军在桂林时，曾经抓了很多俘虏，当然，也有一些平民被日军乱抓以充人数，向上邀功。日军对待俘虏，极不合人道，每天除了要做10小时的筑路、修桥及掩埋尸体等工作外，晚间还要做烧水、洗衣、铺被、按摩等服侍敌人的奴隶工作。变态的日军有时还乘俘虏饥饿之际，将其手脚捆绑置于较远之处，使之匍匐就食，形同猪狗，他们相顾以为取乐。

日军对待俘虏的上述行为严重违反国际法，以致后来日本虐待战俘之事成为远东国际军事法庭判决日军反人道罪的主要证据之一。事实上，据一些史料记载，日军占领桂林期间的暴行令人发指，下面即举一例试证之：

> 敌人先将俘虏绑在梯子上，放平在地，用唧筒装石灰水从口中射入腹内，等射到一定程度，便将梯子连人倒竖起，使石灰水从口鼻中徐徐流出，其痛苦情形大可想见。如果敌人想杀死俘虏，根本不使用枪毙刀砍，竟将煤气射入人的腹内，而用火将口中吐出的煤气点燃，其五脏皆焚②。

---

① 据笔者2013年3月3日调查采访，廖桂发1919年生，住定江镇矮山塘村。

② 易熙吾主编：《桂林市年鉴》“特载（一）”，1949年版，第19页。

以上史料出自《桂林市年鉴》，从中可见日军是如何虐待以及酷杀俘虏的。另据当时《大公报》记者戈衍棣撰文记载，日军曾在星子岩一带将俘虏捆在被焚后的房舍残桩上，再以火焚烧，直到枯骨和枯柱共同瘫下去为止[①]。从中亦可判断出日军是何等的残暴，又是何等的灭绝人道。

我们实地调查所得材料亦证明日军对待俘虏的残暴和灭绝人性，据讲述者李望初老人言，日军曾在冷水塘村建临时医院一所，经常在医院背后残杀中国战俘。变态的日本兵甚至还把中国战俘的双手砍下来作为自己所杀人数的证明。

日本侵华军总司令冈村宁次战后出版了一本回忆录，说他彻底贯彻爱民方针，严禁日军烧杀，取得中国民众的亲近。然而上述惨案就是发生在冈村宁次指挥的入侵广西战役中。口吐谎言，掩盖不了鲜血淋淋的历史事实。

4. 强奸和拐骗妇女为娼

国际法规定，禁止强奸妇女，逼良为娼，禁止损害个人尊严，特别如侮辱与降低身份的待遇。然而日军在侵占桂林期间，却在此方面，故意违反国际法，犯了违反人道罪。

《桂林市年鉴》记载曰："日寇搜索山洞，多用火烧洞门，入洞后，即抓年轻妇女奸淫，十三四岁之女孩亦不能幸免，且因奸至死者常有之。"[②]我们近年在调查中，发现日军所到之处大都发生了强奸的行为，如市东郊王家村，日军强奸妇女1人，并杀害了她的父亲。后又在岳山山洞里强奸了2名未来得及入洞的妇女。在市郊的冷水塘村，日军甚至强奸了1名卧病在床的妇女，该妇女因被群奸而致死。1944年10月29日，日军在市郊灵川县大墟镇大桥山村强奸妇女4人，东岸一名妇女不堪污辱跳河自尽。30日，日军在九屋墟轮奸了一位60岁的妇女。是月，市郊青狮潭岩背村一妇女被他们奸污后又被割断脚筋致死[③]。

日军除在桂林犯有强奸的罪行外，还以设工厂为名拐骗妇女为娼。据《远东国际军事法庭判决书》言，"在占领桂林时期，日军犯下了强奸和强奸之类的一切种类的罪行，他们以设立工厂为口实招募女工，如此被招募的妇女，被强迫为日军做娼妓。"[④]由于时间久远，我们今日已经无法找到那些曾被日军逼迫的中国妇女，但判

① 戈衍棣：《桂林的毁灭》，载政协桂林市委员会文史资料研究委员会编：《桂林文史资料》第五辑，1984年版，第124页。

② 易熙吾主编：《桂林市年鉴》"特载（一）"，1949年版，第26—27页。

③ 廖江主编：《灵川县志》，广西人民出版社1997年版，第736页。

④ 张效林译：《远东国际军事法庭判决书》，五十年代出版社1953年版，第645页。

决书作为已确认的法律文件，当对日本侵略者罪行的确认很有帮助。据新华社东京2007年4月20日电：日本政府在20日内阁会议上通过的一份答辩书中表示，日本政府接受远东国际军事法庭认定日军在第二次世界大战中在中国桂林强征当地妇女充当从军“慰安妇”的判决，对此没有异议①。众所周知，上海、南京、武汉、广州、天津、海南……日军铁蹄践踏之处，大都留下了一部部中国“慰安妇”的血泪史，桂林妇女只是中国受害妇女中很小的群体，然而，到目前为止，“桂林证据”却成为日本政府不得不承认的日军在中国强征妇女充当从军“慰安妇”的唯一证据。对此，我们认为，慰安所是日军在占领地的一种机构。桂林被占领是在桂柳会战期间，这时，桂林的民众大都被迫疏散，留在城内的主要是老弱病残者，还有就是被迫涌入的外地难民。日军以招工为名将妇女骗来充当“慰安妇”，慰安所大都设在军营附近。在当时的环境下，外人很难知晓内情。难民中的妇女被征为“慰安妇”，若能逃脱生存下来，后来大都离开了桂林。而本地的妇女由于受中国特殊的贞操观的影响，羞于揭露日军的暴行。但是，日军的暴行毕竟太多，要想完全掩盖是不可能的。近年来，随着国际社会和中国各级政府、社会团体的共同努力，日军的这种丑行不断被揭露出来，一些当年的受害者也勇敢地站出来控诉，例如，桂林荔浦新坪镇桂东村的韦绍兰就是其中之一②。据《荔浦文史》第八辑《马岭的慰安所》一文记载，1944年冬日军侵入荔浦后，在公路沿线乡村都派有驻军，负责组织运送物资和维护通讯，驻扎在马岭镇的日军负责从桂林运送食盐去柳州，共有两个小队，30多人。其中一个小队驻扎在马岭，另一个小队驻扎在沙子岭，当地老百姓仍清晰地记得驻守在当地的日本军官叫盐田，其部队被称为“盐田部队”。桂柳会战期间，日军在马岭镇德安村沙子岭屯修建了慰安所，该所遗址位于现321国道旁约200米，当时是本地富户陈克柱的家。陈克柱和家人外出逃难，房子便被日军占据。房子为砖泥结构，占地约两亩。东南和西北各有一个炮楼，上面布满瞭望孔和射击孔。1945年春，驻扎在马岭的日军要马岭的维持会长陈秉喜征“花姑娘”，供他们玩乐。维持会用威胁利诱的手段，强征来了两名妇女和两个女孩。后来，被强征的“慰安妇”又增加了几个，韦绍兰是在外出做工时被抓进来的。在这里，她几乎每天都要被日军轮奸，备受折磨，生不如死。三个月后，她趁日军防备空虚之机逃跑。日军战败撤退时，马岭慰安所的妇女均被带走，下落不明。韦绍兰后怀上日本兵的孩子，因受世俗偏见的影响，孩子出生后不被其丈夫及家

---

① 《桂林“慰安妇”缘何成为东京审判的重要证据》搜狐新闻网http：//news.sohu.com/20070425/n249688252.shtml

② 《桂林荔浦幸存88岁“慰安妇”控诉侵华日军罪行》搜狐新闻网http：//news.sohu.com/20070518/n250101307.shtml

庭所认可，成长艰难，与母亲相伴，终身未娶[①]。2007年，在媒体的引领下，当年的“慰安妇”韦绍兰及其子罗善学到沙子岭慰安所(即现在陈克柱家的老院子)进行了现场指认。2010年12月韦绍兰与儿子罗善学出席在日本国会举行的亚洲“慰安妇”受害者听证会，并向日本政府递交了“要求日本政府道歉赔偿的请愿书”，但一直没有得到日本方面的道歉及回应。2019年5月5日，韦绍兰在桂林荔浦家中因病去世，享年99岁[②]。

（二）日军据桂期间的经济掠夺与破坏

由于日本在某种程度上已经陷入穷途末路，因而在侵略桂林时，“既无辎重，亦无粮秣，并且还欠了三四个月的饷未发”，同时，又由于日军彻底执行不折不扣的以战养战的战略，于是日军“一杆六五枪，一套破年服长驱直入了”[③]，因此，日军所到之处，无不遭到残酷的劫掠，有时还无端地毁灭和破坏。

1.发行无任何保障的伪币，进行经济掠夺

日军占据桂林以后，开始使用无任何保障的纸币作为流通货币，由于上面印有“中央储备银行”的字样，故名之曰“储币”，常见的有五百元、一百元、十元、五元、一元数种，限每元作法币两元交易。民众虽然在表面上不敢反对，但事实上很少用法币找补储币的。当初短时间内，市面仍然流通法币，不久就发生民众暗中交易时，须首先声明用储币或法币，然后定价；如果跟敌人交易，就事先抬高价格有准备接受储币（此时储币价值与法币相等），但日军仍然认定储币顶法币两倍使用，于是物价日见其增。后来，日军知晓了内情，禁止使用法币，在市场上发现民众持有法币，即指为禁用之物，攫取之而去。有时日军在街道上借检查枪械为名，于各人身上搜出法币，即尽数没收，后又投放市场。到1945年6、7月时，储币的价值甚至抵不上法币的十分之一。

除发行无任何保障的纸币外，日军进行经济掠夺的办法还有低价强买和收取捐税。日军向民众购买物品时均定时特价，然而比成本价低很多，于是一般商人不愿意与之交易，却不敢拒绝，只以少量货物交易，后日军得知人们存心抵制，就联合地痞，令地痞以难民资格向商人看货议价，自己却尾随于后，见到货物便低价收买，若有违背，即行拘押。日军还曾在桂林收取过桥费、房屋捐、人头税以及收花捐等[④]。

---

① 郭柯导演：《三十二》，良友（北京）文化传媒有限公司发行，2013年。

② 《“慰安妇”制度受害者韦绍兰去世》中国新闻网http：//www.chinanews.com/sh/2019/05-05/8828037.shtml

③ 广西省救灾运动委员会编印：《广西在饥馑中》，1946年版，第3页。

④ 易熙吾主编：《桂林市年鉴》“特载（一）”，1949年版，第15、16、21页。

2. 恣意抢劫财物

由于日军的补给出现问题，因而经常导致恣意抢劫民众私人财物的事件发生，抵桂日军更由于广西民众的抵抗，对桂林的仇恨更大，故而任意抢劫的概率大大增加。

日军侵占桂林后不久时，即纷纷进村和向各山岩搜检，而后即把所发现的油盐米麦等抢回自用，这使日军据桂八月有余而食用无缺。城市道旁的日军还借盘查为名任意攫取民众的可食可用之物。逃到城外的民众的财物，也被日军所追夺。如1944年12月8日，部分桂林商人和市民逃到兴坪一带，100余布匹及粮食、财物等被日军洗劫一空[①]。

据莲花塘村民唐必增回忆：

日本鬼子进村后，这里一下就变成了一座军营。具体人数不清楚，从大部分人家都被他们进驻的情况分析，估计有一个中队。埋藏在屋前屋后以及家中的粮食基本都被他们挖出来吃掉了，来不及赶走的家畜也被他们宰杀。村旁沿水塘（莲花塘）一侧的茅草房，都被日军用作马棚，附近一些房屋的墙壁也被打通，以利于人和马在里面活动。许多家庭的门板、家具都被日本鬼子拆掉，或垫马棚，或当作柴烧[②]。

据矮山塘村民廖桂发回忆：

日军占领矮山塘村后，猪、牛被他们大量宰杀，内脏、头和脚都不要，丢在村外，血水把田地都染红了。由于没有耕牛，第二年靠人力拉犁[③]。

日军从1944年11月开始侵占桂林，到1945年7月退出，前后共8个多月。整个城市在战争的摧残之下变成了一座废墟。周边的村庄也备受蹂躏，幸免于难的寥寥无几。地处偏僻的宝源村后来也被日军侵扰。

据莲花塘村民胡美棕回忆：

日本人占领莲花塘村后，我们就一直在宝源村躲避住着。一天，几个日本兵

① 谢求聚主编：《阳朔县志》，广西人民出版社1998年版，第325—326页。

② 据笔者2012年12月26日调查采访，唐必增1937年生，住定江镇莲花塘村。

③ 据笔者2013年3月3日调查采访，廖桂发1919年生，住定江镇矮山塘村。

突然冲进村里抢夺粮食和财物，大人们都逃走了。我还睡在床上，其中一个日本兵掀起被子，发现我是一个小孩，没有伤害。但是，村里比较值钱的东西都被他们抢光。猪、牛被他们宰杀后，血水流淌到处都是，充满腥味。从此，我们只能躲进山里，再也不敢回村住了。那时过的真是令人心惊肉跳的日子，现在想起来都害怕[①]。

据宝源村民秦天佑说：

日本鬼子并没有驻我们村，他们到这里来主要是抢东西，即“打捞”。我记得大概是民国34年的夏天，前后共有七八次。每次鬼子进村抢东西前，都会先打几枪，村民们听到枪声后赶紧逃到山上，他们就挨家挨户搜查。看到能吃能用的东西就带走。当时我只有九岁多。一次鬼子从三个方向进村，我来不及逃走，被日本兵逼迫带路进到各家搜查。那些日本兵估计太饿了，看到家里有南瓜，立刻煮来吃。接着把抢来的两头猪杀了，头和内脏都不要，只吃肉。他们只吃了一头，剩下一头没有带走，不知为什么。鸡、鸭被他们杀掉的也很多。村里的牛被他们牵走的有十几头。他们在这里没有抢到粮食，因为当时已经基本没剩下多少粮食了。人们在山上搭起简易的茅草屋住，晚上蚊子叮，睡不着，也只能忍着。两三个月后才敢回来住。当时在董家村布置了观察哨，发现鬼子时就躲进山林里，不过由于地域广阔，地形复杂，小队日本鬼子经常偷摸侵袭，防不胜防[②]。

日军甚至还曾经有系统地抢掠桂林的钢铁资源。据记载，日军刚侵占桂林时，城中烧残房屋内，尚有不少器物，各街道上残存钢铁之类也为数不少，日军因此整日在街上寻觅各种物品，以及窖藏之物，大约日军曾或于盆内发现珍宝之故，致使各家花盆被覆破，甚至地漏阴沟等地均被翻动，后来，日军曾多次将各处搜刮得来的钢铁悉数运走[③]。根据战后的调查，民众被抢夺的财物数量大。关于这方面的情况，在抗战损失一章再做介绍。

3. 故意破坏财产

日军在据桂期间，不仅恣意抢劫公私机关以及普通平民的财物，而且还大肆焚

---

① 据笔者2013年12月26日调查采访，胡美棕1936年生，住定江镇莲花塘村。

② 据笔者2013年2月25日调查采访，秦天佑1935年生，住定江镇宝源村。

③ 易熙吾主编：《桂林市年鉴》“特载（一）”，1949年版，第19页。

烧，故意破坏财产。当时，桂林的城市设施基本上都被战火摧毁，只剩下部分房屋。因此，日军把破坏的重点放在城郊民众的财物方面。

早在入桂之初，日军到桂林四郊搜索，凡发现食物，“或倾入河内，或纵火焚烧，盖误认为是军实，倘不加以消灭，恐仍为我军利用也”①。于是，日军在桂林市各个乡村大肆搜刮，对于岩洞尤其注意，有时也“搜掠细软衣物，再则将寨内所有谷米衣物箱笼，故火焚烧，务使其彻底毁灭”②。日军还采取无赖的手段对桂林民众的财物进行破坏，所到之处拉屎尿在谷仓、油缸、米桶、饭锅里，使民众因其污损而不得不丢弃③。认真分析这一时期日军的破坏情况可以发现，他们基本上以断绝民众的生活来源为目的，手段很卑劣。因为1944年底，日军在各个战场接连遭受失败，为挽救败局，同时也是为了发泄愤怒，他们对占领区中国民众财物的破坏尤为彻底。他们之所以始终把抢夺和破坏山洞里的民众财物作为重点，是因为他们知道桂林的山洞甚多，民众大都躲藏在里面，财物也大都集中在此。找到了民众躲藏的山洞，既可获得他们所需要的粮食及财物，也能抓到他们所需要的劳工，更重要的是，可以造成民众的恐慌，动摇政府和民众的抵抗信心。当然，他们的这种行动本身也从一个方面说明日军力图长期占领桂林，而桂林民众的坚壁清野使他们的军需无法得到保证。因此，一旦他们能够找到民众躲藏的山洞，便极尽抢夺和破坏之能事。另外，由于民众躲藏的地点很分散，每个地点所储藏的粮食及财物都比较有限，因此，日军不得不以小分队的形式开展经常性的搜山活动。这种活动分散了日军的力量，也常常受到抗日武装和民众的抵抗。据统计，1944年11月至12月，桂林城郊的郎村、茶洞、义宁等地的抵抗就不下20起，歼灭日军近300人，还击沉了日军的运输船④。这种抵抗也加剧了日军的报复，他们对民众财物的破坏异常疯狂。

（三）日军在桂所作所为严重违反国际法

我们在前文就日军残害桂林人民和在桂林展开经济掠夺及破坏展开了问题的论述，目的在于说明正是由于日军的残暴给桂林造成了无可估量的损失。日军的许多行为严重违反国际法，应当继续受到谴责和声讨。

国际法规定：对于不参加战事的人，包括放下武器的武装部队人员，禁止对他们的生命与人身施以暴力，特别如各种谋杀、残伤肢体、虐待及实施酷刑；禁止损害个

① 易熙吾主编：《桂林市年鉴》“特载（一）”，1949年版，第18页。

② 易熙吾主编：《桂林市年鉴》“特载（一）”，1949年版，第27页。

③ 廖江主编：《灵川县志》，广西人民出版社1997年版，第736页。

④ 李典荣主编：《临桂县志》，方志出版社1996年版，第623—624页。

人尊严，特别如侮辱与降低身份的待遇①。

而据桂日军则完全无视国际法的存在，对于自18世纪以来已成为国法习惯规则的“不得杀害和攻击敌国私人”②的规条任意践踏，犯下严重的战争罪和违反人道罪。

日军的战争罪还表现在对桂林的毁灭上，他们竟然完全不顾海牙章程第五十六条及其他条款，在桂林进行了系统的抢掠和经济剥削，恣意地破坏公私财产，加重了所犯的战争罪行。不管日本军国主义者如何抵赖，历史事实是不能抹杀的，战争罪责是无法推卸的。面对确凿的历史事实，他们越是抵赖，就越暴露出其可耻可恨的面目。

① [英]劳特派特修订，王铁崖、陈体强译：《奥本海国际法》下卷第一分册，商务印书馆1989年版，第27页。

② [英]劳特派特修订，王铁崖、陈体强译：《奥本海国际法》下卷第一分册，商务印书馆1989年版，第253页。

第四章　抗战时期桂林的人口伤亡

人是生产力中最为活跃的因素。从现代社会的眼光来看，人力资源是最为重要的资源之一。任何社会，无论企业、组织、团体，如果没有了人，也就没有存在的价值。而对人力资源破坏最大的要数战争行为了，无论何种性质的战争都是以人的伤亡为代价。不仅战争进行期间致使大量生命无端牺牲，即在战争结束以后，又由于随之而来的灾荒、瘟疫等各种原因所造成的人口损失更难以胜计。由日本军国主义发动的全面侵华战争就给中国社会的人口发展带来深刻影响，其中对西南历史文化名城桂林的影响可谓巨大。

这里要指出的是，我们所从事的桂林抗战损失的研究，“纯粹基于学术立场，以探讨事实为最终目的”①。对战争损失额的估算始终采取三项原则：其一，务必体现中华民族对历史宽容的立场，不会把损失的研究上升到针对整个日本人民的层面。其二，以“真”“信”构建估算单元，存在疑问的史料一般不轻易引用，即使付之阙如，也在所不计。其三，实在需要估计的地方，力求从实情出发，符合实际，即使必须做出推断的也采用保守原则。出于以上三点原则，本项调查研究成果的统计数字虽然较当年广西省政府和桂林市政府的损失统计有所修正，但仍然只是一个最低限度的数字。

一、桂林空袭伤亡

日军高度重视空袭对我方的破坏，因而很早就在华南地区派遣了海军航空战队对两广地区实施战略轰炸，其中含有战斗机、轰炸机、侦察机等多种类型的飞机近200

① 韩启桐：《中国对日战事损失亡估计》，载沈云龙主编：《近代中国史料从刊续辑》第89—90号，台湾文海出版社1974年版，第4页。

架[①]，这些飞机中有很多都对桂林发动了空袭。后来，甚至又有陆军航空队对桂林发动空袭。惨无人道的日军飞行员故意杀害桂林普通平民，多次用机枪向平民扫射，给桂林带来了惨重的人员伤亡。

关于日军飞机轰炸桂林的经过，本书第三章已做了陈述。需要补充的是，每次轰炸的后果都非常严重，被炸死者“血肉模糊，不见头首”，伤者呻吟倒地，皮破血流[②]。轰炸过后，有的人被炸得身首异处，手脚断裂，树上挂的，地上摆的，都是头、身、手、足、内脏，还有衣服、裤子的碎片，找不出一具全尸，境况真是令人惨不忍睹[③]。

日机空袭给桂林人民造成的伤亡情况，由于受战争环境的影响，新桂系广西当局与桂林市政府部门都未能给予足够重视，因而现在我们能见到的相关统计资料多不完备，具体伤亡数字也不甚清晰。目前所见仅《广西年鉴》第三回有如下资料：

表 4–1 抗战期间桂林市历年被空袭人员损失统计表

年别	被炸次数	死亡人数	受伤人数	伤亡总数
1938	9	119	110	229
1939	9	267	460	727
1941	4	167	223	390
1942	1	20	26	46
总计	23	573	819	1392

说明：1. 本材料系根据各县市政府所属各机关呈报振济会资料整理而成，其未报告从缺。

2. 内缺 1940 年材料，因此年材料仅广西统计数字。据称，这一年广西被空袭共 56 县，日军空袭 350 次，炸死 1473 人，炸伤 1871 人。

资料来源于广西省政府统计处编《广西年鉴》第三回，1948 年版，第 1357—1359 页。

从上表我们可以看出，表中缺乏1937年、1940年、1943年、1944年这几年的空袭损伤材料，而且就现有四年的数据而言，资料也很不全，只是呈报并接受赈济的人员伤亡数字，其中亦含有大量公务人员伤亡，而很多平民的伤亡则根本未纳入这个统计范围。

---

① 日防卫厅战史室著，田琪之译，宋绍柏校：《中华民国史资料丛编：译稿》第十一辑（《中国事变陆军作战史》第二卷第二分册），中华书局1980年版，第72页。

② 《敌机十八架昨袭桂林，南郊被投弹滥炸》，《大公报》（桂林版）1941年5月31日。

③ 黎远明：《我所亲历的一次日军轰炸桂林记》，载中共桂林市委党史研究室编《桂林抗战纪实》，漓江出版社1995年版。

我们得出桂林空袭伤亡的校正结果，如表4-2。

表 4-2 抗战期间桂林市历年被空袭人员伤亡统计校正表

年别	被炸次数	死亡人数	受伤人数	伤亡总数
1937	2	53	200	253
1938	9	119	110	229
1939	9	267	460	727
1940	2	—	11	11
1941	4	167	223	390
1942	10	20	26	46
1943	8	8	26	34
1944	7	—	—	—
总计	51	634	1056	1690

说明：1. 表中所列数字皆为我们所见资料记载的，未能查阅到的从缺。其中 1939 年伤亡总数中含死伤不明者 300 人。2. 按植恒钦老人的提法，仅 1941 年 8 月 4 日一次轰炸就有 500 多人丧生，伤者不计其数。

这里需要指出的是，表4-2中所统计的只是有确切数字的，材料主要根据当年的档案资料与报刊记载，而对于植恒钦老人的提法则未予采纳，这一方面是考虑到我们前面所述的三条原则，另一方面也是表达了我们的学术理念：后出的史料价值相对较低。

显然，表4-2所得出的各项统计数字是最低限度的。特别是在死伤人数上，史料记载中经常出现“死伤多人”“损失正在调查中”等不确定的记载，我们只得采取存疑，弃而不计的方法处理。

尽管如此，我们仍然大概得知了日军疯狂轰炸桂林所造成的人员伤亡状况：截止桂林疏散前夕，桂林已被狂炸51次，死亡634人，受伤1056人，总计伤亡1690人。如果再考虑到我们统计资料的不够完全，以及防空总监部对全国的统计数字，我们估计，由于日机的违法滥施轰炸而导致的桂林和平居民的伤亡总数在2000人以上。

二、官兵在战斗中的伤亡

抗日战争是中国近代史上最伟大的民族解放战争，在这场战争中，无数民族斗士谱写了悲壮的篇章。国民政府及其军队虽然在抗战中抵抗不力，但是应当承认，他们中的一些人是有爱国之心的，愿意为民族的解放贡献自己的力量，甚至不惜抛头颅、洒热血。广西是当时全国的“模范省”。在新桂系集团的推动之下，广西的政治、经济和文化建设取得了突出的成绩，民众经过国民基础教育和民团训练，政治素质有较大的提高，作战能力得到增强。抗战爆发后，八桂儿女多次促请南京国民政府拟定抗日大计，并以各种形式投身于抗日斗争中，许多人为国壮烈捐躯。

早在1937年9月初，新桂系就完成了军队的组编工作。到中旬时，第48军即作为抗日先遣队从桂林出师北上，向徐州进发。10月初，第7军、第31军也向徐州地区集合。不久，由于淞沪会战的不断扩大，战斗相当激烈，中国军队渐感不支。于是，国民政府急令第48军和第7军的170师、171师、172师共6个师向上海增援。他们均在淞沪会战中发挥重大作用，但也伤亡惨重，其中就有不少桂林籍官兵，这些人是桂林以及广西为伟大的抗日民族解放战争而牺牲的第一批仁人志士①。

第7军和第48军在参加完淞沪会战以后，又由廖磊率领经浙江转赴安徽，回归第5战区司令长官李宗仁麾下。后来又相继参加了徐州会战、武汉保卫战等战斗，许多官兵为国战死沙场。

除了上述战斗以外，桂林籍官兵还参加了桂南会战、桂柳会战以及其他很多地方的对日战争，这些将士为中华民族做出了他们的贡献，也有许多人因此献出了自己的生命。

根据抗战胜利后由联合勤务总司令部抚恤处编辑的《中华民国忠烈将士姓名录》记载，从1937年7月7日至1945年9月3日的抗战期间死于日军魔掌的桂林籍官兵共有250人，其中县籍不明的没有编入在内②。扣除重复记载的将士名录，总共只有246人。

我们知道，抚恤处对战争时期伤亡官兵的统计，定有若干人因种种原因被遗漏而未被列入。此外，名录尚有一个重大缺陷，即只有阵亡数字，而无负伤情况。另根据国际惯例，官兵伤亡不应专限于战场阵亡，其他像疾病、瘟疫以至体力衰竭等导致的伤亡，其数往往也很大。依据军医署负责人意见，中国军队负伤率至少应为阵亡的两倍③。这即是说，有一个人阵亡，就有两个人负伤。那么据此推定，桂林籍官兵负伤人数至少为490人左右。按照包格铁（ErnestL.Bogart）的说法，在拿破仑战争的时候，因疾病而损伤的是因炮火而损伤的7倍。同时，他还认为有的疾病虽然并非起因

① 覃延欢、廖国一主编：《广西史稿》，广西师范大学出版社1995年版，第426—427页。

② 联合勤务总司令部抚恤处编：《中华民国忠烈将士姓名录》，1947年版，第1页。

③ 韩启桐：《中国对日战事损失之估计》，载沈云龙主编：《近代中国史料从刊续辑》第89—90号，台湾文海出版社1974年版，第17页。

于战争，但战争却在实际上加重了它的程度，比如肺结核症等[①]。可见，我们也应当按照国外同行的办法，考察一下战时官兵的疾病死亡问题。早在20世纪40年代，中国抗战损失研究专家韩启桐先生就专门探讨过这一问题。他写道："如以我国部队生活条件为据，可以推知疾病侵袭机会定然甚多，今将其中病而可愈部分除去不计，估其病故部分略与阵亡人数相等。"[②]如果按照韩先生的估计方法，那么桂林籍官兵抗日战场上病故的人数与阵亡的人数大致相等，约为246人。

除了上述各个方面以外，尚有战场上士兵失踪一项。战争损失专家推定其为阵亡数的一半。鉴于中国军队历史上缺乏对这种损失的记载，而国民政府军队的纪律不够严格，逃跑的现象较为普遍，这里不列入估算的范围，但是可以作为判定损失的一个基点。

综合以上因素，我们可知抗战时期桂林籍官兵伤亡总数不会少于1000人。

在保卫桂林的战斗中，其他省籍的官兵也有大量的伤亡，这是军事人员伤亡所必须包含的另一个方面的内容。

由于蒋桂矛盾一直存在，桂林的防守未能得到军事当局的重视。衡阳战役打响后，蒋介石才决定加强对桂林的防守，责成防守部队构筑工事。桂林多系石山，每山都有岩洞，若能善加利用，每座山都可成为一座坚固的堡垒，阵地上只需用少数兵力据守，而在适宜地点控制较大机动部队，相机支援各个阵地作战。这样既可节省兵力，又能相互呼应，避免处处防守、处处挨打的被动局面。但是，桂林守军司令韦云淞却把全部兵力分散配置在各个阵地上，而没有留置机动部队，形成了处处设防、处处薄弱的不利态势。这种布局上的失误，使桂林守军的战斗力大受影响。当时，国民政府军事委员会令第16集团军担任守城，并派白崇禧到广西协助张发奎策划战守大计。白崇禧认为这是蒋介石的借刀杀人之计，于是先后把自己的嫡系部队第46军和第188师调出了桂林。守城部队数量的一减再减使部队的信心受到很大的打击。这两个方面的原因结合在一起，使得桂林防守战的布局和力量构成出现了严重的失误。从1944年10月28日到11月11日，桂林保卫战只坚持了不到半个月的时间。战斗过程中，中国官兵伤亡惨重，柳庆师管区司令黄梦年、第170师副师长巢威在回忆录中写道：

① Ernest L.Bogart，Direct and Indirect Costs of the Great World War，转引自韩启桐：《中国对日战事损失估计》，载沈云龙主编：《近代中国史料从刊续辑》第89—90号，台湾文海出版社1974年版，第16页。

② 韩启桐：《中国对日战事损失估计》，载沈云龙主编：《近代中国史料从刊续辑》第89—90号，台湾文海出版社1974年版，第17页。

11月4日，敌军四面进行攻击，屏风山、猫儿山战斗异常激烈，敌步兵在敌炮兵掩护下，向我屏风山据点猛攻，黄昏时屏风山、猫儿山据点同时被敌攻陷。每据点我守军仅步兵一排，配属重机枪一挺，官兵除受伤外，全部殉国。

敌步兵在炮兵及战车8辆掩护下，向我北门、西门阵地猛攻，都被我击退。德智中学以西山地被敌占领一个据点，守军第79军294团之一连，仅生还8人。

……

11月8日，敌竟日攻击。敌空军协助作战。我德智中学以西山地除猴子坳及德智中学外，全被敌攻占。我军294团伤亡和逃亡过半①。

第31军393团副团长蒋道宽及其所部负责北门一带的防卫，他在回忆录中说道：

在敌人不断袭扰我北门阵地的同时，敌主力部队已由尧山向我江东的391团阵地进犯……11月6日晚，江东阵地全部陷敌，391团死伤枕藉，能突围出来者为数甚少。（在奉命夺回漓江大桥桥头堡的战斗中），我军的几次向敌冲击，均被敌密集火力阻击，我所率领的这个连，死伤过半②。

《桂林市志》对桂林保卫战中中国官兵的伤亡情况有如下记载：9日暮，日军第40师团得到命令，倾巢增援，大举渡江。一部突入城内巷战，一部几乎伤亡殆尽，才于19时20分占领伏波山，而中国守军则全部牺牲于阵地上。20时，桂林守军司令韦云淞等率先离城，取道桃红江西走，受敌阻击，溃不成军，被击毙或溺水而死者无数。10日，失去统一指挥的桂林守军，仍各自坚守阵地。在北门重创日军的392团，自团长吴展以下，伤亡几尽③。

桂林防守战是整个桂柳会战中最重要的一个战役，也是广西在抗日战争时期除昆仑关战役以外最残酷的一次战斗。参加过这次战役的新桂系重要幕僚覃戈鸣在《抗日时期桂林大火及沦陷经过》中说，中国军队有成千上万的人伤亡和被俘。据日本方面

---

① 黄梦年、巢威：《日军进犯桂林记》，载中国人民政治协商会议广西壮族自治区委员会文史资料研究委员会编：《广西抗战亲历记》1987年版，第85—86页。

② 蒋道宽：《桂林防守作战前后回忆》，载中国人民政治协商会议广西壮族自治区委员会文史资料研究委员会编：《广西抗战亲历记》1987年版，第105页。

③ 颜邦英总纂：《桂林市志》上册，中华书局1997年版，第1186—1187页。

报道，在这次战斗中，中国军队阵亡6488人，被俘13151人[①]。受伤的中国官兵的人数该战报没有说明，但是根据常识，我们知道被俘者大都因为受伤或有病体弱无法抵抗，逃跑不及时才落入敌手的。另外，根据战争损失专家关于伤亡比例约为1：2的观点推断，可知被俘的13151人与阵亡的6488人的比例是基本上对称的，也就是说，被俘的13151人相当部分应为受伤者。如前所述，在桂林保卫战中，中国投入的兵力大约为25000万人，阵亡的人数大致上相当于守城部队总数的五分之一，若再加上受伤的人数，则应近20000万人。其余5000人的情况，日本的战报也没有说明，但是可以肯定的是，桂林沦陷后，中国官兵大量的伤亡情况依然发生。第31军副军长冯璜在《我所耳闻目击的桂林防守战》中说道：桂林守军司令韦云淞在日军步步加紧对桂林围攻的情况下，扒开城墙，往丽君路相思江方向逃跑。其他官兵也尾随而来，敌则从四面八方向他们射击。中将参谋长陈济桓走到猴山坳附近，因负伤不能行走，且见天色已亮，怕被俘受辱，乃拔枪自杀。其他部队官兵在敌人的猛烈追击下，要么被乱枪射死，要么因体弱累死，要么被挤倒在地上活活踩死。跑得快一点的才脱离虎口，落后的人被敌人追上，不遭枪杀便被俘虏。逃出桂林后，官兵因缺医乏药，也得不到必要的营养补充，大量的人员伤亡。到百色后，第4战区司令长官张发奎鉴于31军溃不成军，减员严重，被迫撤销其番号。他的这一回忆，与其他参与过这一战斗的国民党高级将领的回忆基本相同。这就意味着，桂林沦陷后，守军人员伤亡过程并未停止是一个不争的事实。而这个事实也就证明了战争损失专家所提出的在近代战争中，阵亡人数与病亡及其他因素所导致的死亡人数存在着一定比例关系的推断的确具有一定的合理性。

计算抗战时期官兵的伤亡人数，之所以要把桂林籍官兵在各战场的伤亡人数与其他省籍官兵在桂林伤亡的人数相加，是因为前者本身属于桂林人，后者则是为桂林这个城市而伤亡，总之都与桂林有着直接的密切的联系。桂林籍的官兵在广西牺牲的只有16人（见本书附录），其余的都是在外地战场牺牲。据此，我们对抗战时期桂林官兵人员伤亡（包括桂林籍官兵的伤亡和其他省籍官兵在桂林的伤亡）数量可做出以下结论：

第一，有确凿的数据或事实作为依据的官兵阵亡人数为6734人。在广西牺牲的16个桂林籍的官兵中，有5人的牺牲时间为1944年10月以后，也就是说，他们是为保卫桂林而牺牲的，应列入日军战报中国军队的阵亡人数中。如此，则应在6734人中减少

① 日防卫厅战史室编，天津市政协编译委员会译：《中华民国史资料丛稿·译稿·广西会战》下册，中华书局1985年版，第121页。

5人，为6729人。

第二，就日方所提供的数据分析，桂林守卫战中国官兵的死亡人数应远远不止阵亡的人数即6488人，因为日军在攻陷桂林之后，紧接着又向柳州、宾阳、南宁、宜山、河池等地发动进攻。对于在桂林所俘虏的13151人，他们绝不会手下留情，身体较好的也许能让其充当牛马使用，负伤或体弱者很难避免被屠杀的命运（日军在南京等地对放下武器的中国军人都残酷地进行屠杀）。1944年底，日军面临着越来越多的困境，在这种情况下，他们对战俘的屠杀无疑会变得更加疯狂。由于资料的缺乏，我们对桂林保卫战中被俘中国官兵的死亡情况目前无从了解，但是根据日军侵华过程中的所作所为，我们认为遭他们屠杀和折磨的被俘官兵致死的数量决不会比其他地方少。

第三，根据战争损失专家提出的比例（即负伤与死亡的比例约为2∶1）计算，则抗战中桂林籍伤亡的官兵和在桂林伤亡的其他省籍官兵的人数约为20000人左右。这个数据虽然存在着一定的不确定性，但是作为判断抗战时期桂林官兵的损失情况仍有一定的参考价值。至少桂林保卫战日方的战报和中方主要当事人的回忆是形成了一定的相互参证关系的。

总之，“阵亡”“死亡”和“伤亡”是三个不同的概念。在确定了阵亡数据的前提下，人们有理由对桂林抗战时期官兵死亡和伤亡的情况进行符合逻辑及符合历史的判断。

三、沦陷期间桂林的人口伤亡

从1944年11月10日桂林沦入敌手，至1945年7月28日光复，是为桂林历史上的沦陷时期。在此期间，残暴的日军残酷屠杀桂林人民，带来了严重的人口伤亡。

沦陷前夕，桂林市民紧急疏散，无法逃走的老弱病残，被疾病和饥饿夺去生命。1944年10月13日，柳庆师管区司令黄梦年等在西门外视察时，发现民房里有全副骷髅躺在竹床上，无人收尸。物品满地乱丢，民房被烧去十之七八[①]。

日军占领桂林后，这种现象更为普遍。据《桂林沦陷杂记》一文记载：

> 沦陷时期，城中残存房屋内时有死尸发现，有蜕化在床，上有破布遮盖者，

---

① 黄梦年、巢威：《日军进犯桂林记》，载中国人民政治协商会议广西壮族自治区委员会文史资料研究委员会编：《广西抗战亲历记》，1987年版，第81页。

有倒卧室隅者或则一塌糊涂，肉销形化，或则一切完好衣物均可识别，其中亦有二三军人，大概系受伤避入民房病不能兴，以致饿死者，更有在室内掩埋未深，致露出一肢半体者，伤目惨目，臭气熏人，至于城外可谓随（处）皆是，即西门桥边堡垒四周至少亦十余具，据云堡内当不只此，往往路旁或屋隅，每有一堆禾草或一团破布破席，下面即系死尸，死者为谁，漫不可纪①。

上引材料很清晰地表明桂林人员损失状况，其状之惨，真可谓“不惟见者伤心，即阅者亦为之酸鼻”②。

于瑞云先生在《甲申浩劫纪实》一文写道，当时“地面暴露尸骸，经市府继续掩埋者，计五千四百余具。七星岩内所藏，尚不在内”③。这仅仅是光复后掩埋尸体的数字，其中主要是桂林的普通群众，也有非桂林籍官兵，还有外地逃难的平民。显然，这个数据不能反映沦陷期间桂林人口伤亡的全面情况。

据1945年10月桂林市政府的调查，沦陷期间桂林的人口伤亡情况如下：

表 4–3 沦陷期间桂林人员伤亡情况统计表

被敌杀害人数	9932
染病死亡人数	16823
受重伤人数	12137
受轻伤人数	34000
患病人数	66700
失踪人数	2700

资料来源于广西省政府统计处编《广西抗战损失调查统计》，1948 年版，第 8 页。

由上表我们可以看出，在沦陷不到一年时间里，桂林即损失人口29455人，伤病112837人。数目是何等的巨大！这充分表明了残酷的日本侵略者屠杀桂林民众的客观事实，不容日本军国主义分子篡改。

必须指出，桂林市政府开展调查的时候，尚有一部分居民因为感到复业艰难还没有来得及回到桂林④，他们当然无法向政府申报自己家庭的人口伤亡状况，因此上述数字必然偏低。

那么，抗战时期桂林人口伤亡总数究竟是多少呢？《广西年鉴》中载有这么两组

① 易熙吾主编：《桂林市年鉴》“特载（一）”，1949年版，第24页。

② 易熙吾主编：《桂林市年鉴》“特载（一）”，1949年版，第13页。

③ 政协桂林市委员会文史资料研究委员会编：《桂林文史资料》第五辑，1984年版，第119页。

④ 易熙吾主编：《桂林市年鉴》“特载（一）”，1949年版，第5页。

数据：

表 4–4 1944 年 3 月与 1945 年 12 月桂林市人口对照表

时间＼类别	户数	人口数
1944 年 3 月（沦陷前）	56227	309460
1945 年 12 月（光复后）	25084	142202

资料来源于广西省政府统计处编《广西年鉴》第三回 1948 年版，第 157、160 页。

从表4–4中我们可以粗略地看出1944年和1945年这两年人口数的差别很大。由于日军的侵略和屠杀，桂林市的人口数下降了167258人，降低的百分率为54.05%。

认真分析，发现这一数据里面仍然包含着诸多问题。沦陷前的数据采自于1944年3月，而此时距沦陷尚有8个月的时间，其中有诸多人口的社会变动与自然变动的因素在内。据资料显示，桂林在强迫疏散前人口已达到五六十万人①。当然其中有颇多从湘桂铁路方向涌来的难民，若扣除了大量的流动人口因素，则309460人的数字大致可以采用。因为早在1942年7月，桂林市住户人口达191559人，政府机关人员72482人，两者相加即得264041人。随着桂林成为广西省政府的所在地和日益的现代化，又会吸引大量的人落户桂林。两年之后，桂林市的常住人口达到309460人应是不足为奇的。但是，抗战时期的桂林毕竟是外来人口相对较多的地方，其人口的增减毕竟具有一定的特殊性。简单地将沦陷前后的人口数进行比较得出人口伤亡数量的方法并不能有效说明问题。相对而言，将人口的自然增长率作为判断的标准，再结合有关的战争因素进行分析，结论则较为客观。据《桂林市志》载，1934年，桂林市的城区人口为73171人，1935年为75141人，比率较上年约增0.3个百分点；1936年人口为70107人，比率较上年约减0.7个百分点；1937年的人口为80916人，比率较上年约增1.3个百分点；1938年的人口为91622人，比率较上年约增1.2个百分点；1939年人口为98167人，较上年约增0.7个百分点②。可见，抗战爆发前，除个别年份外，桂林市区的人口基本上都是在增长，最少的增长0.3个百分点，最多的增加1.3个百分点。若按照平均每年增加0.7个百分点来计算，那么，到1945年，桂林市城区的人口应为近16万人，约接近战前即1937年的2倍。将这一根据人口增长率计算出来的数据与《广西年鉴》1945年桂林的人口数据比较，发现约多出1万人，但这1万人《广西年鉴》中却没有统计在内。合理的解释是因为这些人失踪了，无法进行统计。因为当时人口死亡和财产损失

① 易熙吾主编：《桂林市年鉴》“特载（一）”，1949年版，第4页。

② 颜邦英总纂：《桂林市志》上册，中华书局1997年版，第235页。

的调查是按照村街、乡镇、县市三级逐级进行的，“此三种表之项目均相同，整理时，先将各户填报之调查表交审核员审核，然后将经审核无误之各类损失调查表，分类编号，发交登记人员转录损失数量入村街整理表中，并计算村街损失总值，旋即根据汇入乡镇整理表中，计算乡镇损失总数，后县市总值整理完毕，即交统计组分析，或综合，编制各种统计表”①。战争结束时，对生死未卜的失踪人员，各级政府虽然进行了一些统计，但是却很不完备，尤其是对近年刚迁入人员的情况缺乏准确的了解。《桂林市志》载，1946年，全市人口为130790人，1947年为147733人，1948年为148567人，1949年为148746人②。四年间，全市人口没有太大的变化，这只能说明，这些失踪人员没有返回家乡，大都已经死亡。若认为这一判断是基本合理的话，那么，民众死亡的数量应在《广西年鉴》所记载的数字的基础上再加上1万人，即约为3万人。这些人主要是桂林的原住民，也有部分是战前和战时迁到桂林并已纳入桂林市政府管理范围的外地人。

现在需要进一步了解：桂林沦陷期间，民众为什么会有如此大的人员伤亡？

轰炸和焚烧固然是重要的原因，但是更重要的则是因为日军为抢夺粮食而对躲藏在洞内的民众进行残酷的毒杀。桂柳会战时，日本国力基本消耗已尽，除有一点作战物资储备外，粮饷供应基本上靠抢夺。驻守在桂林及附近地区的日军数量庞大：第58师团驻桂林，第34师团驻全州，第27联队驻兴安，第51旅团驻阳朔，独立步兵94大队驻临桂大墟，第52旅团驻永福。他们每天都要对当地民众的粮食及财物进行抢夺。桂林民众大都躲藏在城郊的山洞里，如前所述，日军发现民众躲藏的地点后，若不能打开山洞抢到粮食及财物，往往就会施放毒烟将其熏死。毒杀躲藏在山洞里的民众是日军侵华的一种非常残暴的手段，小的山洞他们通常用辣椒、谷壳、烂棉絮等烟火熏灌，大的山洞熏灌时还往往伴以化学毒气。有的山洞只有一个洞口，一旦被日军熏灌后民众根本无法外逃；有的山洞虽然有几个洞口，但是日军在熏灌前往往把这些洞口都封锁，因此，民众能逃生者甚少。他们抢夺粮食和财物的行为在占领桂林期间非常频繁，侵害面也非常广。因此，民众被杀害的数量也就很多。不论在市区还是郊外，都有上百人乃至数百人被毒死在一个洞内的事件发生，至于数十人和数人被毒死在山洞里的事件更是不胜枚举。在目前有关日军残害桂林民众的历史记载中，毒杀方面的资料是最多的，过程也是较具体的。不管日本军国主义者如何辩解，因抢夺粮食和财

---

① 白日新：《广西省抗战损失调查经过》，载广西省政府统计处编：《广西年鉴》第三回附录，1948年版，第1—2页。

② 颜邦英总纂：《桂林市志》上册，中华书局1997年版，第235页。

物而大量毒杀民众的罪证如山，根本无法推卸。

当然，日军在占领桂林期间，枪杀、刺杀、殴打至死的民众数量也很大，这些民众的死亡也往往与日军抢夺粮食和财物有关。在抗战后期，民众大都已经极度贫困，日军抢夺他们的粮食和财物，无异于剥夺他们生存的权利，因此，他们往往拒绝并抗争，结果，大都被日军残酷杀害。上一章所列举的地方志的记载和当事人的回忆资料显示，这一阶段民众被杀害的地点大都在城郊区村庄。日军在占领桂林期间，因强奸妇女而被杀害的民众同样不少，这既包括被强奸致死的妇女，也包括拒绝为其带路寻找“花姑娘”而被杀害的其他民众。日军还以“通敌”的罪名杀害了大量的民众，而所谓的“通敌”，无外乎是不愿参加维持会的活动，或者是不愿为他们提供其他帮助等。不管他们的借口如何，有一点必须肯定，那就是他们在桂林沦陷后的屠杀行为主要是针对无辜民众的。

总之，抗战时期桂林之所以出现大量的民众伤亡，主要是因为日军的经济掠夺比以往更为紧迫，更加疯狂。而他们此时所在的掠夺区域比其他地区的社会经济发展水平更低，他们所掠夺的对象也比其他地方更为困苦。当这种掠夺不能满足日军维持战争机器运转的时候，对民众的残害就会加剧。战争中的人员伤亡是不可避免的，但是针对民众的屠杀却无论如何不能容忍，因为这不仅违背了公理，也泯没了人性。日军在桂林大量地屠杀民众，这就充分暴露出其法西斯的反动本质。

沦陷期间，桂林民众因患病而导致伤亡的情况非常严重，其人数甚至超过了被日军杀害和伤害的人数。病亡的原因，一是由于饥饿。在自然条件下，农民每年的收成都十分有限，只能基本满足家庭低水平的生活需要。由于日军的大肆抢夺，使民众的粮食严重匮乏。长时期的饥饿使其体质不断下降，抵抗力不断减弱，最终导致死亡。二是由于劳累。日军的屠杀、迫害使民众不得不到处逃避，时时担惊受怕。全国各地源源不断涌入的难民进一步加剧了他们的逃亡。极度动荡的生活使其心力交瘁，患病及死亡在所难免。三是由于受伤或患病后得不到及时治疗。日军抓夫、殴打以及民众的自发逃亡，都会使许多人受伤或患病，其中的一些因受伤较重，患上急性病或重大的疾病得不到及时治疗而死亡。四是由于社会条件的恶化。日军占领桂林期间，市政府及其有关机构被迫撤离或瘫痪，社会的邪恶势力在日军的纵容支持下乘机向民众勒索，从而进一步损害了民众的身心，患病者在此过程往往悲愤交加，极易加剧病情乃至死亡。所有这些原因都是战争引发的，因此，日本侵略者应对沦陷期间患病人员的死亡负主要责任。

四、沦陷前桂林人口的间接伤亡

按照国际惯例，对人员伤亡的统计是不仅仅以直接损害为据的[①]，而且还应当包括由于战争而导致的人员非自然伤亡，这里我们称之为间接伤亡。之前，我们已经对沦陷时期因病伤亡的情况进行了统计和分析，下面再对沦陷前的人员间接伤亡情况进行论述，以便更全面地认识整个抗战时期桂林人员的伤亡情况。

霍乱是一种非常可怕的传染病，当时又被称作“虎疫”，得病者腹内绞痛，上吐下泻，粪便先黄色，旋变为半汤状，里急外垂，眼球下陷，鼻尖凸出，唇部现蓝色，面容可怕，手足青紫，腿部肌肉抽搐，全身出冷汗，人呈虚脱现象，病势凶猛，死亡率甚高[②]。由于日军入侵毁坏了一些中国普通民众的家园，他们不得已逃难，从而也把这可怕的疫情带给了桂林人民。当时，一方面是难民大量涌入，另一方面是日军又摧毁大批的民房，桂林的生活环境迅速恶化。难民大都住在潮湿而肮脏的宅子或收容所里，这些地方空气不流通，缺乏供水，加上饥饿和劳累，难民得不到及时救济，极易感染霍乱等疾病。日军在占领桂林期间，大肆烧杀，遍地是人和动物的尸体，腐烂发臭，病菌传播，饮水污染，从而加快了霍乱等疾病的蔓延速度。

这种疫情不仅造成人员的大量死亡，而且加剧了沦陷前桂林社会的恐慌。

1938年8月7日《广西日报》载：霍乱侵扰省会桂林，“近日本市文昌门一带霍乱流行，感染者竟达20余人，死亡已超半数。”

《桂林市志》记载：1939年，桂林霍乱流行的范围进一步扩大，医院收容不了，利用小学教室作临时病房，当时从各县征集到桂林修整飞机场的数千名民工，一夜之间逃亡一空。在桂林通往外地的每一条道路上，均发现遗尸，死亡数以千计。1940年，霍乱导致死亡的人数达400余人[③]。《临桂县志》记载：1938年8月，仅秧塘机场及其附近的霍乱就造成民工死亡100余人[④]。

1942年5月26日，《大公报》（桂林版）记者采访当时省立医院院长杨济时后报道：

---

① 据国际著名战争损失研究专家韦尔斯（H.G.wells）言，“大战（指一战）前后共经四年又四分之一，西洋诸国几莫不渐渐卷入漩涡。实因战争而死者数逾千万；更有两千万人死于战争所引起之困苦及纷乱。又有千百万因滋养不足及穷愁悲怆而至于疲病。”（参见韩启桐《中国对日战损失之估计》第19—20页）。

② 范纯一：《如何预防霍乱》，《大公报》（桂林版）1942年5月28日。

③ 颜邦英总纂：《桂林市志》下册，中华书局1997年版，第3065页。

④ 李典荣主编：《临桂县志》，方志出版社1996年版，第16页。

本市发现之霍乱，初系在北站发现，病状与霍乱无异，惟无是项培养器械，故无法化验断定，昨（二十五）日又发现一中南路之患者，当即施行治疗，经过良好。惟本市确为霍乱散地，因霍乱之来桂市，一面由滇筑至金城江来桂，一面由广州湾进口至桂，一面乃由湖南边凌晨复返桂市，故桂林目前确甚严重。如一星期内能动员防治，尚可望不致蔓延，否则，恐怕不可收拾也①。

从中我们可知，在1942年5月，桂林又处在霍乱的严重威胁当中，以致当时报章言“霍乱流行桂市，已成形势，现显然由交通线进入市中心区”②，广西省卫生当局甚感忧虑，桂林市政府自5月27日起每早午晚派三班工作人员在乐群路口及十字路口分设注射站，强迫行人注射霍乱防疫针。另外，还于同日在火车南站成立检疫站，凡入境游客无注射证者均须注射后始准进入市区。同时，桂林市防疫委员会还制定了紧急处理办法，以备不测。

尽管桂林市政府采取了有关的措施，但是霍乱还是猛烈地蔓延开来了。根据《大公报》（桂林版）提供的有关资料，我们整理了本次霍乱给桂林人口造成的损害统计如下表：

表 4–5 1942 年大霍乱给桂林造成人员损害统计表

类别 时间	疑似病人	确诊病人	死亡人数
5 月 25 日至 5 月 31 日	5	4	1
6 月 1 日至 6 月 30 日	92	49	12
7 月 1 日至 7 月 31 日	553	553	58①
8 月 1 日至 8 月 24 日②	107	107	17
总计	757	713	88

说明：①表中“死亡人数”栏内 58 人，为笔者统计报纸各日所载死亡人数而得，而报政府统计数字仅 47 人。

②从 8 月 24 日始,《大公报》(桂林版)就很少出现有关霍乱的报道,故以此日为止。

由表4–5可见，仅1942年发生的这一次霍乱就使700多人患病，其中又有88人死亡。是年，日军正在加紧扩大对中国西南地区的侵略，难民的数量进一步增多，霍乱在桂林的进一步流行显然与此密切相关。

桂林市的霍乱很快蔓延至城郊，如灵川县的霍乱最长的时间持续月余，死亡率

① 《本市发现霍乱，情形日趋严重》，《大公报》（桂林版）1942年5月26日。

② 《霍乱可畏，市中心已有发现，即日实施强迫注射》，《大公报》（桂林版）1942年5月27日。

高，出现早上帮治丧，下午自身亡，有的连抬棺材的都找不到的惨状。由于缺乏疫苗，只能用石灰来消毒。部分民众提前在6月过年，在门上用石灰打手印，误以为这种办法能阻止病魔的肆虐，结果却是事与愿违[①]。临桂县在1939年夏天和1941年的5月至9月间暴发霍乱，患病996人，死亡338人[②]。

除了霍乱的危害之外，桂林在沦陷前，民众还受到其他疾病的侵害。见表4–6：

表 4–6 桂林省立医院门诊人数疾病分类统计表

年份 病名	1939	1940	1941	1942	1943
法定传染病	1019	1004	562	2225	625
其他传染病	8834	6433	2338	6745	1708
结核病	820	1884	1895	1721	2538
皮肤病	6885	10049	9008	8788	4934
眼病	8181	14259	11444	10755	5637
耳鼻喉病	2956	5043	4096	8209	3333
牙病	302	364	3357	5679	1212
消化系病	3699	4220	2850	6697	2397
呼吸系病	2157	4165	4595	3761	2814
循环系病	288	70	168	1772	860
神经系病	491	644	478	978	565
生殖泌尿病	1349	4239	5386	4251	529
产褥病	820	2428	2880	4576	915
外伤	4742	4793	7299	7371	2984
疖瘤病	4026	11710	4399	2033	2701
营养缺乏症	243	463	296	4558	618
其他疾病	5637	14560	12237	4600	5691
总计	52449	84328	73318	84719	403411

说明：①本表经过重新整理。

②有的项目在原材料中分得更细，为简便计，统一了格式。

资料来源于广西省政府统计处编《广西年鉴》第三回，1948年版，第1210—1225页。

桂林省立医院门诊在1939年至1943年这5年所接诊的病例，涉及人体器官的各个方面，其中传染病、结核病、皮肤病、消化系统病、呼吸系统病、外伤以及营养缺乏等都是因战争原因而诱发的疫病。这是一个很有价值的参考材料，虽然缺乏1937年7月7日以后至1938年底以及1944年桂林疏散前的统计，但是并不影响我们对抗战期间

① 廖江主编：《灵川县志》，广西人民出版社1997年版，第829页。

② 李荣典主编：《临桂县志》，方志出版社1996年版，第17—18页。

桂林民众患病情况的考察。表4–6的数据告诉我们，仅省立医院1939年至1943年的5年间就承接各种病人698225人，按照当时桂林市区的人口计算，1939年患病的人数占全市人口的53.43%，1940年占38.02%，1941年占31.04%，1942年占31.81%，1943年占13.18%[①]。1940年以后患病的人数所占全市人口总数的比例下降，但是事实上患病的绝对人数却是在增长。这是因为医院容纳病人的程度是有限的，在人口大量增长的情况下，接受医治的比例数只能呈现出下降的趋势。即使就最低的1943年的比例数13.18%而论，患病人数的比例也远远高出战前。只有在战争环境下，才会出现如此高的患病比例。值得注意的是，这仅是桂林省立医院一家所接诊治疗病人的情况，当时桂林还有美国基督教浸信会所办的浸信会医院和英国圣公会所办的桂林道生医院以及一批私营的中医诊所（当时的执业医生有30多人）[②]。若把这些医院所接诊病人数量一并计算在内，则患病的比例无疑会更高[③]。

以上四节初步探讨了全面抗战期间桂林的人口损失状况，除了对日军直接残杀的人数予以考察外，我们还粗略计算了桂林普通民众由于经常过着流离、冻馁和痛苦的生活而导致的间接伤亡。经初步研究和推定，我们得出抗战时期桂林人口伤亡总数，详见表4–7。

表 4–7 抗战期间桂林人口伤亡总表

（单位：人）

<table>
<tr><th colspan="2" rowspan="2">数目
类别</th><th colspan="2">死亡人数</th><th colspan="2">伤病人数</th><th colspan="2">伤亡总数</th><th rowspan="2">备注</th></tr>
<tr><th>确载</th><th>修正</th><th>确载</th><th>修正</th><th>确载</th><th>修正</th></tr>
<tr><td rowspan="3">直接伤亡</td><td>沦陷前空袭伤亡</td><td>634</td><td>—</td><td>1056</td><td>—</td><td>1690</td><td>20000</td><td>依据口碑资料并结合一些报刊资料进行修正</td></tr>
<tr><td>抗战期间官兵伤亡</td><td>6729</td><td>—</td><td>—</td><td>13500</td><td>—</td><td>约 20000</td><td>依据战争损失专家关于阵亡、负伤及病伤的比例计算，并结合日方的战报和中方当事人的回忆修正</td></tr>
<tr><td>沦陷期间平民伤亡</td><td>9932</td><td>—</td><td>46137</td><td>—</td><td>56069</td><td>约 68000</td><td>将战前桂林市的人口自然增长率与战后的实际人口数进行比照，并将表 4–3 中的失踪人数列入伤亡数中</td></tr>
</table>

① 桂林市1939年至1943年每年的人口数参见颜邦英总纂：《桂林市志》上册，中华书局1997年版，第235页。

② 颜邦英总纂：《桂林市志》下册，中华书局1997年版，第3045—3049页。

③ 仅就1942年的霍乱而言，《广西年鉴》第三回第1213页载桂林省立医院仅收治病人224人，而据我们前述研究，仅5月到8月已有霍乱患者700多人，其余500多人被送往其他三家医院去了。故有此言。

续表

<table>
<tr><td colspan="2" rowspan="2">数目
类别</td><td colspan="2">死亡人数</td><td colspan="2">伤病人数</td><td colspan="2">伤亡总数</td><td rowspan="2">备注</td></tr>
<tr><td>确载</td><td>修正</td><td>确载</td><td>修正</td><td>确载</td><td>修正</td></tr>
<tr><td rowspan="2">间接伤亡</td><td>沦陷前平民伤亡</td><td>1826</td><td>—</td><td>需要补充</td><td>—</td><td>需要补充</td><td>—</td><td>—</td></tr>
<tr><td>沦陷期间平民伤亡</td><td>16823</td><td>—</td><td>66700</td><td>—</td><td>83523</td><td>—</td><td>—</td></tr>
<tr><td colspan="2">总计</td><td>35944</td><td>—</td><td>113893</td><td>13500</td><td>141282</td><td>108000</td><td>—</td></tr>
</table>

说明：①确载系指有确切档案、报刊、图书等文献资料支持的数字，修正则是指笔者据有关资料和伤亡程度进行推定所得。

②直接伤亡主要指被敌杀害的人数、失踪人数以及重伤和轻伤的人数；间接损失主要是指病亡和患病的人数。

③表中“—”部分为缺乏资料而暂告阙如。

第五章　抗战期间桂林的直接财产损失

面对中国军民的顽强抵抗，残暴的日本侵略军不惜采取世界战争史上最灭绝人性的“三光”政策，从而给中国人民带来了巨大的财产损失。

桂林作为西南繁荣都市，早在1937年10月15日即遭受了日军海军航空队的残酷轰炸。随着日军侵华战争的进展，日机对桂林的轰炸进一步加剧，使美丽的山城遭受了毁灭性的打击，仅1938年底1939年初的4次轰炸即使桂林“最少也有三分之一最繁盛的市区已经化成焦土了”，“桂林仅有的一条大街，从桂北路经中北路到桂南路，已被烧成零落的几个小段了，西城一带，更是一片荒废”[①]。

如果说日机的轰炸只在部分上毁灭了桂林市，那么日军的直接入侵却使桂林陷入了完全毁灭的境地。收复后的桂林也被称作“死城”，时人将其比为罗马破坏迦太基[②]，可见桂林之惨状。

战争损失涉及许多方面。由于战争因素的影响，许多资料没有及时地保存下来；即使保存下来的资料，也由于种种原因存在着许多局限性。另外，战争的许多损失根本无法计量，如人的生命丧失或受到伤害、文物的丢失或破损、自然和社会环境的恶化等。因此，我们现在所能做的工作只是利用历史上留下来的资料和新发掘的资料对物资财产的损失情况进行大致的统计和分析。通常认为，战争造成的财产损失包括直接的财产损失和间接的财产损失。直接损失主要是指战争损毁（War damage）所造成的损失，而间接财产损失指的是防空费、埋葬费、抚恤费、救济费以及生产、盈利减少等所遭受的损失。而战后重建、救济等项费用多不考虑在内。

本章着重对抗战时期桂林的直接财产损失问题进行研讨。

---

① 夏衍：《桂林怎样抵抗轰炸》，《新华日报》1939年2月3日。

② 易熙吾主编：《桂林市年鉴》“特载（一）”，1949年版，第36页。

一、沦陷前被空袭直接财产损失

据不完全统计，截至1944年9月初，日军海陆航空军对桂林发动袭击达845架次，投弹1300多枚[①]。

对于桂林被炸后的惨状，前文已有所描述，此处不再重复。这里需要进一步分析的是，为什么日机的轰炸会给桂林造成如此大的损失？根据历史资料可知主要有以下几个方面的原因：

一是日机在袭击中大量投掷了重型炸弹和燃烧弹（时称“烧夷弹”）。例如，1938年11月21日，日机在桂林城区投下的炸弹“重约200磅”，12月2日投下的60多枚炸弹也全为重磅炸弹，这些炸弹除了炸毁房屋366栋外，还震倒房屋76栋；1939年1月11日，日机投下一“巨弹”，落入伏波山还珠洞临河的深渊中，“飞腾高十余尺，死鱼无数”[②]。为了摧毁桂林的城市设施，日机每次轰炸几乎都投下燃烧弹，而当时桂林的民房中，木质结构占相当比重。轰炸时，这些木质的民房大都被烧毁。文化名人夏衍当时在桂林亲眼看见了这些情景，他说：“每次轰炸的时候，他总掷下了百十个燃烧弹来，桂林的消防设备不很完全，而在警报解除之前又无法可以施救”[③]。因此，桂林的房屋在日机的历次空袭中损失惨重。

二是日机的轰炸以秋冬季为多，这个时节桂林的风力较大。因为桂林处于湘桂走廊南端，是北方南下冷空气的必经之地。日机投下的燃烧弹借助风力，往往会使其破坏性得以强化。木质的房屋一旦着火后，风再一刮，很快就会连成一片，火势就会越来越猛，迅速将房屋等吞噬。如1938年12月29日的轰炸就是因为风势太大而火无法扑灭造成了重大的财产损失。

三是空袭期间民众大都躲藏在外，房屋被炸燃烧之后无法进行扑救。加上桂林的民房大都建在道路两旁，房与房基本上连在一起，一处着火后，其余的很快就会燃烧起来。这是每次桂林被轰炸都有一片房屋被损毁的重要原因。

四是特务汉奸的指引及内应。日军在进攻桂林之前，曾派遣特务汉奸收集有关情

---

① 此数字系根据我们掌握的资料进行计算，系原有准确数字的叠加。另据《桂林市志》（政府志）附三载：“至33年8月，日机入侵桂林1218架次，投弹1710枚。”这要比我们统计的数字多一些。为便于研究，一并提出以供参考。

② 《敌机昨初袭沙市，美教堂及锡光小学全被炸毁，桂林吉安等处遭敌机袭击》，《新华日报》1939年1月12日。

③ 夏衍：《桂林怎样抵抗轰炸》，《新华日报》1939年2月3日。

报，并为日军飞机轰炸指引目标①。他们所用的指示方法是发射“火箭”和信号弹，或者是用反光镜照射②。桂林民众疏散后，特务和汉奸甚至把燃烧弹直接带入城内实施爆破。如中国守军一次在拆除附近一间民房时，发现屋内有一支点燃的香柱，在香柱的末端绑有一条有手指粗细，长约10厘米，包着一层透明纸类的灰色物，纸上印有“东京××火具株式会社”字样，经试验确认这是一种很强烈的凝固化学燃烧剂③。日军这种里应外合、空中轰炸和地面破坏配合的行动，加强了打击的准确性，从而造成桂林的重大财产损失。

由于日机的狂轰滥炸，桂林民众的房屋受到非常严重的损害，造成无法挽回的经济损失。比如1938年12月29日大轰炸引起火头30个，万余人无家可归④。正是由于民众的财产受到了毁坏，使他们食不果腹，衣不蔽体，身心受到严重摧残，进而又加重了桂林人口损失的程度。当然，日机的轰炸还沉重打击了桂林本就十分脆弱的公用事业，使道路被炸成数段，汽车站被焚毁，各种公用设施破损不堪，基本功能丧失等。

根据有关资料记载，我们用表5-1来描述日机袭击所造成的直接财产损失。

表 5-1 桂林被空袭财产损失统计表

年份	空袭次数	房屋损失（间数）	财物损失（元国币）
1937	2	270	不详
1938	9	8553	25556000
1939	9	2379	不详
1940	2	不详	100000
1941	4	11	不详
1942	10	79	不详
1943	8	不详	不详
1944	7	不详	不详
总计	51	11292	25656000

说明：①表中“不详”表示统计缺乏，并非没有损失，币值为1938年平均值。

②资料来源于广西省政府统计处编《广西年鉴》第三回和《新华日报》《大公报》等报纸。

---

① 颜邦英总纂：《桂林市志》上册，中华书局1997年版，第72页。

② 覃戈鸣：《抗日时期桂林大火及沦陷经过》，载中国人民政治协商会议广西壮族自治区委员会文史资料研究委员会编：《广西文史资料》第二十辑，1984年版，第126页。

③ 蒋道宽：《桂林防守作战前后回忆》，载中国人民政治协商会议广西壮族自治区委员会文史资料研究委员会编：《广西抗战亲历记》，1987年版，第102页。

④ 《新华日报》1938年12月31日。

透过表5-1，可以看出：由于日机的空袭，桂林有11292间房屋被炸毁、烧毁，财物损失达25656000元国币。按照1945年10月桂林市政府的调查，平均每间房的价值约有473000元国币。若依此计算，则被空袭损毁的房屋价值约234116000元国币。而根据《广西年鉴》和《广西统计数字提要》，若以1937年上半年桂林平均物价指数为100，则1938年桂林的平均物价指数为142.92；1945年10月的零售物价指数则为178324.94[①]。1945年10月物价相当于1938年的1247倍。若依此计算，表5-1中25656000元国币换算成1945年币值约为31993032000元国币。若与房屋价值合为一块，则可得出有凭有据的被空袭财产损失约为34334148000元国币。若再考虑到表格中有大量的不详之处，则可估计，由于日机空袭而导致的桂林直接财产损失约为500亿元国币（1945年10月币值）。

二、沦陷期间桂林的直接财产损失

本节所提的沦陷期间系指强迫疏散以后直至桂林光复。之所以这样界定，是因为光复后桂林市政府的损失调查是以此为限的，而他们调查所得的数据，则是我们本节十分重要的数据来源。

（一）各类房屋损失

沦陷后的房屋损失，主要是指被日军烧、抢、砸等所造成的损失，不包括前文所论及的空袭所造成的损失。桂林守军被迫"扫清射界"而毁坏的房屋损失，由于是为了阻止日军进犯所采取的行为，应归入战争损失范畴。

房屋是人类赖以生存的居所，在人们的日常生活中发挥着重要作用。民国时期，桂林居民的住宅建筑类型，一般分为公馆式、普通式和平民式。

公馆式住宅，四周建有封火墙，按地域大小，建筑有5开间、4开间、3开间和2开间等。山墙与山墙之间为一开间，也是指房屋横面的构成。5开间的建筑，中间一开间为厅，俗称堂屋，两边为住房，每边各有两个相连的套房，共为8房1厅。4开间是择中间一开间为厅，一边是2个套房，另一边是1个套房，共1厅6房。3开间是中间1开间为厅，两边各有1个套间，分前后两房，可单独与厅相连，共4房1厅。2开间是一开间前房为厅，后房为房，另一开间是前后为一套房，共3房1厅。房屋的进深构成叫"进"，每进之间筑有"天池"，亦称天井，天井中筑有石板通道，下筑有排水沟。

---

① 根据广西省政府统计室编印的《广西统计数字提要（增订版）》第4页所载资料测算。

两侧边附有披厦通道，由此一进一进纵深，最后一进房屋的后面才有厨房、厕所、浴室及杂物房等建筑。有的还有后花园。房屋结构除四周用砧墙外，其内均采用木桩屋架结构，间隔多采用两面刨光的木板镶嵌而成。

普通式住宅，其类别和布局与前述大致相同。横面构成最多为3开间，延伸最多为2进，厅的后半部，留出一个走道，间隔出一个小房，以增加居住面积，房屋以木结构为主，没有四周封火墙，有的只在两边山墙建筑砧墙，以作隔火之用。

平民式建筑，结构多以竹木为主，竖起屋架，搭上人字木，上横木梁屋面，盖以青瓦，四周间隔均以木板或竹篱织批灰而成。如人口众多，可根据地域深度往后延伸2进，俗称一条龙的房屋①。

桂林房地产在未进行土地登记前，主要采用契税办法确认产权。1938年2月，进行第一次土地登记，共接受申请25725件，发出权状19373张，他项权利证书612张。这就是说，桂林沦陷前，私有民房按照土产登记情况统计至少应有25725套（间）②。

此外，桂林的房产还应包括国有和集体所有的部分。国有房屋主要是政府各部门所用的房屋，集体所有的房屋主要是指寺庙、会馆、社团房地产以及宗教团体房地产等。其中，寺、庙、观等主要有府文庙、县文庙、武庙、县关帝庙、王辅坪关帝庙、城隍庙、龙神庙、三姑庙、火神庙、鲁班庙、三皇庙、仰山庙、九娘庙、雷帝庙、五通庙、东灵庙、东岳庙（圣母庙）、白帝庙、药王庙、虞山庙、五岳观、庆林观、五圣宫、铁佛寺、万寿寺、云峰寺、回龙寺、栖霞寺等。清真寺有房屋13处，面积2300平方米。会馆主要有定桂门江西会馆、榕树楼江西会馆、文昌门江西会馆、九娘庙广东会馆、行春门广东会馆、文昌门广东会馆、湖南会馆、浙江会馆、四川会馆、福建会馆、两湖会馆、云贵会馆、八旗会馆、陕西会馆、新安会馆等。房屋共有85栋，占地166处，面积10.51万平方米。全市的社团共有109个，有房屋45处，面积5.26万平方米，占地201处③。关于沦陷期间桂林市房屋损失的状况，光复后的史料有很详尽的记载，有助于我们彻底弄清具体的损失概况。

《中日战事结束，胜利来到桂林》一文有记载曰：

调查城区房屋，城内由北门城口至南门城口大街马路上仅存北门口金城银

---

① 颜邦英总纂：《桂林市志》中册，中华书局1997年版，第1541—1542页。

② 颜邦英总纂：《桂林市志》中册，中华书局1997年版，第1533页。

③ 颜邦英总纂：《桂林市志》中册，中华书局1997年版，第1532—1533页。

行办事处房屋二间，十字街翰芳斋一间，北门至南门向称七里三，只存有房屋三间而已，其余辟巷偏街及文外街丽君路存屋较多，然多为残破全座之一二间，统计全城余屋，仅有四百七十一间，市廛栉比人烟稠密之区域，乃忽变而为四望无际未现瓦檽阻挡视线之景象，但见颓垣断壁，遍地蓬蒿，极目荒凉，无异旷野，寒号风急，如闻山鬼之歌，委骨尘飞，似诵芜城之赋，所谓废墟，殆近之矣。查桂林疏散时，有人口五十余万，房屋五万余栋，全城区焚余房屋，现仅存百分之一，且悉皆残破灰烬，揆之扬州十日嘉定屠城，其惨状尚不及桂林远甚，即比之长沙大火，衡阳之攻守屡得屡失，其毁损情形，均莫能仿佛，倘以此次世界大战之任何城市例之，恐未有焚毁房屋达百分之九十九以上如桂林损坏之大者也①。

以上材料见于桂林市文献委员会编辑的《桂林市年鉴》一书，是当年的修志工作者忠实记录的产物。从这则材料我们可以粗略看出房屋损失竟达99%，破坏之惨，世所罕见。

于瑞云在他的《甲申浩劫纪实》一文中记载更加翔实，其文曰：

兹分城内外为两部分叙述：城外部分，计剩余大小屋宇三百三十二间。东江方面，上起上关，下迄穿山，连同汉民中学共四十九间；文昌门外十八间；南门附郭直到电工器材厂一百三十五间；西门外七间；丽狮、明君、翊武诸路一百十间；北门由城门口到车站十三间。城内部分，余存屋宇一百五十五间。计桂东西路十一间，太平、四会、乐群三路五间；三多、榕荫两路纵横区域内十三间；榕杉两湖沿岸十五间；桂南直达桂北路二十五间；西城、临桂、五美三路以及附近各街巷二十三间；文明路一隅，延至竹园街二十四间；正阳、依仁、榕城、定桂四路十间；东镇、龙珠、叠彩、凤北、中华五路二十一间；其余东西巷，以迄江南、福棠各街八间。总计城内外余剩大小屋宇四百八十七间。而其中无一完整，仅存上盖者居多。回忆三十三年春季，据市府统计，全市屋宇为五万二千五百余间，现时除数处僻静乡区不计外，所余屋宇不足百分之一，如此浩劫，诚属桂林有史以来所未有②。

① 易熙吾主编：《桂林市年鉴》“特载（一）”，1949年版，第2—3页。

② 政协桂林市委员会文史资料研究委员会编：《桂林文史资料》第五辑，1984年版，第118—119页。

与《桂林市年鉴》所载相比较，于瑞云的记述更为细致。《桂林市年鉴》中说仅存房屋471间，而于瑞云却说为487间。我们认为于瑞云之言甚有理。因为在光复之后，当时的市长苏新民曾邀请他同赴各地踏勘，并且经过数日之奔走，可见于瑞云是亲与其事，所以其说法更可信[①]。其实，究竟是471间还是487间并不重要，因为十几间的误差在当时的统计条件下是无可非议的。《桂林市年鉴》的记载和于瑞云的叙述都基于一个共同的事实，那就是桂林光复前，全市的房屋几乎丧失殆尽！这种共性对我们形成桂林房屋损失的认识非常重要。

我们采访了一些抗战亲历者，他们向我们陈述了自己祖屋被摧毁的具体情况。如靖江王的后裔、曾任广西文史馆馆员的朱袭文先生说：

> 抗战结束时，我还是一个中学生。我记得站在阳桥往中山北路望去，全是残垣断壁。情景非常凄怆。我的祖屋在王城西华门外即今天的置业广场一带，共十多间，沦陷期间全部被毁，片瓦无存。

在被毁坏的房屋中，有不少具有重要的文物价值，有的具有重要的历史价值。对此，看看以下宗教建筑被毁坏的情况就会很清楚。

桂林清真寺有中国宫殿式和阿拉伯式结构两种。从元朝到民国都有建造。沦陷期间，这些建筑有的部分被毁，有的则全毁。见表5–2。

表 5–2 桂林被日军毁坏的回教建筑统计

建筑名称	位置	建筑历史沿革	被毁情况
清真古寺	民族路	元末明初建。清康熙三年（1664），广西镇守使马雄捐资重建。该寺建筑是中国传统格局，气势宏伟，环境幽雅，古木参天。建筑面积约2000平方米，坐西朝东，建筑雄伟，大殿宽敞明亮，能容纳五六百人。整座建筑从前门到后座，两边都有走廊相连，古朴典雅，是桂林历史上最大的一座清真寺	1944年桂林沦陷时被日军焚毁，全部化为灰烬
码平清真寺	七星公园之骆驼山西麓	始建于清康熙十年（1671）。宫殿式四合院，大殿可容纳500人聚礼	1944年桂林沦陷时寺院被日寇焚毁，片瓦无存

① 政协桂林市委员会文史资料研究委员会编：《桂林文史资料》第五辑，1984年版，第117页。

续表

建筑名称	位置	建筑历史沿革	被毁情况
崇善路清真寺（又称西内清真寺）	崇善路	始建于清雍正十二年（1734），后几度维修。整个清真寺占地面积为1218平方米，中国传统寺祠结构，青砖灰瓦，兼有伊斯兰教的某些特点。寺内有甬道、大殿、水房、厅堂、住房及“塔部”房等。庭院有花坛、水池。大殿前的讲经堂，合抱红柱24根，庄严古朴。大殿开阔，合抱红柱12根，上为八角形拱顶，气势磅礴，两壁《古兰经》章节浮雕精美	1938年被日机轰炸时，清真寺附近房屋被毁，“塔部”房也一同被毁
盐街清真寺（又称东外寺）	原盐街（今上游路北端）	始建于清嘉庆十三年（1808）	1944年桂林沦陷时被毁
通泉巷清真寺（又称南寺）	—	清道光十六年（1836）建，1938年日机炸毁大殿，后一度修复	1944年桂林沦陷时寺房部分损坏
西巷清真寺（又称东北寺）	正阳路西巷内	始建于光绪三十三年（1907）	1944年桂林沦陷时全毁
八角塘清真寺（又称北寺）	八角塘巷内	始建于1912年	抗战时被毁
西内清真女寺	西城路西头	1926年由女阿訇宋相尧发起修建。抗战时寺内办有清真小学2个班	1944年桂林沦陷时全毁
西外清真寺	民族路	始建于1936年。抗战前后曾在该寺办有回文女校	1944年桂林沦陷时全毁

资料来源于马明龙主编《广西回族历史与文化》，广西民族出版社1998年版，第220—225页；麻承福主编：《桂林回族》，第369—376页；颜邦英总纂：《桂林市志》下册，中华书局1997年版，第3201—3202页等。

根据地方志的记载，战前的13处清真寺在桂林沦陷期间被毁的竟然达到9处之多，占全部清真寺的近70%。清真寺是伊斯兰教民从事宗教活动的主要场所，同时也是他们议事、办学、进行社会救济、调解纠纷的场所，寄托着伊斯兰教徒的向往与希望。对他们而言，这是非常神圣的地方，不容亵渎。伊斯兰教有着悠久的发展历史，伊斯兰教的信奉者在长期的生产和生活过程中，用自己的勤劳智慧，为世界创造了巨大的物质文明和精神文明。因此，即使是不信奉伊斯兰教的人，也理应对伊斯兰教民及其圣地清真寺予以基本的尊重。但是，日本侵略者在占领桂林期间却将这些建筑炸毁或烧毁，这不仅是对桂林的践踏，也是对伊斯兰文明的践踏。

桂林佛寺的建筑结构为中国宫殿式建筑，多由山门、大雄宝殿、观音殿、地藏殿、僧舍、膳堂等组成，较大的寺院还设有藏经楼（阁）。桂林的尼庵一般较小，大都仅有一个佛殿和住宅而已。桂林沦陷期间，这些建筑也难逃被毁的命运。见表5–3。

表 5–3 桂林佛教建筑被日军毁坏情况

建筑名称	位置	建筑历史沿革	被毁情况
云峰寺	象鼻山西麓	始建于唐代。宋代、明代和清代都有所扩建	抗战时部分被毁
白云寺	南溪山白龙洞	始建于唐宝历年间。民国初年曾在此建造币厂	1944 年桂林沦陷时被毁
月牙山寺	月牙山	建于何时无考	1944 年桂林沦陷时全毁
释迦寺	龙隐岩旁	始建于唐代。北宋熙宁年间（1068—1077）重建，为宋代佛教中心地	抗战中部分被毁
虞山庙南熏亭	—	建于唐代。原为民间祭祀或道教所用，清时改为佛教所用	抗战期间被毁
法藏禅寺	隐山朝阳洞前	建于唐代。清乾隆五十八年（1793），江西临川人李宜民捐资盖佛堂，并将《金刚经》及五代前蜀诗僧贯休所绘佛家十六尊者像刻石镶嵌于壁上	桂林沦陷时被毁
古茶庵	东安街	建于明以前。明孝宗之母被掳进京途中曾在此歇息。孝宗继位后，改古茶庵为圣寿寺，以纪念其母。后此寺一度被道教所用	抗战时被毁
祝圣寺	七星山东麓省春岩	原址为明代之真古寺。1925 年建念佛堂	1944 年桂林沦陷时全毁
七星庵（又名大贤庵）	七星岩下	建于明万历年间	桂林沦陷时被毁
观音堂	信义路	建于明代	桂林沦陷时被毁
栖霞寺	七星岩下山边	清顺治八年（1651）至康熙二十三年（1684）建造，为西南佛教一大名刹。咸丰初年全毁。光绪十八年（1892）重建，耗银 2600 两	桂林沦陷时被毁
定粤寺	四望山南麓	建于清代。清末拆除，仅剩大雄宝殿	桂林沦陷时被毁
狮子禅林	通泉巷	建于清代。抗战时期一度为义南镇中心小学使用	桂林沦陷时被毁
普陀山朝阳洞	七星岩东侧之半山间	修建年代无考	庵屋在桂林沦陷时被毁
兴慈庵（又称佛祖庙）	西城路口	—	桂林沦陷时被毁
铁佛寺	宝积山侧	建于清代	桂林沦陷时被毁
大慈庵（又名百梓庵）	缺江口	清乾隆五十二年（1787）依玖和尚募化重修	桂林沦陷时被毁
地藏庵	月牙山麓	修建年代无考	桂林沦陷时被毁
观音阁	芦笛路口	修建年代无考	桂林沦陷时被毁
竹林庵	建干路口	1934 年建	桂林沦陷时被毁

资料来源于颜邦英总纂《桂林市志》下册，中华书局 1997 年版，第 3219—3222 页。

佛教在亚洲国家有很大的影响力，日本也是信奉佛教的国家之一。但是在抗战时期，日军却对中国的佛教建筑进行了大规模的破坏。不管他们到底是有意识还是无意识的，这种破坏所造成的损失无法弥补。佛教的许多建筑都历经了多个朝代，凝结着劳动人民的心血和智慧。它们过去虽然也因战乱而遭受过一定的破坏，但是没有哪次像日军的破坏如此严重。

桂林的道教建筑历史上一共有22个，大都久废不存，抗战前只有四个，除三清殿外，庆林观、五岳观、全真观，在沦陷期间全毁。庆林观建于唐贞观十三年（639），由唐太宗赐名。五岳观也为唐代所建，明清两代重建，地位十分重要。全真观位于普陀山半山间，元至元十七年（1280）建，明崇祯年间建碧虚楼连通普陀山，并在普陀山岩壁上雕龟蛇浮雕，又设元帝庙，既是桂林重要的道教场所，也是颇有知名度的旅游胜地[①]。它们的被毁，同样造成了无法弥补的损失。

外国教会的房产有18处，房屋面积1.25万平方米，占地面积6.17万平方米[②]。桂林沦陷期间，外国教会的房屋包括教堂在内，成为日军轰炸及攻击的目标，损失十分严重。见表5–4。

表 5–4 桂林天主教堂和基督教堂被日军毁坏情况

建筑名称	位置	建筑历史沿革	被毁情况
天主教堂	正阳路西巷	建于清光绪二十七年（1901），为类似宫殿的建筑，有礼堂、经堂、住宅等。1938年，西巷天主教堂和西华里修女堂被日机炸毁，两处重建后，相互对调	1944 年沦陷时全毁
修女堂	西华里	建于抗战前，专供外国修女居住及活动之用。1938 年房屋被日机炸毁，后迁移至西巷重建，于天主教堂对调	1944 年沦陷时全毁
宣道会福音堂	中山中路义井头	创建于清道光二十四年（1898），1924 年曾两次扩建，可容纳 400 余人	1944 年沦陷时全毁
圣公会约翰堂	中山中路 129 号	创建于清光绪二十七年（1901），有前外堂 1 座，后礼拜堂 1 座，建筑面积共 400 平方米	1944 年沦陷时全毁
圣公会彼得堂	芙蓉路	创建于清光绪二十八年（1902），有礼堂、教室及住宅	1944 年沦陷时全毁
圣公会懿训堂	凤北路	清光绪三十年（1904）建。有礼堂、教室及住宅等。1919 年曾在此办懿训小学	1944 年沦陷时全毁
圣公会东洲堂	自由路	清宣统元年（1909）建	1944 年沦陷时全毁
浸信会福音堂	中山中路 185 号	1920 年建	1944 年沦陷时全毁
自立会礼拜堂	阳桥头附近	1926 年建	1938 年被日机炸毁

① 颜邦英总纂：《桂林市志》下册，中华书局1997年版，第3225—3226页。

② 颜邦英总纂：《桂林市志》中册，中华书局1997年版，第1532—1533页。

资料来源于颜邦英总纂《桂林市志》下册，中华书局1997年版，第3206—3207页，第3212—3213页。

外国的天主教堂和基督教堂之所以成为日军破坏的目标，主要是因为太平洋战争爆发后，日本与美、英等国的矛盾进一步加剧。尤其是对美国直接参与中国的抗日战争非常恼恨，所以在侵略桂林的过程中，对美、英等国设立的教堂极尽破坏之能事。当然，这些教堂大都地处市区，与中国的商店、政府机关或民房等连在一起，也不否认它们是在日军轰炸或攻击中国的军事、政治、经济目标的过程中受到破坏的。外国的教堂及其他房产虽然不属于桂林，但是它们建在桂林，应为整个桂林建筑的一个组成部分，了解它们被毁坏的情况，对我们更全面深入地认识战争的破坏性很有必要。

除宗教建筑外，其他如政府机构、社团等的建筑也在日军的残酷破坏下变得四分五裂，满目疮痍。

根据当年桂林市政府的调查统计和广西省政府统计处后来的整理，我们得出桂林的房屋损失间数及价值如表5–5。

表5–5 桂林市房屋损失统计表

（价值单位：千元国币）

数目 类别	间数	价值
人民房屋	52079	24664837
机关团体房屋	—	6491374
公务员役房屋	1649	1253075
总计	53728	32409286

说明：①本表经过重新整理而成。②价值为1945年10月币值，下同。

资料来源于广西省政府统计处编《广西省抗战损失调查统计》，1946年版。

从表5–5中我们可以看出，桂林沦陷期间，各类损失房屋53728间，价值32409286千元国币，数目相当大。

为便于查考，现再将桂林市部分学校房屋损失的价值附录如下（见表5–6）。

表 5–6 桂林沦陷时部分学校房屋损失价值统计

（单位：元）

类别	学校名称	校舍间数	班数	原价	时价
各中等以上学校	国立汉民中学	30	16	5000000	23000000
	国立师范学院	27	21	6500000	36000000
	国立师范学院附中	17	10	2000000	10000000
	国立戏剧学校	10	6	4000000	22000000
	省立医学院	13	6	5000000	25000000
	省立医士学校	10	8	3000000	16000000
	省立农林学校	15	18	7000000	32000000
	省立桂林女中	—	10	4000000	20000000
	桂林市立中学	14	7	3800000	19000000
	私立德智中学	43	12	10000000	80000000
	私立 ×× 中学	15	12	4000000	20000000
	私立立意中学	16	13	2000000	20000000
	私立中山中学	20	9	6000000	30000000
	私立文山中学	10	7	3500000	18000000
	私立中正中学	14	8	6000000	20000000
	私立青年中学	10	5	1500000	8000000
	私立真光中学	17	10	2000000	10000000
	私立培 × 中学	14	9	6000000	30000000
	私立松坡中学	12	8	5000000	25000000
	私立岭英中学	8	7	2500000	13000000
	私立商业专门学校	96	—	2000000	10000000
合计（21 校）		411	202	908000000	559000000
各中心校	市立试验学校	46	26	5000000	52000000
	市立第一中心校	29	15	1400000	14500000
	市立第二中心校	12	8	60000	6000000
	市立第三中心校	30	18	1500000	15000000
	市立第四中心校	12	6	60000	6000000
	市立第五中心校	12	6	60000	6000000
	市立第六中心校	20	11	100000	10000000
	市立第七中心校	21	12	105000	10500000
	东附郭乡中心校	8	5	40000	4000000
	西南附郭中心校	8	5	40000	4000000
	北附郭中心校	5	3	25000	2500000
	三合乡中心校	5	3	25000	2500000
	拓木乡中心校	5	3	25000	2500000
	太沙乡中心校	5	3	25000	2500000
合计（14 校）		218	124	8465000	138000000

续表

类别	学校名称	校舍间数	班数	原价	时价
各村街国民学校	八桂区崇德街国民学校	16	10	80000	8000000
	八桂区府前街国民学校	7	4	30000	3000000
	八桂区王辅三街国民学校	9	5	45000	4500000
	八桂区盐行街国民学校	9	3	25000	2500000
	八桂区东 × 国民中心校	9	5	45000	4500000
	培义区南外二街国民学校	3	2	15000	1500000
	培义区西南街国民学校	3	2	15000	1500000
	凤北区法 × 街国民学校	12	8	—	—
	凤北区贡后街国民学校	6	3	30000	3000000
	凤北区凤凰街国民学校	15	8	75000	7500000
	凤北区北上下二街国民学校	15	8	75000	7500000
	凤北区北外四街国民学校	16	9	80000	8000000
	凤北区抗战街国民学校	6	3	30000	3000000
	凤北区清风街国民学校	14	8	70000	7000000
	东江区九上街国民学校	13	8	65000	6500000
	东江区九下街国民学校	2	1	10000	1000000
	福隆街国民学校	2	1	10000	1000000
	东洲街国民学校	5	3	25000	2500000
	东腰街国民学校	5	3	25000	2500000
	东洲郭乡 ×× 国民学校	4	2	20000	2000000
	渡水村国民学校	2	1	10000	1000000
	同心村国民学校	2	1	10000	1000000
	西南村国民学校	2	1	10000	1000000
	李家村国民学校	4	2	20000	2000000
	龙门村国民学校	2	1	10000	1000000
	六师洲村国民学校	2	1	10000	1000000
	新庄村国民学校	2	1	10000	1000000
	东附郭乡冷马村国民学校	2	1	10000	1000000
	×× 村国民学校	2	1	10000	1000000
	×××× 国民学校	2	1	10000	1000000
	×××× 国民学校	2	1	10000	1000000
	彭家岭村国民学校	2	1	10000	1000000
	西南村国民学校	2	1	10000	1000000
	×××× 国民学校	2	1	10000	1000000
	×××× 国民学校	2	1	10000	1000000
	×××× 国民学校	2	1	10000	1000000
	西河村国民学校	2	1	10000	1000000

续表

类别	学校名称	校舍间数	班数	原价	时价
各村街国民学校	四义村国民学校	2	1	10000	1000000
	崇信村国民学校	2	1	10000	1000000
	致和村国民学校	2	1	10000	1000000
	拓太区西村国民学校	2	1	10000	1000000
	下月山村国民学校	2	1	10000	1000000
	渔塘村国民学校	2	1	10000	1000000
	骆家村国民学校	2	1	10000	1000000
	东村国民学校	2	1	10000	1000000
	茶 × 堡国民学校	4	2	20000	2000000
	李家村国民学校	2	1	10000	1000000
	拓木区 × × 国民学校	2	1	10000	1000000
	× × 村国民学校	2	1	10000	1000000
	下富村国民学校	2	1	10000	1000000
	窑头村国民学校	2	1	10000	1000000
	老村国民学校	2	1	10000	1000000
	大村国民学校	2	1	10000	1000000
	永安街国民学校	2	1	10000	1000000
	三合区江山村国民学校	2	1	10000	1000000
	董家巷国民学校	2	1	10000	1000000
	石柑中村国民学校	2	1	10000	1000000
	六合街国民学校	7	4	30000	3000000
	太平街国民学校	8	5	40000	4000000
	文外街国民学校	9	5	45000	4500000
	码平街国民学校	7	4	30000	3000000
	卫王村国民学校	2	1	10000	1000000
	五福村国民学校	2	1	10000	1000000
	三自村国民学校	2	1	10000	1000000
	乌石村国民学校	4	2	20000	2000000
	新南桥国民学校	2	1	10000	1000000
	三民村国民学校	2	1	10000	1000000
	三联村国民学校	2	1	10000	1000000
合计（68 校）		289	161	1385000	138500000
各私立小学	穆斯林小学	9	6	45000	4500000
	造币厂子弟小学	8	4	40000	4000000
	桂穗公路员工子弟小学	8	4	40000	4000000
	培联小学	9	5	45000	4500000
	电工器材一厂员工子弟小学	8	4	40000	4000000

续表

类别	学校名称	校舍间数	班数	原价	时价
各私立小学	电工器材二厂员工子弟小学	8	4	40000	4000000
	电工器材四厂员工子弟小学	8	4	40000	4000000
	湘桂铁路员工子弟小学	12	7	60000	6000000
	中山小学	20	12	100000	10000000
	黄花岗小学	15	8	75000	7500000
	长沙小学	14	8	70000	7000000
	建国小学	15	8	70000	7000000
	培仁小学	21	12	105000	10500000
	真光小学	13	8	65000	6500000
	阳明小学	14	8	70000	7000000
	中正小学	11	6	55000	5500000
	东山小学	20	11	100000	10000000
	文山小学	6	4	30000	3000000
	复兴小学	6	4	30000	3000000
	鸡声小学	7	4	35000	3500000
	业勤小学	8	5	40000	4000000？
	岭英小学	9	6	45000	4500000
	三民小学	5	3	25000	2500000
	扶轮小学	6	4	30000	3000000
	工合子弟小学	10	5	50000	5000000
	水泥厂子弟小学	8	4	40000	4000000
	工人福利子弟小学	4	2	20000	2000000
合计（27校）		282	160	1405000	140500000

说明：因档案中部分字迹不清，为避免误传，以“××”代之。制表时改正了因统计而出现错误的一些数据。

资料来源于《桂林市各区国民中心学校抗战期间财产损失统计》，桂林市档案馆全宗号01，目录号1，案卷号1045。

（二）人民、机关团体及公务员役的财产损失

人民、机关团体及公务员役的财产包括房产，也包括生活和生产方面的其他财产。鉴于刚才已对沦陷期间各类房屋的损失情况进行了论述，这里着重将其他方面的财产损失进行介绍。根据当时的统计，这些财产损失涉及以下几个方面：

1. 食品损失

所谓食品包括谷、米、杂粮、成油以及盐、糖等调味品。由于日军入侵时配备不足，因而对桂林的食品掠夺程度很严重，甚至故意毁坏粮食。“他们鉴于广西民众倔强勇烈，决定施行饥饿政策，逼使广大的人民走入绝境，失去战争能力，所以有许多地方的日军，将食不完的食粮倒入河中，或以电油焚毁"[①]，桂林城郊灵川县庄上村的日本兵将从附近各村抢到的粮食装在村中一房间内，其撤离时，将剩余的粮食放火焚烧，该村民将火熄灭后，所有粮食已不可食用[②]。正是因为日军的残酷毁损，才使得桂林的食品损失尤为严重。具体的损失情况参见表5-7：

表 5-7 桂林市食品损失统计表

（价值单位：千元国币）

数目 类别	人民	机关团体	公务员役	总计
谷	1437772	105701	14988	1558461
米	81207	38174	2635	122016
杂粮	34630	10600	15116	60346
成油	670777	2354	160	673291
油籽	5021	225	311	5557
总计	2229407	157054	33210	2419671

说明：①本表重新整理而成。②机关团体指在桂林市的，其损失价值参照《广西省抗战损失调查统计》所载材料折算，下同。

资料来源于广西省政府统计处编《广西省抗战损失调查统计》《抗战损失调查补遗》。

从表5-7我们可以看出人民、机关团体和公务员役食品损失概况，谷类价值达1558461千元国币；米价值亦达122016千元国币，成油的损失也多达673291千元国币。杂粮和油籽损失虽然相对较少，其价值也分别达到了60346千元国币和5557千元国币，总计损失达2419671千元国币。

除上述食品损失以外，《抗战损失调查补遗》另外还记载桂林市盐、糖等调味品及蔬菜水果的损失价值达7004千元国币[③]。若与上表中的总值合计则得2426675千元国币。

2. 日常生活用品损失

日军之无人道尤在破坏，"对于衣物房舍当然也毫无例外地加以毁灭和破坏，他们每到一处，便大肆搜刮，先将衣物被堆置空地，将完好可穿的拣出，继以电油泼

① 广西省救济运动委员会编：《广西在饥馑中》，1946年版，第3页。

② 2013年11月18日，笔者在当地调查所获取的资料显示，该房屋地基仍在。

③ 广西省政府统计处编：《广西年鉴》第三回附录，1948年版，第83页。

入，再将家私堆上助火，施救者立遭枪杀，烧完烧再烧屋，起火后押壮丁将谷米运回其驻地”[①]。由于日军的疯狂破坏，桂林人民的日常生活用品破坏极为惨重。

有位记者这样写道：

（强迫疏散）限期将满，不得已始行离家，仅携薄棉被一床，始悟劳力之可贵也。出大门时，屋内计有全部箱柜十余件，全家七八人之衣裳帐被，十一间房屋装满之物资、书籍、器用家具未能携出，除光人一个离家外，其他数十年积蓄之家资真一无所有矣…由个人推测他人，人人如是，则全城损失之巨可知之矣[②]。

这位记者存留家中的家具、衣服、书籍等全部毁于战火。他后来还根据自身的情况推测全城的损失，这对后来人们估算战争损失量有一定的帮助。

根据广西省政府组织的调查，桂林日常生活用品的损失情况如下表：

表 5–8 桂林日常生活用品损失统计表

（价值单位：千元国币）

损失主体 / 数目 / 类别	人民	机关团体	公务员役	总计
家具	3367532	1779412	624183	5771127
衣着	4015859	937267	261546	5214672
寝具	2827614	56042	62569	2946225
花纱	2141071	454	3977	2145502
布料	2134661	69404	23344	2227409
总计	14486737	2842579	975619	18304935

资料来源于广西省政府统计处编《广西省抗战损失调查统计》《抗战损失调查补遗》。

从表5–8中我们可以粗略得出桂林在整个沦陷时期日常生活用品的损失概貌。其中家具和衣着损失较大，价值皆在50亿元国币以上，寝具、花纱、布料损失也为数不少，价值亦在20亿元国币以上，总计生活用品损失达18304935千元国币。

---

① 广西省救济运动委员会编：《广西在饥馑中》，1946年版，第4页。

② 易熙吾主编：《桂林市年鉴》“特载（一）”，1949年版，第4页。

3. 林牧渔业损失

全面抗战时期，桂林市进行了大规模的城市绿化，然而随着桂林的沦陷，这些绿化树木损失巨大。据统计，仅桂林乡村公有林一项就约损失树木79000株①。不仅如此，日军还大量屠宰耕牛，“连犊牛都不肯放过，他们来华多年，多养成了老虎的胃口，两片萝卜、一条干鱼，已经‘不厌所欲’了，但敌人并不见得十分爱吃牛肉，他们宁愿吃鸡、鱼和瘦肉。”②日军肆无忌惮地抢劫和屠杀中国百姓的牲畜，如1944年10月30日，他们在城郊灵川县九屋苏村劫杀耕牛300多头，在灵岩乡抢劫耕牛400多头、猪1600多头③。日军还曾将市区各塘之鱼网尽，大约十得八九。因在疏散时塘里的鱼都来不及打，故损失殆尽④。日军对林牧渔业的大肆掠夺和破坏给桂林造成严重的损失，不仅影响了桂林市容，而且给战后农村经济的恢复产生了十分消极的影响。

根据当年广西省政府的调查，这方面的损失概况如表5–9。

表 5–9 桂林林牧渔业损失统计表

（价值单位：千元国币）

损失主体 数目 类别	人民	机关团体	公务员役	统计
林产品	59250	9755	54975	123980
牛	203720	3377	6603	213700
马	7444	992	—	8436
猪	198258	2504	2143	202905
其他家畜及产品	38250	828	814	39892
水产品	12274	319	—	12593
总计	519196	17775	64535	601506

资料来源于广西省政府统计处编《广西省抗战损失调查统计》，1946 年版。

从表5–9中来看，畜牧业损失甚为严重，仅牛和猪两项即损失416605千元国币；林业损失123980千元国币，次之；渔业损失虽相对较轻，也有12593千元国币。总计，林牧渔业共损失601506千元国币。

4. 农业生产工具损失

桂林人民除了生活资料被日军掠夺和破坏以外，农业生产工具也遭受了严重损

① 参见《广西省抗战损失概况及请求救济统计》（农业部分），1945年版。

② 广西省救济运动委员会编：《广西在饥馑中》，1946年版，第3—4页。

③ 廖江主编：《灵川县志》，广西人民出版社1997年版，第736页。

④ 易熙吾主编：《桂林市年鉴》“特载（一）”，1949年版，第25页。

失。据有关资料显示，桂林普通农具损失约10000套（一犁一耙二锄为一套）[①]。

此外，梳虫器、拍板、喷雾器以及砒酸钙、硫酸铜等病虫害防治药械损失也很大[②]。由于生产工具遭受严重破坏，对后来桂林经济恢复发展产生了消极的影响，同时也是桂林地方农村经济倒退的一个重要原因。桂林农业生产工具损失情况见表5-10。

表 5-10 桂林农业生产工具损失统计表

（价值单位：千元国币）

损失主体 数目 类别	人民	机关团体	公务员役	总计
犁耙锄	6774	124	229	7127
水车	14161	90	152	14403
渔具	1575	70	200	1845
其他农具	32377	718	1793	34888
总计	54887	1002	2374	58263

资料来源于广西省政府统计处编《广西省抗战损失调查统计》，1946 年版。

通过表5-10，我们可知桂林农业生产工具方面所受的损失。由于桂林市当时的农业人口数相对较少。因而这一方面的损失无论与其他各县，还是与桂林其他方面损失相比，显得数目较少，但即使如此，这一损失总额仍然达到了58263千元国币。

事实上，与农业有关的损失尚有许多。据《广西省抗战损失概况及请求救济统计》（农业部分）的统计，民众肥料损失严重，估计厩肥损失4080000担，价值816000元；人粪尿损失3240000担，价值648000元；麸粪损失70000担，价值140000元；草木灰770000担，价值154000元（上述四项数字币值据1937年平均物价计算）。总计广西民众肥料损失约在1958千元国币，若换算成1945年桂林币值则为3134514千元国币，而当年广西受损失的主要有80市县，如此则平均每县市约损失3918千元国币，也就是说，桂林市民众肥料损失价值约在3918千元国币。

另外，尚有农田灌溉水利工程的损失一项。据统计，桂林市和临桂县一起毁损灌溉水田面积65650亩[③]。

① 参见《广西省抗战损失概况及请求救济统计》（农业部分），1945年版。

② 参见《广西省抗战损失概况及请求救济统计》（农业部分），1945年版。

③ 参见《广西省抗战损失概况及请求救济统计》（农业部分），1945年版。

这样，农业生产工具和民众肥料损失总计约在62181千元国币，估计连同灌溉水利工程等与农业生产密切相关的其他损失在内，损失总值约在1亿元国币。

5. 学校设备损失

桂林是广西学校相对比较集中的地方，有大学、中学和小学。这些学校在日军入侵期间都受到严重的破坏。鉴于校舍的损失包括在已论及的“房屋损失”中，这里仅就其他的设施损失再做介绍。

从1944年6月开始，战事日趋紧张，国立广西大学、国立桂林师范学院、省立广西医学院等高校相继疏散。由于交通拥挤，当时多以人员疏散为主，最多只有随身行李和教学必备设备，大量不便携带的设备、图书等大多是在9月中旬桂林紧急疏散时才搬迁运出，很多设备只能就地保管，或运避乡间。由于战事的影响，有的大学一迁再迁，很多设备和图书在搬迁途中或遭战火，或遭天灾，损失惨重。如国立桂林师范学院从桂林经柳州至三江丹洲，再迁贵州榕江、平越，行程上千里，历时半年，携带的很多图书、设备失散，笨重仪器弃置校内，“其他仪器大部分运至两江，因雇不到人搬运，后紧急时军队不许通行，所以也都损失了”[①]。桂林美术专科学校1941年8月创办，1942年9月奉广西省政府令，迁入定桂门陈文恭公祠为校址，改名为私立桂林榕门美术专科学校……同时兴建校舍于城南市区，待校舍落成之际，日军迫桂，一切毁于战火[②]。广西省立医学院分两处疏散，一部分迁至三江富禄，一部分迁至贺县八步，大部分仪器设备均遭损失，校舍被夷为平地。其他大学也分别迁往蒙山、昭平、八步等地，在桂林的校舍、校具、设备、仪器、图书几乎全部被毁[③]。桂林中学是清末“新政”的产物，也是广西省政府重点发展的中学。至1942年上半年，“由于建校卅余年之积累，图书有4万余册，物理仪器有600余种2000多件，化学仪器有300余种7000多件，显微镜有14架，学校规模之大，图书仪器之多，均为广西各中学之冠。1944年秋，日军南侵……桂林于沦陷前紧急疏散，混乱不堪。在兵荒马乱之际，桂中仅职工10余人，随校长雷震运送图书仪器往五通、宛田、龙胜方向疏散，师生则各自疏散，俱未随往。其后五通、宛田、龙胜亦相陷敌，桂中图书仪器损失殆尽。原崇德街校舍则绝大部分遭焚毁，损失

---

① 林砺儒、曾度洪：《桂林师范学院疏散及复员的经过》，载《桂林师范学院院刊》，1946年第1卷第4期。

② 桂林市文化研究中心、桂林图书馆编：《桂林文化大事记》（1937—1949），漓江出版社1987年版，第761页。

③ 蒙荫昭、梁全进主编：《广西教育史》，广西人民出版社1999年版，第477页。

惨重。”[①]普通中小学的教学设施损失情况，我们可以桂林市立第七中学为例说明（见表5-11）。

表 5-11 桂林市立第七中心学校设备损失统计

损失项目	购买年月	单位	数量	价值（国币）	
				购买时价值	损失时价值
课桌椅	1941.9	张	100	每张约 400 元，共约 40000 元	2000000 元
图书	1941.9	本	500	约 10000 元	50000 元
风琴	1941.9	架	2	20000 元	40000 元
办公桌椅	1941.9	张	20	500 余元	9600 元
公文柜	1941.9	个	1	约 1500 元	4000 元
油印机	—	台	2	约 1000 元	8000 元
镜架	—	块	25	4000 元	9000 元
茶壶饮具	—	—	—	4000 元	9000 元

资料来源于《桂林市各区国民中心学校抗战期间财产损失统计》，桂林市档案馆全宗号 01，目录号 1，案卷号 1044。

众所周知，课桌椅、办公桌椅、公文柜、图书、风琴、油印机等是一所学校最基本的设施，若以此作为参照，可对桂林市普通中小学的教学设施损失的最低值进行判断。据统计，全面抗战爆发前，桂林共有小学、国民学校及中学共70余所[②]。按每所学校的教学设施损失2200000元计算，则总额应为154000000元。

6. 其他损失

除了上述五个方面的损失以外，尚有诸多方面的损失。其中名目比较清楚的是图书古玩、金银币钞、药品等方面的损失。

抗战期间，桂林被誉为“文化城”的一个原因就是出版机构很多。1938年至1944年，桂林接纳了来自全国各地的一批出版机构，总共有220余家，遍布桂西路（今解放西路）。每月出版各类图书20至40多种，极盛时期每月印刷用纸多达1.5万令，形成出版行业空前繁荣的局面[③]。全市大小印刷厂有105家之多[④]。1944年桂林沦陷前夕，这些出版社、书店、印刷厂或迁往他地，或停止营业，出版行业陷入萧条。在迁移的

① 阳林芬：《解放前的桂林中学》，载政协桂林市委员会文史资料研究委员会：《桂林文史资料》第十三辑，漓江出版社1988年版，第137—138页。

② 颜邦英总纂：《桂林市志》下册，中华书局1997年版，第2604—2613页。

③ 颜邦英总纂：《桂林市志》下册，中华书局1997年版，第2965页。

④ 易熙吾主编：《桂林市年鉴》“文化事业”，1949年版，第14页。

过程中，许多重要仪器、器具以及书籍因缺少运输工具无法运走，如国光印刷厂迁出机器材料60余吨，因交通阻隔，全部毁弃在黔桂线上[①]。其他出版机构的境况也大致如此。“这样，我们剩下来的一大部分‘文化物资’，留在堆栈里，码头上和车站上，给火烧着，给雨淋着！有谁曾经想到，这些就是使桂林有‘文化城’之誉的主要的物质条件！有谁曾经想到：这些物资是绞尽作者的脑汁，一个字一个字写了出来，经过了出版工作的设计，通过了印刷工作的劳力而变成的一本一本的书籍，在离乱的时候不得不遗弃在桂林与桂林共存亡！”[②]

更严重的损失是图书馆所藏的古籍图书。如，建于1909年的桂林图书馆藏书丰富，尤其是抗战期间，桂林成为西南抗战大后方，文化机构和文化名人云集，桂林图书馆成为收藏和宣传抗战的文献中心。至1944年，藏书达30万册，其中包括报刊4万册，省内77县方志80余种，以及广东、湖南等20余省方志及珍善本图书等。藏量之大，设备之完善，在当时西南各省首屈一指。是年秋，桂林紧急疏散，因条件所限，代馆长黄远智等10余人只能雇请民船6艘，将馆藏精要图书7万册运抵昭平富裕乡保存。抗战胜利时，仅存馆藏本省重要文献及珍善图书等71481册[③]。沦陷期间，仅桂林图书馆损失书籍就达182931册，其中不少是很有价值的古本[④]，劫后图书存书仅68769册。见表5-12。

表 5-12 广西省立桂林图书馆原有图书及损失与保存图书分类统计表

（1946 年 7 月 29 日统计）

类别	原有数量	损失数量	保存数量
000 总类	67283	36729	30554
100 哲学	8678	7835	843
200 宗教	7803	6546	1257
300 社会科学	57284	46953	10331
400 语文	4214	3794	420
500 自然科学	11421	9651	1770
600 应用技术	16185	13013	3172
700 美术	9235	6833	2402
800 文学	36874	31562	5312
900 史地	32723	20015	12708
总计	251700	182931	68769

① 龙谦、胡庆嘉编著：《抗战时期桂林出版史料》，漓江出版社1999年版，第456页。

② 洛文（陆联棠）：《受难的人民——桂林疏散记》，联益出版社1946年版，第6页。

③ 颜邦英总纂：《桂林市志》下册，中华书局1997年版，第2951页。

④ 苏关鑫、李建平主编：《桂林抗战文化研究文集》（七），广西师范大学出版社2003年版，第581页。

资料来源于胡桂荣、吕立忠《广西桂林图书馆劫后存书考略》，载苏关鑫、李建平主编《桂林抗战文化研究文集》（七），广西师范大学出版社2003年版，第578页。

抗战时期，桂林的档案大都由各机关及企事业单位自行保管，日军的入侵使社会动荡不堪，大批档案被损毁、遗弃。这种损失现在根本无法估算[①]。

桂林民间有较丰富的古玩和金银币钞藏量。桂林沦陷时，“居民埋藏金银财宝极多”，日军知晓这一情况后，“乃相率向各空屋搜索挖掘”[②]，有挖得铜圆者，还有挖得瓷器、铁器和书籍、字画者。同时，人们于紧急疏散时将这些古玩和金银币钞亦携带出去一部分，在日军的追逼下，它们也纷纷地流失。

药品更是十分重要的物资。对于挽救桂林人民的生命具有相当重要的作用。沦陷期间，各医院、卫生机构及私人诊所的药品因轰炸及日军的焚烧造成很大的损失，这种损失，又进一步增大了战时及战后人民的伤亡。

其他尚有诸多种类的损失无法一一细述，只能统而言之。根据当年的抗战损失调查，具体的损失情况如表5-13。

表5-13 桂林图书古玩、金银币钞、药品及其他方面损失统计表

（价值单位：千元国币）

损失主体 数目 类别	人民	机关团体	公务员役	总计
图书古玩	313629	225618	393111	932358
金银币钞	273089	10700	9393	293182
药品	961713	29067	1052	991832
其他	2520456	1903522	1239622	5663600
总计	4068887	2168907	1643178	7880972

资料来源于广西省政府统计处编《广西省抗战调查统计》《抗战损失调查补遗》。

从表5-13中我们得知，桂林图书古玩类的损失近10亿元国币，这里须表明的是，书籍作为精神载体，古玩具有十分重要的文物价值，其内在的损失难以计量。药品损失亦接近10亿元国币。而其他不明项目则高达5663600千元国币，总计损失7880872千元国币。

① 颜邦英总纂：《桂林市志》下册，中华书局1997年版，第2858页。

② 阳素臣：《记桂林沦陷期间的伪组织》，载政协桂林市委员会文史资料研究委员会编：《桂林文史资料》第五辑，1984年版，第228页。

另外，桂林市人民群众、机关团体和公务员的交通运输工具损失达478982千元国币，未归入此类，拟于交通事业损失中详述。

（三）交通事业损失

交通的发展可以带动一个地区社会经济的全面繁荣，反过来说，如果交通发展不起来，经济贫困的状况是很难改变的。现代交通是一个很庞大很先进的系统，每一种设施都需要大量的投资。自1937年起，日本侵略者就派飞机轰炸桂林，公路受损，汽车站被毁，甚至连湘桂铁路也数次受损，造成了相当严重的损失。在下文的讨论中，拟把交通事业的损失再分作公路、航业、电讯、民用航空、邮政五项分别探讨。由于本项研究仅涉及桂林的损失问题，铁路作为一项国家投资项目，以国家的名义评估其损失比较恰当，故对于湘桂铁路及车站的损失不予列入。由于资料来源相对缺乏，因而对于交通事业的损失研究有一定的估计成分，但我们的估计是符合事实的，也是较为属实的。

1. 公路损失

（1）省级公路及附路

前文已提及桂林的现代交通体系的构建，然而这些公路多为省级公路，其筑款来源于广西省内，当然也包括桂林市人民的捐税在内。根据史料记载与桂林有关的省级公路情况及附路具体情况如表5-14所示。

表 5-14 桂林相关省级公路里程表

路线		起止地点		长度（千米）	路宽（米）
干线	支线	起	止		
湘桂路	—	桂林	黄沙河	153	7.5
黔桂路	—	桂林	南丹六寨	571	7.0
—	桂永榴路	桂林	榴江大湖	131	5.0
桂穗路	—	桂林	青龙湖	154	7.5

原说明：①原材料来自广西省建设厅第一科。②时间截至 1943 年上半年。

资料来源于广西省政府统计处编：《广西年鉴》第三回，1948 年版，第 105 页。

这些公路在沦陷前后经历了两次大规模的破坏。一是广西当局为了配合军事上的需要而进行的，破坏范围比日军侵犯桂南时要多[①]。除黔桂西路田东以西各段及河岳

① 《本省交通的破坏及其重建》，《广西建设》1946年创刊号。

路外，其余所有干线均先后加以破坏。另一次即是日军撤退时为了防止中国军队的追击而进行的二次破坏。两次破坏使桂林的外部交通效率大大降低，造成了极为严重的损失。

按照广西省政府对抗战的统计，与桂林密切相关的几条公路损失情况如表5-15所示。

表 5-15 桂林相关公路损失统计表

路别	里程（千米）	损失值（千元国币）
桂黄路	152	3178928
桂永榴路	131	2739334
桂穗路	154	3220736
总计	437	9138998

资料来源于广西省政府统计处编《广西省抗战损失调查统计》，1946 年版。

表5-15中的桂黄路实即表5-14中的湘桂路，惟里程的统计少了1千米。从表5-15中可以看出，这些相关公路里程达437千米，损失总值亦达90多亿国币。能不能就把这些损失当作桂林的损失呢？我们觉得不妥，因为毕竟桂林只是这些公路全程的部分。按桂林市南北长20千米，东西长17.5千米①。如此则可粗略得出这些公路在桂林境内的里程约在40千米，即接近上述三条公路损失总里程的十分之一，那么据此得出桂林市境内省级公路及其附路的损失约在836521千元国币。如此损失尚不包含车站、桥梁的建筑费。

（2）乡村道路损失

此处乡村道路一词系当年广西省政府统计用语，也许就桂林而言，用“市道”更为恰当。

沦陷期间，桂林的城市道路设施破坏极为严重。据于瑞云在《甲申浩劫纪实》一文中记述：

> （光复以后）城郊地面，遍生野蒿，高者没顶，从者迷途，不毛之地。仅有桂南路义井一带，正阳路转环湖三边缘，与及火焰甫息之交通银行，岑公祠以及东镇路上一部分，如斯而已②。

① 易熙吾主编：《桂林市年鉴》“交通”，1949年版，第1页。

②③ 政协桂林市委员会文史资料研究委员会编：《桂林文史资料》第五辑，第119页。

如于瑞云上述所言路段以外，各市道全部毁于战火。虽然城内的东西两条干道，尚可随意通行。但在其余大街小巷多埋有地雷，后经用起雷器扫除者即达36650余枚，至1946年冬才完全肃清所余地雷③。

桥梁是道路交通中的重要组成部分。桂林沦陷期间，桥梁大都被战火摧毁。例如，建成于1940年的中正桥长181米，宽12米。整个桥梁分为5孔，大青石作墩，用钢轨及松木合制成桥桁。该桥的建立使桂林告别了只能使用浮桥通过漓江的历史。日军撤离桂林前，将该桥全部炸断，整座桥梁四分五裂。西门桥是一座3孔石拱桥，1944年毁于战火。阳桥在清代曾多次修建，民国时期发展为一座3孔石拱桥，长25.6米，宽6米，抗战中也毁于战火。西门城外阳江上的拖板桥，日军撤退时同样将其破坏①。据《桂林市年鉴》一书，桂林作为道路配套设施的桥梁损失如表5-16。

表 5-16 桂林市内桥梁损失统计表

类别	原有数	现存数	损失数	备注
铁桥	1	0	1	—
石桥	6	1	5	仅存花桥一座
木桥	3	1	2	仅存栖霞桥一座
浮桥	1	0	1	—

资料来源于易熙吾主编《桂林市年鉴》“特载（一）”，1949 年版，第 28 页。

以上材料亦见于《广西省抗战损失情况及请求救济统计》（交通部分），从中可以看出桂林的桥梁设施损毁情况。

可见，桂林市内交通系统的破坏很是惨重。据广西省政府的损失统计，桂林损失市道里程20千米，价值达1196160千元国币。按照这一统计资料，桂林市道每公里平均损失5000万元国币，其中当包括桥梁损失在内。

（3）公路交通工具损失

这里所提及的公路交通工具主要是汽车、人力车、牛马车和自行车等。抗战期间，广西公路转入战时体制。由于战局失利，国民政府迁都重庆，广西成为西南后方和沟通国际运输进出口必经之地，大量外省公私车辆纷纷迁入，民用汽车数量激增，1940年达到4000余辆。其任务一是军需物资运输和征收的实物运输，二是抢运沿海

① 黄家诚、陈雄章等著：《桂林交通史略》，人民交通出版社2000年版，第186页。

食盐入境，三是抢运进口物资及省内与邻省产销售物品的互运往来[①]。由于桂林是政治、经济和文化中心所在，因此，当时比较先进的交通工具大都集中在这里。日军的侵略使交通工具严重受损，见表5-17。

表 5-17 桂林公路交通工具损失统计表

损失主体	汽车		人力车、牛马车及自行车	
	辆数	价值（千元国币）	辆数	价值（千元国币）
人民	2	326	3677	17572
机关团体	2398	371039	5916	87320
公务员役	7	1141	112	1683
总计	2407	372506	9705	106575

原说明：机关团体中含有广西省政府的损失在内，其他机关则按在桂情况按比例计入。

资料来源于广西省政府统计处编《广西省抗战损失调查统计》，1946 年版。

从表5-17中可以看出，桂林公路交通工具损失量中，机关团体所占的比重是最大的。这些交通工具中汽车当时主要靠向国外购买，车型以福特居多，余为道奇、万国、雪佛兰等型号，价格普遍较高。沦陷期间，这些交通工具有的被炸毁或烧毁，有的则为了避免资敌而被迫自毁。另外，由于日军的封锁，汽油供应非常困难，广西省政府不得不强制推行以木炭代替汽油的技术。当时，广西省公路局颁布了《行驶木炭车奖励办法》和《推行木炭车办法》等，其主要内容是：（1）“凡装置煤气发生炉之汽车，不得纯用汽油行驶”，并建立各车领用燃料表册，规定行车消耗汽油、木炭标准，节约者奖，超耗者罚；（2）“确有成绩的司机、助手，半年升级一次”；（3）“如有故意把木炭车机件损坏，企图用油的，除勒令照价赔偿外，并即予撤差”；（4）“凡驶用炭车半年以上，成绩仍属低劣者，显系无心推行使用，应将该司机撤革，以儆效尤。”[②]结果，虽然达到了维持交通、运送物资的目的，但是却对汽车造成了较大的损害，缩短了其使用的寿命。运输工具的大量损失，在很大程度上影响了广西政府的工作能力，也影响了战后桂林与外界的物资文化交流。

---

① 曹洪兴、刘中光总编：《广西通志·交通志》，广西人民出版社1996年版，第143页。

② 梁有斌等主编：《广西公路运输史》第1册，广西人民出版社1991年版，第146页。另见曹洪兴、刘中光主编：《广西通志·交通志》，广西人民出版社1996年版，第143页。

2. 航业损失

早在桂林疏散期间，由于桂江浅而窄，组织工作混乱，造成不少船只损毁。后来，日军在攻打桂林时，又强抢民船渡江，损毁更多。日军败退时，更是对民船大肆进行破坏，使航业损失程度进一步加深。

（1）营运船损失

早在20世纪初，内燃机小型客货轮（俗称电船）、蒸汽机拖轮及木驳船等是广西内河航运的主要工具，桂江也不例外。内燃机拖轮及木驳船客货轮尖头方尾，船舱置有水手舱、机舱、客舱等。蒸汽机拖轮尖头圆尾，草鱼身型，木质结构，中部凸出高约4米，直径约0.6米的烟囱。蒸汽机拖轮以锅炉发出的蒸汽为动力。燃料以煤炭为主，亦可用木柴、茶麸等。拖轮主机汽缸在7～12英寸之间，马力在46～180匹范围内，自身时速为15～19公里，最大吃水1.5～2米。由拖轮带的木驳船平头平尾，深舱，舱内有隔板，船头设有拖梁及大桨，高射炮舵，竹编船篷，吃水较深①。营运船指经船政机关登记供运输的船只，可分为动力船、拖渡船和非动力船三个种类。桂林的漓江水系较为发达，船只应用也甚为广泛。据载，桂江航线上的民船，1937年为1849艘，1938年为1736艘，1939年为2742艘，1940年为3483艘，1941年为3193艘，1942年为3017艘；航行在该线上的轮船，1937年为7艘，1942年为3艘。货运量1937年为18381吨，1938年为14737吨，1939年为28750吨，1940年为35769吨，1941年为33527吨，1942年为31957吨②。

“桂林撤退期间，船只损坏颇多。”③损失的具体数量由于史料缺乏，我们只能根据广西的损失比例进行推算。1944年，广西全省船舶锐减至2519艘，载重30000吨，损失率分别为80.8%和85.4%④。按此比例，并以桂林营运船1942年民船的艘数和载重量作为计算的基数，则损失的民船约为2438艘，载重量损失约为27291吨。以每艘民船价值2011千元国币计算，则营运船损失总额为4902818千元国币⑤。

① 曹洪兴、刘中光总编：《广西通志·交通志》，广西人民出版社1996年版，第301页。

② 广西省政府统计处编：《广西年鉴》第三回，1948年版，第1107—1110页。

③ 《本省交通的破坏及其重建》，《广西建设》1946年版第1卷第2期。

④ 曹洪兴、刘中光总编：《广西通志·交通志》，广西人民出版社1996年版，第301页。

⑤ 据《广西省抗战损失概况及请求救济统计》（交通部分）载：抗战时期，广西动力船损失111艘，占原有数量78.72%，价值534126千元国币；拖渡船损失21艘，占原有数量的87.5%，价值61674千元国币；民船损失11343艘，占原有数量的87.71%，价值22810345千元国币。桂林每艘民船的价值系按照此数进行估算。《广西通志》的损失率为所有船舶的平均数（即包括动力船、拖渡船和民船），若按照《广西省抗战损失概况及请求救济》所确定的民船损失率87.71%计算，桂林的损失量应大于4902818千元国币。

（2）公私用船损失

所谓公私用船主要是政府机关、公务员和人民群众所属的船只。这些船只多为自用，大多数未登记注册。损失船只数与价值则按当年调查统计为准，如表5-18所示。

表 5-18 桂林公私用船损失统计表

（价值单位：千元国币）

损失主体	汽船损失	民船损失
人民	—	16653
机关团体	6	400
公务员役	—	—
总计	6	17053

资料来源于广西省政府统计处编《广西省抗战损失调查统计》，1946 年版。

从表5-18中可以看出桂林的公私用船损失不是特别大，汽船仅损失6千元国币，民船损失亦只17053千元国币，两者合计损失17059千元国币。

3. 电讯损失

电讯是现代社会的重要标志。在战争期间，它是决定胜负的因素之一，日军侵占桂林时，始终将电讯设施作为破坏的主要目标，使电讯事业遭受到极为严重的损失。据史料记载，“长途电话、区团电话及乡村电话线路，凡日军所到之处，亦已悉被破坏。”[①]尚可欣慰的是，早在桂林第一次疏散时，就运出了许多电讯设备。而广播电台及器材就没有那么幸运了，大都被摧毁或被拆卸。

（1）城市、区团及长途电话损失

1945年，桂林市政府展开损失调查时仅设城市与区团电话两项，而在广西省政府的调查统计中又有长途电话一项。

交换机是通讯的主要设备。当时，桂林市使用的磁式长途电话交换机是从国外进口的，容量为190门。1944年11月日军入侵桂林时将其破坏。市内电话交换机使用的是瑞士产的依力式，容量为100门。1937年，为了适应省政府迁桂后的需要，购买德国西门子哈斯克步进制自动电话交换机1000门。1941年，1000门自动电话交换机满负荷，又安装磁式人工机3部，容量300门，供临时使用。桂林沦陷前夕，将1000门自动电话交换机从叠彩山的白鹤洞（今仙鹤洞）拆除，运往罗城牛鼻子乡（今长安牛鼻街）隐蔽保存，在装运过程中部分机件受损。1944年11月日军入侵桂林，磁式人工交换机遭到破坏。光复后，由于缺乏零件，1000门自动电话交换机只修复800门。1938

① 《本省交通的破坏及其重建》，《广西建设》1946年第1卷第2期。

年，当1000门步进制自动电话交换机开通时，安装了60伏288安时的铅板硫酸液固定蓄电池2组，并配备油机充电。平时以市电为主，在市电中断时，启用自备电源系统供电。各通信设备基本上使用直流电，市电或自备电系统的交流电降压整流后，用蓄电池供通信设备使用。日军入侵桂林时电源设备遭到破坏。1937年和1943年，桂林还安装了德制的H1型单路载波端机和英制的SOB1型单路载波端机各1部，分别开通到衡阳和贵阳的载波电路。沦陷前夕，上述两部载波机被迫疏散隐藏。在此过程中，也遭受了一定的损坏[①]。

当然，当时损失更多的是通信线路。沦陷期间，不论是设在市内的还是市外的电话线，大都被割断或炸断。

作为当时广西的省会，桂林的城市电话相当发达。架设的高空明线仅1938年就有139.4线，日军侵占桂林时，市话明线全遭破坏。是年，为了配合自动电话机的安装，埋设铠装地下电缆9条共1500对，电缆总长度19皮长公里，从白鹤洞通到雉山路、桂东路等主要街道。抗战期间，该电缆曾因中弹等原因多处损伤[②]。城市电话线损失价值共达717200千元国币，占广西四大城市电话损失的45.45%，接近一半，可见损失之巨[③]。结果，使桂林与各地的信息交流基本上处于瘫痪的状态。

桂林区团电话采用单线制，线条为镀锌铁线，路杆长680多公里。可与永福、全县、资源、兴安、龙胜、义宁、灵川、灌阳、百寿、阳朔、恭城、平乐、荔浦、修仁等县开通乡村电话。1944年11月桂林沦陷后，区团电话线全部被破坏而中断，损失达173310千元国币，占广西区团电话损失的13.81%，仅次于柳州区团电话的损失[④]。

桂林长途电话的损失情况，《桂林市志》记载是“机房及线路、设备荡然无存”[⑤]。长途线路由于地跨不同的市区乃至省区，很难确定其价值，只能进行大致的估算。目前关于广西长途电话线路的损失情况，与桂林有直接关系的是桂柳线和桂平线。两线分别损失40696千元国币和24024千元国币[⑥]。考虑到桂林时为广西省会以及线路在桂林市境内的长度，我们以桂柳线的十分之一为桂林损失，桂平线的六分之一为桂林损失，如此则桂林长途电话损失为8074千元国币。

综合以上三类桂林电话损失，总值已达898584千元国币。

（2）无线电广播电台及器材损失

1939年，为适应抗战需要，广西省政府在桂林成立无线电总台，并在各行政公署

①② 颜邦英总纂：《桂林市志》中册，中华书局1997年版，第2322—2337页。

③④ 参见广西省政府统计处编：《广西省抗战损失调查统计》，1946年版，第67页。

⑤ 颜邦英总纂：《桂林市志》中册，中华书局1997年版，第2320页。

⑥ 广西省政府统计处编：《广西省抗战损失调查统计》，1946年版，第67页。

及冲要县设立分台。计至1942年底，广西有无线电台（站）54个，其中，隶属于交通部广西电政管理局的16个，隶属于广西无线电总台的38个。收报机共有75台，其中属于国营的34台，省营的41台。发报机共69台，其中属于国营的28台，省营的41台[①]。日军侵略广西期间，共造成广西无线电台及其器材损失总计591690千元国币，其中电台损失412390千元国币，器材损失179300千元国币[②]。因这项统计没有地区之分，只能利用相关的一些资料来对桂林无线电电台及其器材损失的情况进行大致上的判断，以保守的估计，桂林无线电广播电台及器材的损失当不低于广西这项损失的50%，即损失价值不低于295845千元国币。主要根据：第一，广西无线电总台设在桂林，而总台的设施就广西而言不仅是较先进和较完善的，其价值自然也较高。第二，20世纪40年代，无线电技术尚未普及，其主要用途是传递军政要情。因此，当时拥有无线电技术及设施的大都是党政机关和重要的国营企事业单位，这些单位主要集中在桂林。第三，历史上留下的有关的无线电通信及其器材损失的记载，主要集中在桂林广播电台："本省广播电台，自桂林局势紧张，即经将原有之十基罗瓦特长波发射器及各项重要设备，既新购之一基罗瓦特短波发射器悉行拆卸西迁，其后战争继续发展，乃辗转至贵州独山，惟甫抵独山时，而日军已近至该处，致所有长短波机，悉遭损失。所存者仅变压器及真空管数个而已。因该台损失惨重，至今仍未能进行恢复。"[③]这段记载虽不能反映无线电损失的全部状况，但确是政府提出的无线电损失的重要事实，应作为我们判断的依据。第四，无线电通信不仅需要有发射台，而且还需要大量配套的机器设备，例如电力室、水汽室、煤气发生室等。桂林沦陷时房屋几乎损失殆尽，与这些设施密切相关的房屋自然无法幸免于难。

综合这些因素考虑，将该项损失的数额定为不低于全省同类损失总额的50%即295845千元国币应是无可置疑的。

4. 民用航空损失

桂林民用航空事业始于1936年，当时由广西、广东合办的"西南航空公司"开辟广邕线。至抗战爆发，因该公司地址设于广州，常受日机空袭影响飞行。为使交通安

① 广西省政府统计处编：《广西年鉴》第三回，1948年版，第1017页。

② 广西省政府统计处编：《广西省抗战损失调查统计》，1946年版，第64页。

③ 《本省交通的破坏及其重建》，《广西建设》1946年第1卷第2期。《桂林市志》在记载这一事件时，对于这些设备损失的地点有不同的说法，为便于研究，特转录如下："1939年1月1日，桂林广播电台建成试播……发射功率为10千瓦，频率720千周，波长416米，隶属广西建设厅。1944年8月5日，因日本侵略军南侵，桂林电台奉命将全部机器设备疏散到柳州，后迁至宜山。宜山陷敌后，机器设备尽失。"见该志下册，第2911页。

全计，便将公司迁于桂林[1]。迁此不久，中国航空公司和欧亚航空公司为发展西南航空起见，开通了贵港线、渝港线，后又增开了蓉桂线、桂昆线，这些航空线路或途经桂林，或起终点即在桂林。据记载，截至沦陷前，桂林已有民用机场3个。后来由于形势紧急，广西省政府调拨人员炸毁机场，以防资敌。又加之沦陷期间日军的进一步破坏，桂林的航空事业遭受重大打击。

按照韩启桐先生的研究，中国航空公司和欧亚航空公司在抗战前期的损失如表5–19。

表 5–19 中国民用航空事业损失统计表（1937.7—1939.12）

（单位：元国币）

财产项目	中国航空公司	欧亚航空公司	损失总值
房屋	27889	189771	217660
器具	40639	23135	63774
机场设备	38568	71154	455722
飞机	354314	508066	862380
其他材料	—	154349	154349
机械及工具	112792	28590	141382

原说明：中国航空公司统计止于 1938 年 12 月。

资料来源于韩启桐编著《中国对日战争损失之估计》（1937—1943），第 42 页。

总计中国航空公司损失574202元国币，欧亚航空公司损失975065元国币。

根据韩启桐先生的损失分类框架，结合桂林实际情况，再考虑战时物价的变动等问题，我们拟定桂林民用航空事业的损失情况如表5–20。

表 5–20 桂林民用航空事业损失统计估表

（单位：千元国币）

财产项目	中国航空公司	欧亚航空公司	损失总值
器具	8128	2892	11020
机场设备	76913	8894	85807
其他材料	—	19294	19294
机械及工具	22552	3574	26126
总计	107593	34654	142247

说明：①房屋一项因前面已有统计，故不再予以列入，避免重复。

②飞机一项因两公司的总部皆不在桂林，故不予以列入。

---

① 广西省政府统计处编：《广西年鉴》第三回，1948年版，第1150页。

③以韩启桐的数据为基础估定，损失额根据战后物价变动情况粗略乘以100计算。

通过估测，我们得知桂林民用航空事业的损失约在142247千元国币。这一数字仍偏于保守，因为3个机场本身总值已很不菲。如据史料记载，桂林二塘机场仅1938年的修建就调集民工17364人，用去工款147143元（时价，下同）；秧塘机场仅1939年的扩建就调集民工37000人，用去工款227575元[①]；桂林机场1943年动工修建时调集民工43000多人，所用工款肯定比二塘机场和秧塘机场要多。实际上，桂林三个机场在抗战期间多次扩建或修建，仅工款一项就是一笔巨大的开支，更不用说材料费、机械使用费、维护费等开支了。机场的设施如油库、机窝、弹药库、营房等在战争中也多次遭受日军飞机的轰炸，损失同样巨大。关于桂林三个机场被破坏的情况，根据地方志的记载，二塘机场于1944年“沦陷前夕和次年日军撤退前夕分别遭到大规模破坏”；秧塘机场于1944年11月至1945年7月，临桂沦陷及光复前后，“均遭到破坏”；桂林机场于桂林沦陷和光复前后，“两次遭到破坏”[②]。这些描述对我们判断三个机场的损失程度有一定的帮助，当然，要想得到更确切的数字，还需要进一步加强对资料的挖掘。中国航空公司和欧亚航空公司不属于桂林管辖，因此，所谓桂林民用航空的损失实际上是设在桂林的航空设施的损失。机场、保证飞机飞行的地面机械设备及其相关的材料是构成这一损失的主要内容，表5-20的统计虽然不够精确，但是却为人们提供了一个认识的基点，具有一定的参考价值。

5. 邮政损失

与民用航空事业的损失一样，桂林邮政事业的损失亦缺乏比较详细的资料。所幸我们有桂南十九县沦陷时期的邮政损失数据可作参考。

据统计，1939年至1940年期间桂南十九县邮政损失情况如下：包裹损失495元，房屋损毁1600元，设备损毁20元，运输工具损毁301900元。总计损失304015元国币（均为当时币值）。

考虑到我们在前文已经论述了房屋损失和运输工具损毁情况，再思及桂林乃广西邮政总局所在地，并且还开办了邮政储金业务，推测桂林邮政损失为100000千元国币（1945年10月币值），约相当于桂南19县当时损失总量的1/25。推测损失的主要物品是：（1）办公设施。抗战爆发后，桂林外来人口大增，邮政业务迅速发展。除总局外，还在桂北路设立第一邮政支局，在东江路设立第二支局，在中山北路设立第三支

① 广西省政府十年建设编纂委员会：《桂政纪实》（经济篇），1946年版，第169—171页。

② 颜邦英总纂：《桂林市志》中册，中华书局1997年版，第2273—2274页。

局，在桂南路设立第四支局，在叠彩路设立第五支局，在赤土堡设立第六支局，在甲山设立第七支局。1944年桂林沦陷时，“各处邮政支局租赁的房屋均荡然无存”，总局和各支局的办公设施不可能被及时转移，在日军的轰炸和焚烧之下必然会遭受损失。（2）邮件。1941年桂林的函件量达1947.7万件，占全省的42.8%，1942年的函件量为159.3万件，占28.6%。汇票1941年为4.5万张，1942年为8.6万张，占全省总量的27%。在战乱非常严重的情况下，邮件的损失在所难免[①]。我们把桂林邮政损失额定得如此低，一方面仍然是为了体现中华民族对历史的宽容的原则，另一方面是把有可能交叉的损失因素排除在外。

综合上述各项损失情况和估测，桂林交通事业损失大致为：

（1）公路

省级公路及附路836521千元国币

乡村道路损失1196160千元国币

运输工具479081千元国币

（2）航业4919877千元国币

（3）电讯

城市、区团及长途电话898584千元国币

无线电广播电台及器材295845千元国币

（4）民用航空142247千元国币

（5）邮政100000千元国币

总计8868315千元国币

（四）工业及公用事业损失

工业化是现代经济发展的必然趋势。抗战前期桂林的工业及公用事业发展取得了很大成就，初步实现了区域的工业化。然而由于日本军国主义的直接入侵，使正在蓬勃发展中的桂林工业及公用事业毁于一旦，造成了相当严重的损失。

据记载，“三十三年桂柳紧急疏散时，器材遗失而遭损失者，无法计算，就是能够迁移后方去的少数工厂，在中途也遭受到重大损失”[②]。事实上，轰炸和焚烧仍然是导致工业及公用事业损失的最重要的原因。

1. 水电厂损失

水电是我国城市最重要的基础设施部分。抗战前，桂林的水电公用事业有较大发

---

① 颜邦英总纂：《桂林市志》中册，中华书局1997年版，第2301—2304页。

② 《广西建设》，1946年第1卷第2期。

展，有电厂3个，自来水厂1个，然而经过日军侵占，损失惨重。

据当年广西省政府的调查统计和有关的历史资料，我们制成了桂林水电厂损失状况，如表5–21。

表 5–21 桂林水电损失状况统计表

<table>
<tr><th>厂别</th><th>经营性质</th><th>原有资本（元国币）</th><th>损失值（千元国币）</th></tr>
<tr><td>广西自来水电力股份有限公司桂林电厂</td><td>公商合办</td><td>122570</td><td rowspan="3">984987</td></tr>
<tr><td>湘桂铁路理事会经理处桂林电厂</td><td>公营</td><td>250000</td></tr>
<tr><td>湘桂铁路发电厂</td><td>公营</td><td>100000</td></tr>
<tr><td>广西自来水电力股份有限公司自来水厂</td><td>公营</td><td>不详</td><td>537419</td></tr>
</table>

说明：各厂资本数均曾按照1937年币值折算，损失值系1945年10月调查币值。

从表5–21中可以看出，桂林的公用事业受到巨大损失。其中广西自来水电力股份有限公司桂林电厂由于“三十三年秋日寇陷桂，机器厂房及一切设备，均被破坏”[①]。而自来水厂又因为“奉令给驻军供水，一切器材，未能疏散，致沦陷后，机器厂房，总遭毁坏”[②]。由于自来水厂遭受破坏，光复后的桂林发生了饮水困难。因为大火，水井灰烬淤塞，久失疏导。而整个城区的储水地方则因为天久不雨，均已干涸龟裂，只余河水可以饮用。然距河岸远的居民，至感不便。后来得连降大雨，几经淘洗消毒湖塘，饮水问题才得以完成解决[③]。桂林电厂和湘桂铁路两处共价值47万多元的设施“被烧毁殆尽”。1945年7月桂林光复，“发电机无法修复，象鼻山发电厂废弃”。由于遭受这一打击，电厂的经营状况变得异常艰难。沦陷前，桂林电厂在3处装机8台共1425千瓦，湘桂铁路两处装机2台共1500千瓦，用户自备小发电机3600千瓦。1958年，桂林各种发电机的发电量总共才为3010千瓦[④]。可见经过13年的恢复，其发电量都无法达到沦陷前的水平，影响之严重由此可以想见。将《桂林市志》的记载与表5–21的数据进行比照可发现，水厂和电厂损失是以机器价值（即“原有资本”只相当于该厂发电机的投资）作为判断的，而实际上，水厂和电厂的设施并不限于发电机或水泵，输电和输水系统及其配套的设施（如变压器、供水管道及控制阀、过滤池等）也需要很大的投资，这些系统及其设施在沦陷期间都在日军的炮火下化为灰烬，表5–21并未反映这方面的损失。因此，上述损失严格说来只是水电厂机器设备的

① 易熙吾主编：《桂林市年鉴》“社会事业”，1949年版，第23页。
② 易熙吾主编：《桂林市年鉴》“社会事业”，1949年版，第24页。
③ 政协桂林市委员会文史资料研究委员会：《桂林文史资料》第五辑，1984年版，第120页。
④ 颜邦英总纂：《桂林市志》中册，中华书局1997年版，第1560—1561页。

损失，而并非水电厂损失的全部。指出这一点是为了说明，继续加强对抗战时期桂林水电厂损失资料的发掘整理及研究十分重要也十分必要。

2. 一般工厂损失

关于一般工厂的损失，有两份不同的材料，一份出自桂林市政府，一份出自广西省政府。先看桂林市政府的统计（见表5-22）。

表 5-22 桂林市沦陷期间工厂损失统计

类别	原有数	损失数	现存数
铁工	36	36	—
印刷	11	5	6
化工	10	10	—
碾米锯木	7	6	1
被服	2	2	—
酒精	6	6	—
砖瓦	3	3	—
电工	3	3	—
制烟	2	2	—
纺织	2	2	—
炼油	2	2	—
炼铁	1	1	—
修车修理	8	8	—
修炮厂	1	1	—
造币厂	1	1	—
其他	13	8	5
总计	108	96	12

说明：原资料中有自来水厂 2 家，电厂 2 家，前已有所述，故省略。

资料来源于易熙吾主编《桂林市年鉴》“特载（一）”，1949 年版，第 27—28 页。

我们再来看广西省政府的统计（见表5-23）。

表 5-23 桂林一般工厂损失统计表

（价值单位：千元国币）

类别	间数	损失值
粮食工业	6	421238
纺织工业	4	9819147
建筑工业	4	2973582
教育用品工业	4	44762
化学工业	25	8877765
机器工业	66	641220

续表

类别	间数	损失值
电工器材工业	4	53516
金属冶制工业	—	—
交通器材工业	4	24500
燃料工业	4	4358
印刷工业	11	7935
总计	132	22868023

资料来源于广西省政府统计处编《广西省抗战损失调查统计》，1946 年版。

两相比较，我们不难发现其中的差异。桂林市政府的统计分成了16类，工厂总数仅108家；广西省政府的统计却只分为11类，工厂总数竟有132家。表5–23中所谓的粮食工业指碾米而言，建筑工业则指锯木和砖瓦两项，燃料工业即所谓酒精，纺织工业则包含了被服与纺织两项，而印刷工业的统计又完全相同。最主要的差别就在表5–23中的化学工业与机器工业两项，在表5–22中根本找不到这么多家与之对应的工厂。何以会产生24家厂的差别呢？从统计时间上看，桂林市政府统计时间为1945年10月，广西省政府的调查统计在1945年8月到11月进行①，相差不大。但是，桂林市的调查是以民营企业为标准，而广西省政府的调查则包含了公营企业。查《广西年鉴》第三回载沦陷前桂林有24家公营工厂②。如此，则数字出现差别就不难理解了。

各类工厂在沦陷期间都受到很严重的损失，下面将其中的几类予以介绍。

机械制造业。桂林从事机械制造的工厂有数十家，在日军大举入侵的情况下，有的因缺乏运输工具，有的因缺乏搬迁费用，大都遭到日军的破坏。至1947年，“桂林仅有7家私营从事继续修理的小厂恢复生产，有107名职工，2.59万元国币的资本”③。

电器业。桂林的电工器材厂在抗战时期的大后方中占有重要的地位。不仅规模大，而且生产的产品质量高，在军事和社会生活中有着重要的用途。其中电工四厂是桂林最大的企业，有职工800余人，主要生产中小型电机和变压器，设备有100公斤汽锤1部，刨床、钻床、冲床各10余部，还有剪床、锯床、磨床、圆剪机、自冲槽机、电焊机、绕线机等；翻砂设备有5吨熔铁炉1座，四节轻便式熔炉1座，大小烘型

① 参见白日新：《广西抗战损失调查经过》，载广西省政府统计处编：《广西省抗战损失调查统计》，1946年版，第1页。

② 广西省政府统计处编：《广西年鉴》第三回，1948年版，第607—608页。

③ 颜邦英总纂：《桂林市志》中册，中华书局1997年版，第1606页。

炉各1座，3吨行车1部；动力设备有500马力、150马力、45马力柴油发电机各1部。中央无线电器材厂有职员206人、工人736人、警员74人；占地1110多亩；设备有冲床14部、钻床38部、刨床18部、车床78部、铣床5部、压模机3部、绕线机25部、锯木机2部、其他设备31部；动力设备有100匹马力蒸汽引擎1部、45马力煤气引擎3部、40千伏安发电机2部、64千伏发电机1部；年产发报机500部，收音机2000部，手摇发电机1200部，航空发射机与收录机各50部，电动发电机400部，小型内燃机20部，浇波器100具，电表100支，无线电话机26部，还生产无线电元件。这些工厂在沦陷期间所损失的情况，据《善后救济总署广西分署业务总报告》称："抗战期间沿海各省相继沦陷，各地工厂相继迁来200余户，其中桂林一地所设者占三分之一强。民国33年敌陷本省，各厂相继西迁，因工具缺乏，迁至金城江独山之器材无法再行内迁，均遭损失。估计达7千吨。"自此之后，电工器材在桂林成为空白①。

冶金业。桂林钢铁厂1943年建成，资本600万元国币，有厂房9座，5吨炼铁炉1座，U型直立铁管式热风炉4组，50马力蒸汽机1部，月产灰口铁150吨，沦陷时该厂随之毁灭。桂林君武机厂在抗战期间生产大量的农用机械，仅1942年就生产打稻机998架、玉米脱粒机100架、红薯切蔓机100架、洋犁10架、离心制糖机18架、榨糖机4架、榨油机1架、中耕器1架，其产品销往省内外。桂林沦陷时该厂的设备大都被毁坏。民众生活和生产所必需的用品，只能依靠小作坊进行生产②。

建材工业。抗战时期桂林成为西南大后方，人口骤增，大量修建住宅和市政设施，促进了建材工业的迅速发展。机制砖厂有4家，水泥厂有1家，员工816人，占从业人员的48%。建于北郊的广西企业公司水泥厂是抗战时期全国仅存的10个厂家之一，机制"得胜牌"等4种铭文耐火红砖，是当时建材的名牌产品之一。1944年11月桂林沦陷，房屋被烧，工厂设备无法转移而被毁，窑工逃难他乡，建材生产停顿③。

食品工业。民国时期桂林的"三花酒"驰名省内，从业人员达320余人，年产三花酒325吨。桂林沦陷时，大部分糟坊无法迁移而被毁④。

棉纺织业。桂林的棉纺织业历来比较发达。1939年6月，广西省政府与中央合资在桂林创办第一所公营纺织厂——广西纺织机械厂，分纺纱厂、织染厂和纺织机械制造厂三部分。纺纱厂有棉纺锭5000枚及清花、梳棉、并条等配套设备，有印度式纺纱机336台，年产棉纱196.541件。1940年9月，广西省政府在桂林市设立广西工业试验所

① 颜邦英总纂：《桂林市志》中册，中华书局1997年版，第1609页。
② 颜邦英总纂：《桂林市志》中册，中华书局1997年版，第1623—1630页。
③ 颜邦英总纂：《桂林市志》中册，中华书局1997年版，第1729页。
④ 颜邦英总纂：《桂林市志》中册，中华书局1997年版，第1835页。

纺织示范场，有电动力新农式纺纱机3组共500余锭。生产棉纱、粗布，开发产品，并为各县纺织手工业培训人才。1944年11月桂林沦陷，示范场的机器来不及抢运，全部损毁①。

可见，缺乏运输工具及运费是造成工厂财产损失很重要的因素，那么，到底又是什么原因使运输工具及经费缺乏的呢？日军对铁路线的封锁无疑是最重要的原因。湘桂铁路是抗战爆发后为打通西南交通线才开始修建的。1942年，全线的机车共106辆，牵引总数为1366吨；货车1127辆，载重量为33122吨；客车169辆，载客容量积为9885人②。1944年8月衡阳失陷后，通往南面和西南面的列车基本上阻隔在桂林以北。广西境内的运力本来就十分紧张，日军的侵略及严密封锁，使湘桂铁路的运输能力大为减弱。在这种情况下，工厂转移时要想借助铁路的力量就成为一件非常困难的事。同时，日军的封锁还直接引发了大后方的物价上涨，使工厂企业的经济实力下降，从而无法有效地调集运力转移物资设备。早在1942年，桂林各工厂生产所需要的原料物价就较战前增长了10倍左右，甚至生铁及废铁也增加了7、8倍。物价的增长导致工厂企业预算加大，不敢接受远期订货，担心产品成本不易控制。由于既非订货制造，又造成产品积压，使资金周转不灵。当时，商业资本畸形发展，其利润高于工业资本，工业投资者对此裹足不前③。这些，都在很大程度上制约了工厂企业面对日军军事打击时的应变能力和逃生能力。而国民政府军队紧急调动征用各种车辆，也进一步加剧了运力的紧张。日军逼近桂林时，“甚至连笨重的物资和给养，还得士兵亲自背着行军”④。另外，国民政府内部的腐败以及由此所导致的社会秩序混乱也使工厂企业失去了转移的机会。知情人回忆说：

> 即使有钱，交通工具也越来越难得到，因为当时只有少数中间商人，利用各种名义——如工矿调整处——领用车皮，而以每吨三万至六万的运价出让至金城江或独山。有的甚至不要运费而讲折账。或三七分，或四六分，甚至于五五分的都有。

---

① 颜邦英总纂：《桂林市志》中册，中华书局1997年版，第1782页。

② 广西省政府统计处编：《广西年鉴》第三回，1948年版，第1041—1042页。

③ 秦柳芳：《抗日战争时期桂林市工业调查》，载政协桂林市委员会文史资料研究委员会编：《桂林文史资料》第十辑，1986年版。

④ 曹福谦：《湘桂黔大溃退目睹记》，载中国人民政治协商会议全国委员会文史资料研究委员会编：《文史资料选辑》，第四十九辑。

他还说道，在转移的过程中，即使能够挤上车，也要被路警勒索：

一天没吃东西，肚子已饥咕；衣服扎在行李里，天又是那么冷，然而我们又不得不忍耐，不得不行于轨道上寻找机会。一个路警愿意为我们设法上煤车，但是三个人要三万块钱，行李钱不算。好容易讲好了二万四连行李在内，这才由他带我们去上车①。

综上，则桂林的工业及公用事业的损失合计达24390429千元国币，其中工业损失颇为严重，占到整个广西此项损失的三分之二以上。此后，桂林作为西南经济中心的地位不复存在，工业化的进程大为延缓。

（五）合作社直接财产损失

合作事业是中国近代社会发展的一个奇葩。它虽然兴起于西方资本主义国家，但在半殖民地半封建的中国似乎发展得更为兴盛。广西在抗战时为全国的大后方，合作事业也得到快速发展。到1941年5月时，广西已有互助社4923处，社员156592人；农民借款协会3896处，会员87329人；合作社有8462所，社员341760人②。由此可见广西合作事业发展异常迅速之一斑。后来，由于日军的入侵，包括桂林在内的广西合作事业蒙受了巨大损失。但在抗战胜利后的损失调查中，对合作社的损失统计不是特别细致，统计结果出来也较晚，因而未能计入广西抗战损失内③。我们今日仍可见到这一损失数据，但这个数据并没有地区之分，因而必须结合其他资料来估测桂林的损失。

先看广西合作事业损失数据（见表5-24）。

表 5-24 广西各级合作社及其社员财产损失统计表

业务分类	损失时价值
农业生产	33660344
工业生产	5380350
消费	2802262
信用	923916
总计	42766872

资料来源于广西省政府统计处编《广西省抗战损失调查统计》，1946 年版。

---

① 陆联棠：《桂林疏散记》，载政协桂林市委员会文史资料研究委员会编：《桂林文史资料》第五辑，1984年版。

② 《桂省合作事业发展异常迅速，全省拥有社员五十八万余人》，《大公报》（桂林版）1941年5月27日。

③ 广西省政府统计处编：《广西省抗战损失调查统计》，1946年版，第75页。

表5-24原有说明指出，统计表是根据各县县政府填报综合而得，合作社本身的直接财产损失，仅占本表35%，其余65%系社员损失，已包含于人民财产损失之内[①]。这说明表格中的数据并不能当成广西合作社的财产损失数据，而必须乘以35%才是损失的数量。如此，则得出广西全省合作社损失。为了计算桂林合作社的财产损失，我们查阅了广西省政府统计处编印的《广西合作事业统计》，从中可了解广西合作事业发展的状况。由于书中缺乏桂林沦陷前夕的统计数据，只能以1942年12月31日统计的数据为基准来推算桂林合作社遭受的直接财产损失。在整理分析过程中，我们只以桂林合作社社股金额占受损失县份的社股金额比例来计算损失量，而并非依据合作社个数之比来计算。同时，抗战期间，天河、东兰、崇善等20个县的合作社未受损失，其社股金额也从广西总量中除去。通过整理，我们可以得出以下一个关于桂林社股金额与广西受损县份社股总额的对比情况，见表5-25。

表 5-25 桂林社股金额与广西受损社股总额的对比表

类别	桂林（元国币）	广西（元国币）	百分比
农业生产	1600	187697	0.85%
工业生产	16350	524451	31.20%
消费	175750	119262	39.1%
信用	5495	858544	0.64%

资料来源于《广西合作事业统计》（二十七年至三十一年）。

由此，我们得知桂林在广西受灾县份农业、工业、消费以及信用四类合作社的总额中所占的比重，将表5-25中广西损失数据分别乘以35%和桂林所占的百分比，就可得出桂林合作社之直接财产损失数量，如表5-26所示。

表 5-26 桂林合作社直接财产损失统计表

（价值单位：千元国币）

业务类别	损失时价值
农业生产	100140
工业生产	587534
消费	383686
信用	2070
总计	1073430

由此，我们得出了桂林合作社在沦陷期间的直接财产损失是1073430千元国币。

① 广西省政府统计处编：《广西省抗战损失调查统计》，1946年版，第75页。

这一数额并不十分巨大，而且根据桂林受损状况，可以推知这一数据是相当保守的。

表5-26中所说是“损失时价值”，而这些损失大部分是在1944年8月后紧急大撤退时发生的。根据《广西年鉴》的记载，当时的物价指数为42083.00[①]，而我们所研究的数据统计时间多为1945年10月，而这时的零售物价指数为178342.94，约为1944年8月的4.237倍，如此，则将损失时的1073430千元国币换算成1945年10月的币值，为4548123千元国币。

这些损失既包括合作社组织的资金，也包括各行业的物资产品及设施，其中以物资产品为大宗。

桂林的机关团体和民众在抗战时期所遭受的直接财产损失，基本上是按部门和行业来进行统计的。我们在原有统计资料的基础上，做了一些新的补充和细化。通过比较各部门及行业的损失，可以从一个侧面了解日军的侵略意图及其实施的结果；另外，通过比较各部门及行业的损失，对桂林后来的社会发展走向也会加深认识。

---

① 广西省政府统计处编：《广西年鉴》第三回，1948年版，第730页。

第六章　抗战期间桂林的间接财产损失

战争如同飓风、海啸一样，具有巨大的破坏力。近代以来的战争使用了先进的武器，同时它不仅仅是为了摧毁对手的军事设施，更重要的是为了摧毁他们的生产设施和文化设施，因此，带来的危害性尤为严重。日军在侵略桂林的过程中，既给桂林人民造成了非常严重的直接财产损失，也造成了非常严重的间接损失。表面上看，许多代价是中国政府或民间组织、团体的一些行为所导致的结果，而事实上，这些行为都由日军的侵略所引发，是不得不付出的代价。因此，无论从哪方面来说，他们都应当为这些损失负责。

从桂林的实际出发，我们着重对难民救济及疏散转移、防空等方面的间接损失进行论述。其他方面的损失，仅在统计表中反映。

一、救济难民所付出的代价

（一）桂林是抗战时期难民非常集中的城市之一

难民是战争的产物，有战争必然会有难民，这是具有普遍性的一条历史规律。抗战爆发后，日军大举入侵中国，国民政府军队抵抗不力，大片国土沦丧，民众被迫逃离家园，漂泊四方。当时广西是大后方的一个组成部分，桂林是广西省府所在地，也是著名的历史文化名城和岭南的经济中心之一，社会发展程度相对较高，同时又处于湘桂铁路线上，因此，大量的难民流落到这里。桂林在抗战中后期所处的特殊地位，使之成为难民非常集中的城市之一。因此，自然成为难民悲惨命运的见证者和承载者。

1.桂林是较早接纳难民的城市

武汉会战以后，沦陷区的难民就开始不断地来到桂林。据统计，到1938年底止，由振济委员会安排的垦荒难民，桂林有500人[①]。政府未能安置的难民，纷纷通过各种途径自谋职业以维持生存，或者利用交通线两旁的荒地种菜和种玉米、红薯、高粱等旱地作物，或者利用当地人口集中，便于做生意的有利条件摆地摊、开商铺。1939年4月2日的《新华日报》报道说：难民在桂林经商的现象比较普遍，“火车站旁的小商店，便是他们所开设”。部分难民往来于上海和桂林之间，“甚至还有人去上海买婚服来桂林结婚，只有那些逃难逃穷了的难民，还依赖难民收容所过日子，每天大人两角，小孩一角五分的生活费”[②]。从1937年七七事变到1939年11月桂南战役爆发前，桂林是相对安全的城市，也正因为如此，这里成为最早接纳难民的地方。桂林的难民之所以规模大而且集中，与这种背景不无关系。

2. 桂林是抗战中后期难民数量增长很快的城市

随着战局的发展，西南和西北地区的许多城市都有难民涌入，但是，桂林却是难民数量增长较快的城市。对此，只要将广西境内的几个城市做一比较就会看得很清楚。《广西年鉴》第三回统计资料显示，桂林1944年的人口数几乎是1937年的四倍，同时期的柳州人口增长了约两倍，梧州、南宁等城市的人口数则变化不大[③]。桂林的人口增长之所以如此迅速，显然是难民涌入所导致的结果，因为人口的自然增长在短短的七八年时间内无论如何都不可能达到四倍。1945年，桂林的人口一下较上年减少了245086人，这种减少显然也与抗战胜利后难民的大量回归有着直接、密切的联系。

3. 桂林是难民结构很复杂的城市

抗战初期，桂林的难民既有数以千万计随国民政府及其军队败退而来的普通百姓，也有一批批内迁的国营和私营工厂、企业的职工，还有流亡到桂林的上千名文化人，其中包括200多位著名的作家、诗人、画家、音乐家、科学家、教授、学者等[④]。后来，日军的两次入侵，又使数以万计的当地民众失去家园，成为难民。另外，太平洋战争爆发后，南洋各国的华侨不堪忍受日本的侵略，不得不扶老携幼，转辗道途，经越南、香港、广州等地进入广西境内，总数达十万人以上。桂林是他们寻找的主要避难所之一，1942年至1943年，广西13个华侨招待所（站）共接待回国华侨115330人，其中桂林招待所接待25708人，约占全省接待总数的22%[⑤]。1942年6月5日，疏散

① 沈霍春、陈禾章：《中国战时经济志》（中国战时社会生活），1941年版，第6页。

② 秋江：《今后的难民救济工作》，《新华日报》1939年4月2日。

③ 广西省政府统计处编：《广西年鉴》第三回，1948年版，第181—182页。

④ 《中共党史资料专题研究集：抗日战争时期（一）》，中共党史资料出版社1988年版，第134页。

⑤ 向大有主编：《广西通志·侨务志》，广西人民出版社1994年版，第118页。

到桂林的缅甸华侨就有8000人[①]。这就是说，抗战时期桂林不仅有来自国内各地的难民，也有来自海外的难民，难民的社会地位和职业存在着很大的差别。这种复杂的难民结构，给政府和社会各界的安置及救济增加了很大难度。

4. 桂林是难民化程度很高的城市

桂林是日军重点打击的对象，从1937年12月起，日军飞机就连续不断地对桂林进行狂轰滥炸，整个市区变成一片焦土，全城的民众几乎都失去了家园，沦为难民。如此高的难民化程度，为全国所罕见。

（二）桂林难民的悲惨境遇

桂林的难民主要产生在抗战的中后期，此时国内的经济形势进一步恶化，而日军的侵略则进一步加剧，因此，难民的境遇非常悲惨。

1. 长途跋涉丢失财物，身心备受摧残

桂林的难民开始大都经由湘桂铁路线而至，企业职工和机关团体人员虽然是有组织地疏散，但是由于日军的进逼和桂林各种条件的限制，这些难民在向桂林疏散的过程中，不仅丢失了大量的财物，而且身心也受到了很大的摧残。1944年的豫湘桂战役是日本在抗战后期发动的规模最大的一次战役，中日双方都投入了大量的兵力，战争过程异常惨烈。难民随着战场向南推进越来越多地涌向桂林。据载：7月初，由湘桂路涌来了一大批难民，他们是由长沙、衡阳等地来的。“开始逃难的时候，也许还有几个钱，但一逃再逃之后，到桂林时就一无所有了”[②]。9月14日，国民党将领陈牧农擅自将守卫全州的部队撤走，使日本侵略者轻易地占领了全州。“由浙江、江西、广东、湖南逃来的老百姓一点也没有歇足喘气的机会，他们不得不继续拖儿带女扶老携幼地向广西内地逃走”“人走不动横卧在公路中间，后边的人就踏在倒下去的身子上走过去了，有时先倒下去的人将后者绊倒，一连倒下几个，这是常有的事。难民的脚肿得很大，就用破棉花包着，像骆驼似的，举得高高的，左摆右摇地走着。大人小孩饿死在路上，死后肚子却膨胀得大大的像一面鼓。父不能照顾子，夫不能照顾妻，我走我的路，你走你的，虽至亲骨肉，不能料理一下后事”[③]。桂林人目击着长沙、衡阳、曲江等地疏散来桂的狼狈情形，在他们的心理留下了一个恐怖的印象，他们不愿走，但又不敢不走。车站上挤满了难民，“每一列车到达，不管三七二十一，都蜂拥而上。车厢里、车顶上、车底下亦均住

① 颜邦英总纂：《桂林市志》上册，中华书局1997年版，第70页。

② 古曼：《在疏散的日子里》，《新华日报》1944年7月12日。

③ 曹福谦：《湘桂黔大溃退目睹记》，载中国人民政治协商会议广西壮族自治区委员会文史资料研究委员会编：《广西抗战亲历记》，1987年版，第133—134页。

人，每一车卡住四层人：车底一层，车厢一层，放行李斜板一层，车顶一层，车行时在车顶及车底者常有跌下摔死者……”[①]“桂军放弃桂林时，湘桂两省难民随着败军夺路而逃，人马相互践踏，父母子女不能相顾，走不动的难民均被日军追至集体屠杀……”[②]

2. 居无定所，食无果腹

难民人数的迅速增多使桂林这座城市不堪重负。1944年9月5日，国民党将领林虎在重庆对媒体说：“衡阳吃紧时，桂林空气曾一度紧张，人民大部疏散，惟因湖南难民纷纷入桂，人口仍达四十余万”[③]。数以万计的外地难民在桂林举目无亲，会馆成为他们栖身之所。桂林靠近湖南，湘商在桂林有较大的势力。因此，当时“湖南会馆里住满了难民，连会馆附近的骑楼也睡满了人”[④]。事实上，能在会馆里找到栖身之地的难民已经非常幸运，大多数的湖南难民只能在铁路、公路两旁搭建起简易的茅棚栖身，有的甚至只能宿在露天里。至于其他省区的人因在桂林举目无亲，他们的处境比湖南难民还要艰难。当地的难民熟悉地形，躲藏在附近的山洞里，虽然能在一定程度上防止日军的侵害，但是由于山洞里缺乏食物，很难生存。战争使农业生产无法进行，粮食产量急剧下降，1945年春，桂林一带出现了严重的饥荒，饿死的人随处可见。西门外的民房里，人死后都无人收尸[⑤]。市区的街道旁，难妇为了让孩子活命，不得不将其出卖。在战乱的社会环境里，难民自顾不暇，只能听从命运的摆布。“不少人将自己的亲生儿女忍痛含泪抛弃在公路上，任其为车马践踏或饥饿而死，呼亲觅幼的哭声，令人不忍闻睹”[⑥]。

3. 缺医乏药，任凭疾病侵害

难民经过长途艰苦的跋涉来到桂林，体质早已虚弱不堪，他们患上了各种各样的疾病却得不到及时的治疗。另外，在战争时期，他们又不得不聚居在非常恶劣的生活环境里，传染病因此蔓延开来，数以千计的患病者增加了经济负担，加剧了生活的贫困化。

---

① 李徵：《日本侵略军第二次进攻广西的片段回忆》，载中国人民政治协商会议广西壮族自治区委员会文史资料研究委员会编：《广西文史资料》第十六辑，1983年版，第213页；第215页。

② 陶菊隐：《孤岛见闻——抗战时期的上海》，上海人民出版社1979年版，第267页。

③ 方仁元等主编：《中华民国史史料长编》第64册，南京大学出版社1993年版，第983—986页。

④ 古曼：《在疏散的日子里》，《新华日报》1944年7月12日。

⑤ 黄梦年、巢威：《日军进犯桂林记》，载中国人民政治协商会议广西壮族自治区委员会文史资料研究委员会编：《广西抗战亲历记》，1987年版，第81页。

⑥ 李汉冲：《一九四四年“桂柳战役”》，载中国人民政治协商会议广西壮族自治区委员会文史资料研究委员会编：《广西抗战亲历记》，1987年版，第77页。

4. 被军警地痞肆意勒索欺凌

1944年9月桂林紧急疏散时，人口与物质多，运输工具少，秩序遂大乱。“掌握汽车及船只者亦均乘机勒索，反动军警及流氓均在火车站、汽车站、船码头大肆活动，勒索者有之，盗窃者有之，甚至抢劫者亦有之。到处是一幅悲惨之流民图，当时有人谓桂林之紧急疏散集辞典上罪恶黑暗汇之大成，诚非过语……”[①]负责守卫桂林的士兵借疏散之机在城内搜刮民财，将难民来不及拿走的东西如衣服、鞋子、被子等拿到自由市场上去卖[②]。土匪对逃至山区的难民进行抢劫，地痞和黑心商人哄抬物价，火车票、汽车票等黑市交易盛行，由桂林到平乐，平时的票价只有160元，此时卖到1000 ~ 2000千元，一只没有篷的小艇包用一次，两三天的水路，起码就要五六万元，大一点的非十万元不行。桂林驿运站船舶总队主任卢述和他的下属在两天内就贪污勒索几百万[③]。一张“风也吹得动的家常饼”售价居然为30元[④]。各地的联防队、团总等也通过勒索难民中饱自己的私囊。这些，使难民雪上加霜，苦不堪言。

5. 不断遭到日军飞机轰炸

大量难民聚集桂林之时，也正是日军飞机对桂林进行轰炸最猖狂之际。他们虽然四处躲藏，但是却无法找到真正的安身立命之所，处境极为艰难。不论是国内还是海外的难民，都曾把桂林作为自己避难的场所，但他们没有料到，抗战的中后期，由于日军侵略的加剧，桂林成为主要的战场之一，他们依然承受着巨大的痛苦。

（三）政府和社会各界在桂林安置和救济难民的举措

难民的不断增多加剧了社会的动荡，危及抗战大后方的稳定。因此，中国和广西各级政府以及社会各界采取各种措施，对难民进行安置及救济。

1. 设立专门的机构，制定有关的规程，把加强对难民的管理作为重要的工作

1938年12月，桂林设立难民管理处，至1939年5月，共收容流亡难民1200余人[⑤]。1939年，广西省设立振济委员会，并要求各地也设立相应的机构。桂林由于是省会所在地，同时也是当时难民最集中的地方，因此，先后设立了4个与难民救济有关的机

---

① 李微：《日本侵略军第二次进攻广西的片段回忆》，载中国人民政治协商会议广西壮族自治区委员会文史资料研究委员会编：《广西文史资料》第十六辑，1983年版，第213页；第215页。

② 覃戈鸣：《抗日时期桂林大火及沦陷经过》，载中国人民政治协商会议广西壮族自治区委员会文史资料研究委员会编：《广西文史资料》第二十辑，1984年版，第121页。

③ 古曼：《在疏散的日子里》，《新华日报》1944年7月12日。

④ 陆联棠：《受难的人民——桂林疏散记》第四节，载政协桂林市委员会文史资料研究委员会编：《桂林文史资料》第五辑，1984年版，第98页。

⑤ 李荣典主编：《临桂县志》，方志出版社1996年版，第567页。

构。其中，桂林难民管训处有职工14人，桂林市振济会有职工7人，桂林难民工场有职工14人，桂林市空袭紧急救济联合办事处有职工66人[①]。各机构对自己的工作职责都做了明确的规定，如“广西省振济会桂林难民管训处组织规程”规定：该处设主任1人，承省振济委员会之命综理全处事务；设总干事3人，办事员2至5人，办理具体的安置及救济难民的事务；设中医师1至2人，办理医药卫生事务。这些人员都由省振济委员会呈请省政府委任，雇员则由主任雇用[②]。广西省各界共37个单位在桂林发起成立救济归国侨胞委员会，除中央和省属的机构团体外，其余大都为桂林市所属，如社会部桂林社会服务处、红十字会桂林分会、暨南大学同学会桂林分会、桂林市商会、桂林市银行公会、桂林市记者公会等。同年4月10日，该委员会改称广西省紧急救济归国侨胞委员会。该会不仅规定了各部门的工作职责，还规定了具体的工作步骤和方法。半年之内，该会的救济工作取得了较突出的成绩，“所有过境的侨胞已全部资送回籍，技术员工与侨生亦大部介绍就业及入校，招待所滞转送难民收容所收容者，为数极少”[③]。桂林当时所处的特殊地位使较多的难民组织机构设在这里，它们所开展的工作，为难民的安置及救济工作提供了重要的保证。1938年12月，桂林县设立难民管理处，至1939年5月，共收容流亡难民1200余人。1945年下半年，临桂县政府发给被遣送过境的505名外籍难民每人200元，共10.1万元，另救济境内灾民5547人，发出救济款445.76万元[④]。

2. 在难民通行的主要路线上设立招待站（所），帮助他们渡过难关，到达相对安全的地方

振济委员会代委员长许世英1944年12月在中枢纪念周报告办理湘桂难民救济情形谈道：衡阳坚守时期，难民多沿湘桂铁路输送入桂，“衣食住均感困难，乃令第十救济区于祁阳零陵等地设立临时救济站，接洽车辆运送至桂。到桂后，连同原在桂省难民责成第九救济区会同广西省政府、省振济会妥速办理。原设南岳衡之儿童救养所，同时迁桂复转黔，沿途并抢救战区难童”[⑤]。当时，鉴于沦陷区的难民大量地向桂林方向转移，为了使他们逃出危险境地，免受日军的屠杀和蹂躏，政府和社会有关团体在全州总站通往桂林的路上设立了两个分站、三个招待所，最北为咸水招待所，由北向南，咸水招待所距界首招待所30里，界首招待所距兴安分站30里，兴安分站距溶江

① 广西省政府统计处编：《广西年鉴》第三回，1948年版，第1327页。

② 广西省政府：《广西省政府公报》，1942年9月第1483期。

③ 广西省紧急救侨委员会：《半年来之广西救侨工作》，载《救侨工作》1942年。

④ 李荣典主编：《临桂县志》，方志出版社，1996年版，第567页。

⑤ 方仁元等主编：《中华民国史史料长编》第64册，南京大学出版社1993年版，第1657—1658页。

招待所50里，溶江招待所距灵川分站30公里，灵川分站距桂林54里[①]。当难民由沦陷区来到这些地方时，招待站（所）的人员为他们提供歇息的场所，对其进行安慰，同时，对那些在逃难中丢失了财物、一无所有并患有严重疾病的难民，招待站（所）还提供必要的食物、衣物和药物。另外，鉴于太平洋战争后难侨人数不断增多，便于管理起见，根据振济委员会的指示，还专门设立难侨招待所，负责回国难侨的登记及救济工作[②]。桂林的华侨招待所是当时广西境内最大的一个招待所，该所对经由桂林出入境的华侨提供了一定的帮助。由桂林出入境的难侨，招待所除发给生活费外，还发给3日的旅差费。从1942年3月至9月，桂林招待所为难侨支付的招待费为1.4万元[③]。

3. 通过各种途径筹措资金，帮助难民维持生存，并发展生产，实现自救

抗战中后期中国的国土进一步沦丧，社会经济形势进一步恶化。桂林作为此时难民集中的城市之一，承受着巨大的经济压力。为了有效地筹措难民救济资金，首先是积极地争取政府的财政支持。1944年，国民政府两次共拨付2000万元，用于难民的安置及救济。该资金分三期拨付，用于桂林难民安置及救济的主要是第二期的资金[④]，政府的资金在当时难民安置及救济中所发挥的作用无疑是最重要的。其次是动员机关团体为难民募集资金。如1942年5月至8月，桂林市各机关团体为难民捐助的资金共932200元，其中桂林市党部1700元，桂林市示范总工会19000元，广西自来水厂桂林分厂7200元，桂林市诊疗所1500元，广西公路管理局桂林区办事处15000元，桂林市税捐稽征局5100元，桂林防护团1600元，桂林市警察局32200元，桂林市政府建设委员会3000元，桂林市政府36500元，桂林中学25800元，桂林市卫生事务所、桂林市救侨义演会245000元，桂林女中8700元，桂林警备司令部10500元，桂林市银行同业公会500000元，桂林科学馆6400元，《扫荡报》桂林分社13000元[⑤]。再次是民间团体组织通过义展、义演等活动为难民筹集资金。如1942年4月，李宗仁夫人郭德洁在桂林主持举办救侨美术展览会，展出国画、油画、木刻、书法、浮雕、摄影等作品300多件，展览举办4天，得款2.49万元，全部救济难侨。同年10月11日，桂林专门召开筹募救济归侨捐款会议，会后举办了音乐会、球类义演等活动，所得的资金也全部用于救济难民[⑥]。政府机构团体和民间组织所募集的资金虽然不多，但是却表达了桂林社会

① 档案118全宗66案卷分卷，中国第二历史档案馆藏。

② 《三十一年振总字第130号》，载《广西省政府公报》1942年3月第1335期。

③ 广西省紧急救侨委员会：《半年来之广西救侨工作》，载《救侨工作》1942年。

④ 方仁元等主编：《中华民国史史料长编》第64册，南京大学出版社1993年版，第1657—1658页。

⑤ 广西省紧急救侨委员会：《半年来之广西救侨工作》，载《救侨工作》1942年。

⑥ 颜邦英总纂：《桂林市志》下册，中华书局1997年版，第3157页。

各界对难民的怜悯与慰藉之心，对稳定当时的社会局势起到一定的作用。政府和社会各界深知，使难民得到真正安定的办法，只有帮助他们恢复和发展生产，实现自救。因此，早在抗战爆发前夕，广西省振济委员会就在桂林投入18万元国币，成立难民工场，经营布鞋、毛巾、牙刷、纺织品等，安置难民100人。1942年，桂林难民工场改为难民工厂，资金增为78.7万多元①，扩大生产经营，以救济更多的难民。1939年，中国回民救国协会在桂林市西外街（今民族路民族里）创办了1所义民工厂，在草坪潜机村后山开辟灵枣农场，以解决部分逃难到桂林的回民和本地回民的就业问题，1944年工厂被战火焚毁，次年农场停办，数百名回民因此而失业②。政府还设立垦殖区安置难民，如设在桂林大中乡一带的“广西试办垦殖区”面积119300亩，可容垦民8480人，实际移垦人数为1721人；设在桂林马万正乡、铁沙墟、湖塘乡一带的“广西安徽巢县难民垦殖区”面积有2142亩，实际移垦720人③。当时，不论是难民工厂还是垦殖区，难民进入其中工作的并不多，主要的原因一是由于难民中属于工人和农民身份的不多；二是内流难民对当地的气候、土壤、耕作制度和社会环境等不习惯；三是认为政府的战时生产政策不利于民间发展生产。尽管如此，这些工厂和垦殖区的设立毕竟为难民提供了一线生机，其意义不容忽略。

4. 设立保育院和养老院，为难童和孤老提供生活基本保证

儿童和老人是难民中的弱者，他们所受到的战争伤害比其他人更为严重。为了使流落到桂林的难童获得基本的生活及学习保证，李宗仁夫人郭德洁利用自己的社会地位和社会关系，向国民政府赈济委员会游说，得国币10万元，于1939年11月1日在两江创办儿童教养院，建有简易校舍51栋（座），面积2.9万平方米，当年收容难童460多名，至1940年11月，教职员达79人，共收养全国15个省份抗战中难童遗孤1600多人（其中广西582人），难童年龄最大15岁，最小6岁，按年龄编为9个大队（连），按文化程度分班教学④。“膳食每日三餐，晨7时进粥，正午12时下午5时吃饭，三菜一汤荤素各半。每月伙食费12元（包括伙食、医药职员薪金等全部费用）。至于衣的方面，每人领内外衣各两套，夹衣一件棉背心一件，一双胶鞋一双木屐及棉大衣一件”。1943年，由于战争的影响，难民由桂林转向贵州一带，保育院难童只剩下无父母亲照顾的300余人。12月4日，他们通过记者向社会反映：“我们虽然小，不懂得多少事，但是却很明白大家对于我们的关怀与爱心，更了解国家社会对我们有无限的

① 蓝志流主编：《广西民政志》，广西人民出版社1996年版，第120页。

② 颜邦英总纂：《桂林市志》下册，中华书局1997年版，第3189页。

③ 《中华民国统计简编》（1942年）第129页，档案6全宗221案卷，中国第二历史档案馆藏。

④ 李荣典主编：《临桂县志》，方志出版社，1996年版，第568—569页。

希望。”“在这兵荒马乱大家都在吃苦的时候，能安定的住在后方，不挨饿，不挨冻，而且还有人教我们读书学好……使我们弱小的心受到很多安慰，忘记了所受的痛苦。”另一方面，他们对新的保育院院长开除自己伙伴的决定表示强烈不满，并列举了目前保育院存在的种种问题，最后表示留在院里比到外面流浪没有人照顾强，呼吁政府和社会各界关注保育院的难童，继续创造条件让他们“在院里慢慢长大”[①]。1944年秋，桂林沦陷，该院西迁贵州遵义，1946年2月迁回桂林甲山复课。7月，该院改名广西育幼院。

为了收容社会上无依无靠的老人，1943年，桂林行政当局在溜马山和老人山之间的山窝里设立救济院，并规定由市卫生院负责该院的卫生和医疗工作。救济院的工作人员为5至6人，在院里接受救济的老人为60余人。1944年该院曾疏散，次年又重建[②]。

5. 为难民提供紧急援助，并创造条件让其在战后重建家园

在难民人数不断增多的情况下，桂林市政府每年都拨出一定的救济准备金，以备难民急需时能提供一些救济，1941年的救济准备金为35610元，1942年为101872元，1943年为240000元[③]。社会团体组织不仅为处于绝境的难民提供食物和衣物，还为战争中被炸死或因患病、饥饿而死却无人掩埋的难民提供丧葬费或棺木，如世界红十字会桂林分会同西南红十字联合会救护一队所提供的棺木就有300余具[④]。政府则把为难民提供战后恢复生产和重建家园的基本条件作为最重要的工作。1946年3月，广西省政府设立善后救济总署桂林办事处和桂林分署，于春夏期间拨米100长吨（1长吨等于2032斤）借给各区农民维持生活和从事生产。当年3月至9月，拨发急赈大米、面粉59.18万斤，受赈40583人，冬季发急赈现款405.69万元国币，受赈者1.3万人，拨发急赈大米65长吨，受赈26671人，拨借贷米20长吨，800户农民得到借款。1946年至1947年，4次拨给小学校舍修复款国币1.21亿元，赈米81长吨，建新教室、办公室、宿舍111间，教学楼12座，置课桌椅416套，拨款2500万元国币，协助建平民住宅2处7座136间，安置难民2700余人；拨给各种营养食品共979箱又159包，受赈2.97万余人；拨发棉衣被共1.79万件，受赈1.7万人[⑤]。1946年11月，善后救济总署广西分署拨给桂林市大米700吨，用于整顿城市卫生、修筑市建工程的工赈，受赈难民每人每天工作9小

① 方仁元等主编：《中华民国史史料长编》第62册，南京大学出版社1993年版，第733—734页。

② 颜邦英总纂：《桂林市志》上册，中华书局1997年版，第951页。

③ 广西省政府统计处编：《广西年鉴》第三回，1946年版，第1334页。

④ 颜邦英总纂：《桂林市志》上册，中华书局1997年版，第960页。

⑤ 颜邦英总纂：《桂林市志》上册，中华书局1997年版，第963页。

时，发粮2市斤①。

（四）桂林为安置和救济难民所付出的代价——战争损失不可忽略的因素

抗战时期，政府和社会各界为了安置和救济桂林的难民付出了沉重的代价，这些代价是判断战争损失的重要依据。

1. 增加了政府及社会团体组织的财政支出

抗战中后期，桂林成为日军打击的重要目标，各行各业的生产受到了严重的破坏，造成物质财产的重大损失，政府的财政收入急剧减少。在这种情况下，既要坚持抗战，又要对难民进行安置，使政府承受着越来越大的财政压力。上述资料显示，仅1943年的难民救济准备金就有240000元，市政府所属机构及中央驻桂机构或民间团体组织的捐款仅1942年5月至8月就有932200元，这还不包括救济难民的粮食、衣物的价值和设立农场、工厂、学校安置难民及其子女所需要的资金投入在内。政府对难民的救济通常通过救济机构来实施，这些机构大都为政府所设立。桂林由于是难民集中，因此救济机构数量多，并担负着非常繁重的任务，不仅需要有较多的工作人员，而且还要有较多的运作经费。即使是在抗战结束后，难民的遣送也使政府和社会各界承受了非常大的财政压力，见表6-1。

表 6-1 广西救济分署遣送难民统计

（1945 年 11 月至 1947 年 11 月）（经费单位：元国币）

起送地点	人数	铁路车费	公路车费	轮船费	民船费	步行	伙食费	合计
柳州	14790	274600	5830150	—	11099135	381500	11585500	29185675
桂林	9532	61200	62961449	—	4539700	936940	1855300	70364121
贵县	2654	—	1700960	6841410	—	515500	4978650	14039174
邕宁	474	—	—	—	707700	5000	—	713174
玉林	185	—	1382600	—	—	—	—	1382600
全县	1946	—	574200	—	—	313000	—	889146
梧州	5355	—	234000	11251800	—	916500	9707750	22115405
百色	57	—	—	—	147000	—	165500	312557
龙州	125	—	—	—	937500	—	396000	1333625
平乐	112	—	—	—	65000	—	116100	181212
融县	7	—	15000	—	—	—	4500	19507
贵阳陈继	1715	—	—	—	—	—	—	—
本省合计	35237	335800	72698359	18093210	17496035	3068440	28809300	140336196

说明：笔者改正了“合计”栏中的部分错误数据。

资料来源于蓝志流主编《广西民政志》，广西人民出版社1996年版，第144—145页。

① 颜邦英总纂：《桂林市志》上册，中华书局1997年版，第959页。

从表6–1中可知，此时桂林的难民人数不如柳州多（桂林沦陷后柳州成为难民的集中地，因为难民逃亡的方向是贵州、四川等地，柳州为西南交通枢纽，是难民逃亡必经之地），但是遣送难民所花费的经费却位居全省的榜首。这主要是因为桂林的难民结构复杂，遣送的地区广泛，批数多，遣送的方式不尽相同，因此，公路车费、民船费、步行费、伙食费等所占的比例就大大高于其他城镇。安置、救济及遣送难民无疑会进一步加大政府的财政支出，其结果势必影响到当地社会经济的发展。把管理成本与社会经济发展的关系结合起来考察，便可知损失程度非常严重。

2. 招致日军更猛烈地打击，使桂林的城市设施遭到非常严重的破坏

战争不仅是政治、经济和军事实力的较量，也是心理承受能力的较量。日军为了达到发动桂南战役和桂柳战役的目的，在不断加强对广西重要军事及经济目标打击的同时，也非常注重对难民集中的地方加强轰炸，以摧毁中国政府及民众的心理防线，迫使其屈服。通过分析当时日军的情报及中国的战况报道，不难看出日军的战略意图。早在1939年2月，日本的末次研究所就意识到以李宗仁为首的桂系集团与蒋介石为首的国民政府存在着尖锐的矛盾，发现桂军认为自己力量雄厚，“防卫广西，确属游刃有余”，惟防卫用款不足，要求中央政府应速拨防卫军费，并发现桂军语气“极为不逊”，蒋介石对此“极为焦虑”①。因此，日军力图通过加强对广西省会桂林的轰炸打击，加剧桂系集团与国民政府之间的矛盾。当时，难民主要集中在湘桂铁路和黔桂铁路线两旁和桂林市的郊区，因为如前所述，外省的难民大都沿着铁路线逃至桂林，而本地“民迫于经济力之不逮，往往仅疏散至临近乡间”②。抗战时期尤其是桂柳战役前夕，这些地方成为日军轰炸的重要目标。日军在桂南战役和桂柳战役中有着非常明确的针对难民的屠杀行动，这一行动与其打击广西境内的经济、政治及军事目标结合在一起，就导致了桂林的城市设施受到非常严重的破坏。驻桂的美国新闻处发表言论称：“中国无任何一城较此次桂林所遭受劫祸更甚者”③。抗战时期桂林的特殊地位使之成为难民的主要集中地，政府和社会各界为了国家和民族的利益不得不安置及救济难民，其结果却导致日军更沉重的打击，从而又导致了更严重的损失，这就是战争中的二律背反。

3. 促使物价进一步上涨，民众生活水平下降，经济负担加重

① 季啸风、沈友益主编：《中华民国史史料外编——前日本末次研究所情报资料》（中文部分）第67册，广西师范大学出版社1997年版，第69页。

② 桂林市文献委员会：《桂林沦陷杂记》，载易熙吾主编：《桂林市年鉴》，1949年版。

③ 《桂林光复特记》，载政协桂林市委员会文史资料研究委员会：《桂林文史资料》第五辑，1984年版，第137页。

抗战中后期，全国各地的物价都出现了上涨的趋势，相比之下，在四个西南省会城市中桂林的物价是较高的，见表6-2。

表 6-2 1943 年 7 月至 1944 年 12 月西南省会城市物价比较统计

（单位：斤 / 国币）

时间	重庆			昆明			贵阳			桂林		
	面粉	猪肉	煤	面粉	猪肉	炭	面粉	猪肉	煤	面粉	猪肉	煤
1943.7	8.5	22	126.1	30	45	600	12	23	51.8	13	30	97.5
1943.12	22	52	207	62	72	850	21	50	250	26	56	320
1944.1	27	51	233	65	75	950	25	55	262.5	28	56	360
1944.7	45	120	470	90	210	1950	52	90	360	72	102	320

资料来源于《资源委员会公报》，第 7 卷第 2 期，第 36—39 页。

1944年9月5日，国民政府在重庆举行参政会，桂系集团的将领林虎在回答记者的提问时，认为难民的大量涌入确实是使桂林物价迅速提高的重要因素，他说：衡阳吃紧时湖南难民纷纷入桂，桂市“油盐两项，有供不应求之象……致盐每斤涨至五十六元，油每斤涨至九十六元。农民以每石仅七百余元之米，易如此高价之油盐，力不逮可知，此乃亟应救济之问题”①。1946年2月，桂林的大米由每斤1.5万元涨至2.6万元，次年，猪肉由1月的每斤2.4万元涨至8月134.11万元②。战争时期只能保证大多数人最低限度的生活需求。物价迅速上涨，使民众的生活难以维持。物价上涨的因素很多，而难民人口的大量流入无疑是其中之一。从难民运动加剧通货膨胀这一角度来考察桂林的抗战损失，仅关注民众因货币贬值所丧失的财产价值是远远不够的，更重要的应关注政府和社会各阶层为修复金融信誉体系所必须支付的高昂的社会成本。显然，这种成本在短时期内很难清还。

4. 减少了民众就业的机会，制约了本地社会经济的发展

抗战时期，桂林市政府和社会团体组织积极采取措施帮助难民发展生产，实现自救，这对难民无疑是有利的，但是却对本地民众的就业带来了不利的影响。因为当时桂林的市场容量并不大，难民的就业往往意味着本地民众的失业。另外，在战争条件下，通货膨胀现象越来越严重，银行不愿意为企业提供贷款，尤其是中、长期贷款。迁桂企业与四联总处有着较为密切的联系，在生产的过程中能不断地获得一些贷款，

① 方仁元等主编：《中华民国史史料长编》第64册，南京大学出版社1993年版，第983—986页。

② 颜邦英总纂：《桂林市志》下册，中华书局1997年版，第3270—3271页。

而本地的企业要想获得贷款却越来越困难。内迁工厂及其难民为大后方带来了较先进的技术，如果他们在抗战结束后能留下来继续从事生产，那么就会弥补当地企业及工人停业、失业所造成的损失，但是由于广西遭受日军两次入侵，工业生产力发展所需要的环境极度恶化，外迁工矿企业基本上没有留下来。这对后来广西社会经济的发展带来了非常不利的影响。

二、防空及疏散损失

早在全面抗战爆发后不久，桂林就建立了专门的防空组织或机构，从1937年至1944年，这些组织机构主要有：

桂林空袭紧急救济联合办事处。1937年6月17日成立，由广西赈济会邀请桂林城各机关团体参加，负责办理被炸难胞救济事宜，设问事处供民众咨询。

广西省防空协会。1937年8月在桂林成立。由省党部负责召集各有关部门、团体研究及处理防空的事宜。1941年12月又成立防空协导委员会，设总干事1人，干事3至5人，由地方有声望的绅士任主任委员，承办有关事宜。

广西省防空指挥部。1938年4月成立，下设情报科、民防科、电台等机构，负责空情监视、发布警报、城防救护等事务。

广西省战时民众教育委员会。1938年11月由省政府组建。设专职委员8人，负责倡导、普及民众防空袭的教育。

广西战时民众服务团。1937年8月成立，团员包括城区工、农、商、学各界1000余人。按团员住址分编30个组，协导防空事宜。

广西省防空宣传委员会。1937年成立，由广西省党部、省政府、广西省抗敌后援会、妇女抗敌后援会等机关组成，任务是扩大防空宣传。

桂林民众疏散委员会。1937年成立，设总务、警卫、宣传、卫生、工程、交通、调查等组，有委员8人，任务是承办桂林居民的疏散及防空工事构筑。

桂林市防空设计委员会。1941年5月成立，有委员23人，任务是按计划领导市区增辟防空岩洞。

此外，还有桂林防空处、防空疏散委员会等机构。据历史资料记载，这些组织机构成立后，制定了《防空须知》《战时迁移妇孺办法》《民众避难所规则》《桂林市空袭避难证实施办法》等条例，设立警报台，发放汽笛、警钟等器材，负责对全城的灯火进行管制，查处城内的奸细等，并组织民众开挖防空岩洞。仅1941年新开和修整的岩洞就有94处，可容市民10万多人，加上原有的160多个，桂林的防空洞达250多个[①]。这些工作对加强广西尤其是桂林的防空能力起到了一定的作用，被炸伤亡的人数与战争初期相比有所减少，但是政府和社会组织等却必须付出大量的人力、物力和财力，尤其是防空设施的建立，耗资巨大。不断新开和修整防空岩洞，完全是由于日军侵略所逼迫的结果。虽然桂林有大量的山洞可用于防空，但是从市区到山洞之间往往有一定的距离，要想在空袭警报发出后就让民众能顺利地进入其中躲避，必须修筑最基本的道路，同时，还要保证能够通风换气。当时的民团组织在开辟和修整防空洞的过程中发挥了较大的作用，各地民团根据政府的指令，组织民众开展防空设施的建设工作，由于这一工作是按照桂系集团所制定的“三自政策”（自治、自卫、自给）的原则来进行的，所有的支出都由各地的民众自行承担，因此，这方面的损失情况没有反映在政府的统计中，但这种损失却是一种客观存在，谁也无法否认。直到今天，我们面对可容纳总数10万人以上的大大小小的250多处防空岩洞，都无法想见这场战争对桂林的自然资源和社会资源造成了多么巨大的耗费。另外，设立如此多的防空组织及机构，使政府和社会团体组织的工作人员增多，管理成本也相应增加。广西战时民众服务团1000余人，仅工资支出一项就相当可观。按战前委任职员最低工资每月55元计算[②]，该服务团的工作人员月工资支出就达55000元。其他防空组织机构的专职工作人员大都为政府部门的要员，他们每月的工资通常为数百元，若把这部分也估算在内，则月工资总额无疑超过10万元（战前国币）。桂林独秀峰顶上安装了电动报警器，并建立了房屋、瞭望台以及高射炮台，各防空区域也安置有警报器及配套的设施，这些设施同样加大了政府和民众的支出。1940年，广西省振济会为桂林空袭紧急救济联合办事处、桂林市防护团、桂林医院等发放救济费1500多元[③]；1941年，广西省政府为充实桂林的防空设备，特拨款3900余元，饬令市防护团购置药箱、药械[④]。后来还在漓江下游龙门村设重伤医院1所，专门收治被空袭重伤病人。这所医院至当年11月底已收治病人100余人，还要发给治疗者伙食费和补助营养费[⑤]。总之，防空使政府和民众都增加了

① 颜邦英总纂：《桂林市志》上册，中华书局1997年版，第1170—1172页。

② 民国时期，一般文职人员实行俸给制，以国币计。特任为1级，月支800元；简任有8级，1—4级每月差额40元，5—8级，每级差额30元，第8级为每月430元；委任有16级，1—4级每级差额20元，5—8级每级差额10元，9—16级，每级差额5元，第16级为每月55元。见颜邦英总纂：《桂林市志》上册，中华书局1997年版，第1019页。

③ 广西省政府统计处编：《广西年鉴》第三回，1948年版，第1335页。

④ 《大公报》（桂林版）1941年7月20日。

⑤ 分别参见《大公报》（桂林版）1941年8月9日、11月30日。

负担，而导致这些负担出现的根源显然是日本发动的侵略战争。

桂林沦陷前夕，各机构、团体、企事业单位等都被迫地进行紧急疏散，由此而造成的损失应是间接损失的又一重要内容。1944年6月27日，广西省政府根据战局的发展，发布了第一次疏散令，9月8日，市城防司令部发布了第二次疏散令，三天之后，即11日又发布了第三次疏散令，并限在14日正午前所有的市民都要疏散完毕，违者严惩不贷。在两个多月的时间内，机关、团体、企事业单位要疏散出去是比较困难的，尤其是第三次疏散的时间仅有三天，根本来不及做有关的准备工作，至于一般的民众，疏散时更是惊慌失措。在战争环境下，即使能疏散出去，物资财产也会遭受很大的损失。这些损失至少包括以下几个方面：一是运费。如前所述，当时不论是铁路、公路还是航运，交通工具都非常缺乏，疏散物资财产的运费必然十分昂贵。二是因拆卸机器设备而出现的损耗或产品无法正常销售而出现的贬值。现代化的工矿企业设施既庞大又复杂，在拆卸转移的过程中，零部件的破损和丢失在所难免。如果路途遥远且曲折，则破损和丢失的现象会更严重。现代企业的产品需要有广阔的市场，若市场失去或缩小，企业的发展就会严重受挫。三是遣散费。这笔费用主要由国有企业政府机关向职工支付。四是差旅及保护费。尽管铁路和公路受到了很大的破坏，但人们为了早日逃离战区，大都沿着交通线往柳州和贵阳方向疏散。途中，由于社会治安状况非常恶劣，单位和民众除了支付吃、住等费用外，还需要请人充当保护者，也就是说，还需要交纳保护费。这种现象并非个别，而是具有普遍性。民众物资财产的疏散完全由自己负责，有关的损失政府缺乏统计。机关、团体、企事业单位的疏散费，通常应包括上述内容。据档案资料，桂林凤北区北上二街国民学校疏散费为160000元（国币，下同）[①]。该校是桂林市的一所普通国民学校，若以这一疏散费作为参照系，则桂林的10所国民中心学校的疏散损失应至少为1600000元。湘桂铁路员工子弟学校等企业办的学校共有9所，这些学校大都随企业转移，这些学校的规模与国民中心校大致相同，而且由于为企业投资，设施较普通国民中心校要好一些。若仍以凤北区北上二街国民学校的疏散费作为参照系，则企业办学校的疏散费应约为1440000元。村街国民学校共有57所，其中设于各街的有23所，设于各村的有34所。前者大都进行了疏散，虽然每校因疏散而造成的损失低于国民中心校，但是由于其数量多达23所，因此，损失总数仍然较大。若以每所的疏散费为普通国民中心校的一半即80000元估算，则23所的损失数应约为1840000元。几者合计约为4880000元国币。事实上，有些学校是多次疏散的，如桂

① 《桂林市各区国民中心学校抗战期间财产损失统计》，全宗号01目录号1案卷号1044，桂林市档案馆藏。

林中学先是由市区迁至城郊的良丰，再由良丰迁至临桂县的会仙乡和永福县的罗锦乡，后又将重要财产迁至义宁和龙胜县。国立汉民中学、省立中山中学等也曾多次疏散。这些学校的损失应高于普通的国民中心校。

桂林图书馆等为了使重要的典籍不落入日寇之手，在桂林沦陷前及沦陷中辗转多次。前面我们已对疏散过程中图书资料损失的情况进行了介绍，其实，运费及差旅费的支出是构成该馆财产损失的又一内容。10人租用6艘船将图书资料从桂林运到昭平到底需要多少钱，由于资料缺乏我们无法了解，但是根据旁证资料可以肯定十分昂贵。第166师参谋长曹福谦回忆说，当时的运输能力是一种非常紧缺的社会资源，“甚至谁要有运输能力就可能引上一位十七八岁的姑娘做老婆。”[①]此话的比喻尽管不够文雅，但却是道出了实情。

可见在这种情况下，桂林图书馆能租用6艘船已实属不易。桂林至昭平航线里程196公里，至平乐118公里。至昭平的运费显然要比平乐高，保守的估计6艘船的租金不会少于80万元。1940年5月起，桂林图书馆每年的经费仅为7.6万元。以后随着物价的上涨有所增加。1944年7月部分员工和图书疏散至昭平，与省政府失去联系，经费断绝，员工靠做小生意维持生计[②]。将这些数据和事实结合起来分析，就可知桂林图书馆疏散过程中，运费一项的支出实在太大。这种损失固然有许多中国社会本身的因素（如物价无序上涨等），但是日军的侵略却是最重要的诱发因素，也就是说，正是日军的侵略加剧了桂林图书馆的间接损失。

工矿企业的间接损失主要是向职工发放的遣散费。根据资源委员会的规定，企业的每个职工若被遣散，应有三个月的薪金（米贴除外）[③]，国民政府行政院1944年11月2日颁布《复员期间后方区民营工厂被裁工人处理办法》进一步明确指出，“被裁之工人，一律由资方按照（民国）34年8月份之工资及津贴额，发给三个月之遣散费。”[④]抗战时期的桂林是大后方工业的中心之一，工矿企业云集，其中不少是资源委员会所属的企业。在战争环境下，企业的赢利困难，积累非常有限，遣散费的发放使许多企业失去了发展的机会和能力，这种损失虽然是间接的，危害却很大。另一种间接损失是企业被迫将其产品廉价销售。具体有两种情况，一是部分企业根据市场变化规律囤积一些产品，希望等到有可能升值时再销售。日军逼近桂林时，为了减少损

① 曹福谦：《湘桂黔大溃退目睹记》，载中国人民政治协商会议广西壮族自治区委员会文史资料研究委员会编：《广西抗战亲历记》，1987年版，第134页。

② 颜邦英总纂：《桂林市志》下册，中华书局1997年版，第2850页。

③ 李中玉：《疏散声中离桂林》，《新华日报》1944年8月11日。

④ 《资源委员会公报》第9卷第6期，第15页。

失，只能廉价将其出售。疏散期间人们发现，“平时不容易买到的东西现在都可以买到了”，甚至“以前踏破铁鞋无觅处的火柴，现在满街都是了，而且还比限价便宜”[①]。二是企业的产品因在转移过程中受到破损，不得不将其贱价处理。资源委员会运务处1945年9月报告说，桂柳会战期间，存放在金城江、六墟等地的锡被焚毁，另外金城江至东江之间铁路上及至宜足村铁路桥下车辆中，还各存有熔化成块者500余公斤[②]。这些锡产品后来都降价销售。若重新提炼，每次须交化验费2000元[③]。这些都会给企业造成新的损失。

抗战时期的疏散是非常痛苦和凄惨的过程，不论是机关、企业还是个人，都在精神和物质财产上付出了沉重的代价，这些代价使社会的发展进程受到了制约。

因被迫疏散，生产部门停产，这种损失同样非常严重。以商业为例，抗战时期，桂林的杂货店有270家，日军的进犯使这些商店纷纷关门。1940年，桂林的饮食业中，仅筵席馆就有77家之多，其中较有名气的有嘉陵川菜馆、美丽川菜馆、广东酒家、大三元等。沦陷后，这些筵席馆大都停业[④]。对外贸易方面，战前桂林出口的货物有桐油3000担、牛皮1210担、米8600担、生油2000担、黄糖4000担、花生麸1万担、粗纸4000担、三花酒800担、桐麸7000担、红瓜子500担[⑤]。桂林沦陷期间，出口贸易全部停顿。工业、农业以及其他生产行业在日军大举入侵的情况下也都被迫停产。这些损失在政府的调查统计中没有反映，但是其造成的实际后果却不能忽略。因为停产既中断了社会财富创造的过程，也造成了大量的失业人员，使不稳定的因素滋长，社会管理的成本因此又有所增加。

三、间接损失的基本估计

（一）机关团体财产的间接损失

按照当年广西省政府统计处的调查与整理，桂林市机关团体的间接损失情况如表6–3。

① 古曼：《在疏散的日子里》，《新华日报》1944年7月12日。

② 《资源委员会公报》第9卷第3期，第54页。

③ 《资源委员会第三区特别矿产管理处收回民间散锡给奖办法》，载《资源委员会公报》第10卷第3、4期合刊，第48—49页。

④ 颜邦英总纂：《桂林市志》中册，中华书局1997年版，第2066—2078页。

⑤ 广西统计局：《广西省各县出入境大宗货物概况》，1934年版。

表 6–3 桂林沦陷期间机关团体间接财产损失统计表

（价值单位：千元国币）

类别	价值
迁移费	1861063
防空费	1052659
疏散费	1089373
救济费	786324
抚恤费	476771
总计	5266190

资料来源于广西省政府统计处编《广西省抗战损失调查统计》，1946 年版。

从表6–3中我们可以看出，从1944年8月桂林疏散至1945年9月日军投降这一段时间内，桂林分别支出迁移费、损失费、疏散费、救济费等相关名目的各项间接损失达50多亿国币。

但事实上，早在全面抗战爆发后不久，桂林就有了防空费、救济费项目的支出。抚恤费主要发给因抗击日寇而牺牲的将士或因公殉职的机关、企业人员。政府也是从抗战爆发后不久就开始支出这笔费用了。此外，国民政府《优待出征军人家属暂行办法》还规定，出征军人家属因贫穷不能自给时，每年给予救济稻谷300斤；死亡不能埋葬时，由村街长代为安葬；患病无法医治者，由医院或医务所免费诊治；老弱幼稚、单独无依、无家可归者，由县和乡镇设抚养所收容养育。显然，这种救济是针对军属的，与前面论及的难民救济不同。表6–3所反映的只是桂林沦陷期间机关团体的间接损失，而并未能反映企业及个人的间接损失，更未能反映整个抗战时期全市的间接损失。我们在列举表6–3的数据之前，之所以要对一些间接损失的情况进行介绍，目的就是说明，间接损失不仅存在，而且非常严重。由于间接损失涉及的面比较广，损失的程度也比较难把握，因此，我们只能尽量提供一些具体的事实，以供人们从不同的角度进行判断，相信这对促进桂林抗战损失问题的研究会有所帮助。

（二）合作社间接财产损失

民国时期的合作社包括生产合作社和消费合作社。1940年，桂林建立生产合作社16所，消费合作社3所及保险、信用、公用等合作社。1941年，各种性质的合作社发展到100所，社员2054人①。合作社的间接财产损失，同前述直接损失一样，历史资料

① 颜邦英总纂：《桂林市志》中册，中华书局1997年版，第2101页。

中只有关于广西总损失的数据。这一数据在《广西省抗战损失调查统计》一书中被列为“其他”一类标出，具体如表6–4所示。

表 6–4 广西合作社间接财产损失统计表

（价值单位：千元国币）

类别	损失时价值
迁移费	226119
防空设备	27421
疏散费	95387
救济费	46612
抚恤费	16869
生产减少	2237536
盈利减少	1058535
总计	3708479

资料来源于广西省政府统计处编《广西省抗战损失调查统计》，1946 年版。

由于表6–4的数据仅是广西省的，还需要折算方可得出桂林的损失数据。按照当年资料记载，这一数据本身尚包含有一部分人民财产的间接损失。而对于人民财产的间接部分我们尚未计算，因而可以考虑不予除去，仅计算桂林所占比例即可。细察表格，可发现生产和盈利减少两类占了间接损失的绝大部分。鉴于桂林当时的工业生产和商业已相当发达，而且工业商业相对于农业产出要高，在合作社经济中占据着主导地位，因此，我们有理由认为桂林合作社的间接财产损失应不少于广西的1/3，即不少于1236160千元国币。

当年的广西抗战损失调查者们认为，广西在抗战期间所动员的人力物力财力的间接财产损失当与直接损失相等甚至更多。如今，我们得出的桂林的间接损失数据仅为6502350千元国币，只占直接损失额的5.02%。可见，似有许多间接损失没有计入其中。尽管我们知道这与历史的实际情况存在着很大的差距，但是限于历史资料，目前只能做出这样的回答。

因此，我们对抗战时期桂林所受到的间接损失的估计，实际上只是利用一些新的历史资料对战后的调查资料进行调整与分析，由于当时的间接损失统计仅限于机关团体，而且项目仅限于疏散、防空、救济等方面，这就使我们的估计工作不可避免地存在着较大的片面性。但是新发掘和整理的资料毕竟为当时的统计提供了一定的历史支持，而且，这些资料所呈现出的间接损失程度，也为我们认识抗战时期桂林的损失总体情况提供了一定的参照系。随着时间的流逝和历史见证者、知情者逐渐消失，研究这一问题的难度会越来越大，所以，当务之急是要进一步发掘和整理有关的历史资料，并在此基础上根据物价、生产量、管理成本等因素对间接损失的影响进行深入研究。

桂林沦陷期间，机关团体和合作社的间接损失分别为5266190千元国币和1236160千元国币，总计为6502350千元国币。从损失的量来考察，机关团体的间接财产损失为合作社的4倍多。机关团体的财产相对集中，其物品也相对具有较高的价值，故其损失量大于合作社是无可非议的。但是也不排除由于机关团体有较严格规范的管理制度，当时的调查统计人员对损失情况了解较全面，而合作社由于分散，且多为民营，调查统计人员对损失的情况难以有效掌握的因素，这些因素会造成合作社损失统计的缺失，从而导致与机关团体损失量的差别。在机关团体的间接损失中，以迁移费、疏散费、防空费等为大宗，说明这些损失多发生在日军侵入桂林之前，是为躲避日军侵害所造成的损失，损失的地点既包括城内也包括城外；而合作社的损失则以生产赢利减少为主，说明这些损失多发生在日军入侵桂林之后，是因为停产或停业而造成的损失，损失的地点主要是在城内。了解这一点，有助于我们判断桂林抗战损失在时间和空间上的分布，也有助于我们判断其特点及性质。

第七章　桂林抗战损失的历史影响

在遭受日军侵略的各省份中，广西相对沦陷较迟，收复较早，但却受祸害很深、损失很惨重。桂林作为广西的省会，损失可谓居全省之冠。日军烧杀抢掠给桂林造成的极大破坏，导致大灾荒的发生，阻断了区域现代化的历史进程，摧毁了享有盛誉的“文化城”。

一、战后桂林大饥荒

1945年7月，中国大部分地区仍继续遭受日军的蹂躏，而桂林却得到了光复。由此算来，桂林第二次沦陷的时间前后共9个月。日军占领桂林的时间之所以不长，主要原因在于世界反法西斯阵营加强了对日军的打击，同时，中国政府为了阻止日军向重庆的进犯，也在各地组织力量奋起反击。1945年4月，日军出动6万多人进攻湘西芷江机场，被中国军队包围追歼，弃尸4000多具后溃逃。日本大本营被迫收缩湘桂沿线的兵力，将主力转用于华中和华北。5月，日军开始在广西收缩据点，7月撤离桂林。中国军民随之展开了英勇的追击战，日军为了摆脱中国军民的追击，采取先发制人的手段，集中优势兵力分别突破中国军民的围堵，中日双方在桂林城郊区多次展开激战，在此过程中，桂林又一次遭到了战火的摧残。

在战火不断燃烧的情况下，生产被迫停顿。因此，战后出现非常严重的灾荒。灾荒使社会经济秩序受到了进一步的打击，加重了民众苦难，自然也就使损失进一步增加。

（一）灾荒实况

光复初期，返回桂林的民众把原藏匿于岩洞的物资搬运出来，同时，又从大圩运入一些粮食，勉强可以维持民众生活。但随着返回的民众日益增多，残存粮食逐渐告罄，而仓库过去受日军掠夺无存，无法抽拔济荒。

据有关资料记载，桂林各仓库损失粮食情况如表7-1。

表 7-1 桂林市政府清理沦陷后各级仓储粮食损失统计

（单位：斤）

区别	仓数	原存数	损失数	现存数
三合区	1	35895	35895	0
八桂区	6	50400	50400	0
培义区	9	3580	3580	0
合计	16	89875	89875	0

资料来源于易熙吾主编《桂林市年鉴》“财政”，1949 年版，第 21 页。

从表7-1中可以看出，桂林市这3个区的16个仓库的8万多斤粮食损失殆尽，一毫无存。由于1945年未能及时种植粮食，所以只能设法到外地调拨，但在战争的摧残之下，桂林附近地区也已基本上无粮可以救济，临近桂林的湖南边县反而到桂林附近各处购粮。

严重的粮荒制约了生产的发展。正常情况下，农业的恢复比之其他行业要容易些，但是，由于日军入侵时，沦陷区的民众被迫长时期疏散，有的竟长达八九个月之久，导致大量的土地荒芜。虽然有的地方群众并没有撤走，但在日军大肆抢掠及破坏之下，也无力恢复生产。据统计，当时广西沦陷县份荒废的土地约占耕地总面积的80%。为了帮助农民尽快地恢复生产，广西省各级政府曾采取了积极的措施。例如，1946年成立冬令救济委员会，募集赈款5106780元，分发贫苦及受灾农民，第一次每人1000元，第二次每人600元，共赈受灾农民2358人；以500万元作为以工代赈方式救济农民，每人每日发500元；将救济分署拨发面粉赈济灾民，每人每日发给面粉和白米6两，计赈人数5200人；由救济分署拨给1000万元，作为小本贷款，贷给农民购买[①]。尽管如此，农业生产的元气还是很难恢复，粮食产量与战前相比仍存在着很大的差距，民众的生活异常艰难。《桂林市年鉴》的一段记载真实地反映了当时的情况：

> 本市自（民国）33年11月沦陷，34年7月光复后，农村遭此浩劫，多趋没落。全市九区，除八桂、培义、凤北、东江各区大部分属工商区外，其余……均为农民……农村虽然土地分配平均，但遭此劫，全都破坏，耕地未能全部恢复，又缺乏耕牛、种子、肥料、农具等，房屋亦多破坏，又需修理，故农民受困于生

① 易熙吾主编：《桂林市年鉴》“农林与畜牧”，1949年版，第1页。

活，终日经营，三餐都未果腹[①]。

灾荒造成了一种非常凄惨的社会景象："饿殍载道，街头及近郊有无数遗骸无主收埋……至贫苦民众婴孩无力抚养，而遗弃道旁者，亦屡见不鲜，情殊可怜"[②]。尤其是附城两区更甚，饥民各占该区人口十分之四，一部分以芭蕉根充饥[③]。"举目望去都是惊心动魄的一幅幅饥民图，因绝粮而病死者有之，受不起饥饿而自杀者有之，懦弱者卖儿鬻女，无力觅食，只有挨饿等死；强项者结队抢食，造成社会普遍不安"[④]。

桂林周边的灾荒同样非常严重。通过新出版的地方志，我们能够很清楚地了解当时灾荒情况。例如

灵川县：1946年5月至9月，县境粮荒、瘟疫流行。民众以草根、树皮充饥[⑤]。《中央日报》的记者是年11月的调查发现，灾荒造成粮食奇缺，全县死亡8684人，病83684人，缺衣者7830人，为广西重灾县之一[⑥]。

临桂县：1945年，"全县粮食减产六七成，次年春夏间出现饥荒，乡村绝粮户达十之八"，"饥民7万多人，死亡97人。县府向大户筹集稻米33万斤，国币200万元救济，仍无济于事。后呈请桂林救济分署和广西救济分署共拨面粉262万斤，大米148万斤，猪肉、豆类74箱，奶粉、炼奶、奶水314箱（桶），国币930万元进行救济，其中所拨大米6万斤是碎米、霉米，不堪食用，县参议会曾代电申告"[⑦]。

荔浦县：1946年，"全县大饥荒，饥民以野生植物充饥者达3万人，各乡饥民集中荔浦求赈者达2000余人，又加疟疾流行，当年全县饿、病死而达3000余人"[⑧]。

永福县：1946年春，"由于上年遭受日军践踏，民不聊生，以至造成次年发生粮荒，百寿县[⑨]大路两旁田中长满蒿草。城乡群众成群结队到山间寻蕨菜、石蒜、草根充饥。""全县6万人口有5万以上靠山薯、野菜充饥，不少人被饿死。"该年出现严重的粮荒，全县"有10198户，59008人缺粮，20000余人绝粮。县政当局分配种子贷

---

① 易熙吾主编：《桂林市年鉴》"农林与畜牧"，1949年版，第4页。

② 《广西通志·民政志》，广西人民出版社1998年版，第94页。

③ 《广西日报》1946年4月11日，第4版。

④ 广西省救济运动委员会编：《广西在饥馑中》，1946年版，第9页。

⑤ 廖江主编：《灵川县志》，广西人民出版社1997年版，第131—133页。

⑥ 《桂北灾难未了》，《中央日报》1946年11月7日。

⑦ 李典荣主编：《临桂县志》，方志出版社1996年版，第19、566页。

⑧ 莫如梁主编：《荔浦县志》，生活·读书·新知三联书店1996年版，第10—11页。

⑨ 当时的县名，后合并于永福县。

款100万元（当时每百斤大米4.5万元），面粉6千斤，营养罐头11447瓶，桂林救济分署亦拨大米10万斤，用于复修桂林至百寿公路，作为以工代赈，缓解粮荒”[①]。

平乐县：1946年“清明节后，吃草根树皮的人，一天多过一天，截至目前止，山上的蕨根、土茯苓等可充饥的东西都绝迹了，人们遭到的灾难已达极点。按四月间调查，绝粮人数九万一千五百四十人”，而该县当时总人口为17.6万人，绝粮人数超过该县总人数的一半以上。

战后桂林及其周边地区所出现的持续性灾荒，使农业生产力受到了进一步的破坏，农产品及手工业品更为匮乏，物价因此迅速上涨。粮食部门的统计表明，1937年桂林白米每百斤零售价为国币6.63元，1942年上升为289.59元，5年间上升42.68倍，1945年进一步上升到4035.67元，比1942年又上升近13.94倍[②]。到了1947年，米价的上涨速度更快，见表7–2。

表 7–2 1947 年 1 月至 1948 年 3 月桂林市米价

时间	每市斤米价平均（单位元）	以 1947 年 1 月为基价增加之百分比（%）	时间	每市斤米价平均（单位元）	以 1947 年 1 月为基价增加之百分比（%）
1947 年 1 月	433	1	1947 年 2 月	732	69
3 月	656	51	4 月	732	69
5 月	946	119	6 月	1966	354
7 月	1086	150	8 月	1200	200
9 月	1433	230	10 月	1883	334
11 月	2166	432	12 月	3500	708
1948 年 1 月	4166	860	1948 年 2 月	8166	1786
3 月	12233	2702	—	—	—

资料来源于《广西日报》（桂林版），1948 年 5 月 12 日。

桂林周边的临桂县，白菜、猪肉、牛肉、鸡蛋、糖、土布等农副产品的价格也迅速上涨。见表7–3。

表 7–3 1943 年至 1947 年临桂县庙头墟 13 种商品市场价格

商品种类	1943	1944	1945	1946	1947
白菜（斤）	0.50	0.70	—	—	—
猪肉（斤）	200	205	250	300	500
牛肉（斤）	100	150	200	210	300

① 潘健康主编：《永福县志》，新华出版社1996年版，第647页。

② 《广西通志·粮食志》，广西人民出版社1994年版，第135页。

续表

商品种类	1943	1944	1945	1946	1947
鸡蛋（斤）	0.60	0.80	0.90	—	—
盐（斤）	0.70	0.80	0.90	—	—
片糖（斤）	100	150	180	230	300
晒烟（斤）	300	350	400	500	600
柴（担）	120	140	250	330	500
煤油（斤）	120	160	180	210	280
棉布（尺）	200	204	210	340	400
土白布（尺）	100	120	130	150	210
官兰布（尺）	180	190	210	240	360
火柴（盒）	0.20	0.40	0.80	0.90	—

资料来源于李典荣主编《临桂县志》，方志出版社 1996 年版，第 446 页。

可见，桂林及其周边地区所发生的全面而持续性的灾荒带来了一系列的恶果，这些恶果使民众的苦难进一步加重，损失也进一步加大。可以这样说，抗战结束后的几年是桂林社会生产发展最缓慢的时期，也是民众生活最悲惨的时期。历史上，桂林及其周边地区的灾荒曾多次出现，但是，危害如此严重的灾荒却非常罕见。这不能不引起人们对战争与灾荒关系的深入思索。

（二）灾荒探因

战后桂林及其周边地区的灾荒之所以如此严重，既有自然的因素，也有人为的因素。当然更多的还是人为因素中的战争因素。

1. 日军的入侵和破坏所导致的重大损失是根本原因

桂林有着很优越的农业生产环境。其市区濒临桂江两岸，土壤肥沃，气候非常适宜农作物的生长。市区面积虽然不大，抗战时期却曾容纳60万人口，且食物供应能满足需要。战后出现严重灾荒，完全是日军的入侵破坏所导致的结果。如前所述，日军在侵占桂林期间，抢夺了大量的粮食，使民众无法保证基本的生活，加上他们对民众进行疯狂的屠杀和欺压，迫使其逃离家园。在这种情况下，农业生产就受到了很大的影响。必须指出，日军的两次入侵对各地的农业生产都造成了普遍的破坏，其中对桂林的破坏尤为严重。

第一，日军在对桂林农业生产进行破坏的过程中，重点地区的选择与其军事目标有着密切的关系。抗战中后期，日军的战略方针是打开大陆交通线，而桂林又是大陆交通线的必经之地。在战线已经拉得很长的情况下，日军必须集中兵力作战。这种战略方针，决定了交通线两侧的地区，成为日军掠夺和破坏的重点。因此，桂林及其周边地区的农业生产，在日军入侵期间所遭受的破坏最严重。如果说广西的农业生产在民国时期比过去有所发展的话，那么，桂林及其周边各县基本上就代表着本地农业生产的最高水平。日军破坏了这些地方的农业生产，也就等于动摇了广西社会经济的基础。广西成为西南大后方的重要组成部分后，其社会经济的发展对维持全国的抗日战争有着重要意义。反过来说，它的动摇自然又会影响到大后方的稳定。这一时期，物价不断上涨的原因固然很多，而日军对桂林农产品和农业原料的大量掠夺、破坏无疑是极重要的原因之一。

第二，日军分不同阶段对广西的农业进行破坏，不仅阻碍了农业的正常生产，也加大了恢复生产的难度。日军第一次入侵广西是在1939年11月至1940年11月，桂南战役的战场虽然不在桂林，但是桂林地区却经常受到日军飞机的轰炸和日军的侵扰，农业生产无法顺利进行。日军撤走后，各地清理废墟，整治家园，恢复农业生产，刚有起色，日军于1944年9月至1945年7月第二次入侵广西。这时，桂林成为主要的沦陷区，在这种情况下，桂林的农业生产处于非常艰难的状况。表面上看，日军入侵广西总共只有两年左右的时间，而事实上，从1939年至1945年，桂林的农业生产都因战争而被迫中断或受到制约。农业生产需要较长的周期，这种间隔性的破坏所带来的危害要比短时期的破坏要严重得多，因为它会使农业生产的各种因素萎缩乃至消失。这些因素一旦萎缩或消失，农业生产恢复的过程就要延长，困难就会增多。按当时广西的农业生产情况是早稻约于6月收割，晚稻约于10月收割。由于日军的侵略，桂林民众既不能收割，也无法耕种。这种情况持续几年之后，生产的凋敝就在所难免了，灾荒也就会紧随而至。

第三，日军在桂林大量屠杀耕畜，不仅使耕畜的数量大量减少，直接破坏了农业生产力，而且还破坏了农民家庭副业，影响了农产品的出口，从而加剧了民众生活的贫困化程度，促使灾荒的持续化。

第四，日军对水利工程的破坏使农业生产失去了基本的保障。例如1944年，仅灵川县被毁的水利灌溉工程面积就有14520亩，损失近半[①]。战后，缺粮、缺耕畜、缺农具等已经使民众的生产变得非常困难，而水利保障的缺失更是粉碎了民众的希望。当时，许多田地荒芜，主要的原因之一就在于民众担心自己的辛苦劳作得不到回报。他们虽然都懂得不耕种就不会有收获的道理，但是，当他们意识到在水利设施被毁，即

① 廖江主编：《灵川县志》，广西人民出版社1997年版，第736页。

便耕种也很难有所收获的情况下，只能选择放弃。这种被迫的放弃就在客观上加大了灾荒的严重程度。

第五，桂林的房屋在日军侵占期间几乎损失殆尽，房屋被毁使农民背上沉重的负担，正如民谚所言："房屋毁，几世赔"。战后，民众不得不把有限的财力、物力和人力用于建房或修房，以使自己不至于露宿野外。这样，生产的能力因此又受到很大的制约，灾荒出现的因素又进一步增加。可见，日军侵略是导致的重大损失是灾荒的最重要的根源。

2. 连年天灾导致的粮食歉收是桂林灾荒的重要原因

战后灾荒是整个广西乃至全国最普遍的社会问题。据统计，仅1945年一年，整个广西遭受水灾的有12县市，春涝2次，夏涝6次，秋涝3次，受灾面积达6.4万亩，遭受旱灾的则多达25县市，春旱4次，夏旱5次，秋旱11次，受灾面积5.89万亩，损失粮食8883.48万斤。1946年、1947年接着又发生各式各样的天灾。最主要的仍然是水灾和旱灾。其中1946年损失粮食达2832万斤；1947年的损失则高达11788万斤[①]。战后几年间，桂林及其周边地区的自然灾害也非常严重。民国《桂林市年鉴》记载曰：

> 自（民国）34年光复后，35、36年，突遭虫灾、旱灾和风水灾，产量不多，故35年中，稻产额才60690担，比之往年仅四成，其他农产亦受战后未复员影响，产量不多，均赖衡（阳）、柳（州）等地补给[②]。

1997年出版的《桂林市志》对当年自然灾害的严重程度做了更清楚的阐述，指出，1944年8月，桂林遭受了历史上少见的旱灾，"城区井、池、湖塘干涸龟裂。"次年旱情仍然十分严重，郊区的生产受到影响。1947年7月，全市出现虫灾，"稻出白穗，收成不足三成。"战后几年的风灾也频频袭击桂林市，其中1947年4月1日清晨，"狂风暴雨，声震山岳，如万马奔腾"，造成大量的人员伤亡和财产损失。1946年至1949年，桂林又连续遭受水灾的破坏，其中1949年6月27日的水位达147.23米，流量4840立方米每秒。"洪水猛涨，入夜为甚。桂花园、訾洲、萝卜洲大部分房屋只见屋顶，东区除东灵街（七星公园内）、准堤街（临江路）外，其余各大街小巷全部受淹……城区福旺街、东环路、文明路、竹木路、竹园街、文山码头、东腰街（滨江

① 《广西各市县历代水旱灾害纪实》，广西人民出版社1995年版，第423—448页。

② 易熙吾主编：《桂林市年鉴》"农林与畜牧"，1949年版，第4页。

路）、盐行街、驿前街等洼地亦成泽国”[①]。与此同时，在桂林市区周边的各县，旱灾、风灾、虫灾、水灾等并发，粮食作物收成因此普遍减少。

桂林的风灾和水灾通常发生在春季和夏季，这时正是农作物迅速生长的时期，其中部分农作物则是在收获的时期。水灾的频繁出现，使农作物无法正常生长，即使有些作物生长了起来，也无法使耕种者获得收成。水灾之后，尽管各地民众及时地进行了补种，但是旱灾和虫灾却又使农作物遭殃。连续的自然灾害又使政府的赋税减少，在社会经济恢复时期，政府的宏观调控往往起着决定性的作用。由于频发的自然灾害使民众无法维持基本的生存，因此，赋税也就无法交纳。政府没有基本的税收，救济能力大为减弱，生产的恢复也就非常困难。结果，又会使自然灾害加深。频繁的自然灾害迫使饥民不得不大量采食树叶、树皮或挖掘草根等，在一定程度上破坏了地区性的生态平衡。生态平衡的失调会引起环境恶化的反应。民众在恢复生产的过程中，不得不治理环境，因此，生产的成本大为提高，从而使灾荒难以在短时期内得到缓解。

3. 吏治腐败和国民政府“三征”政策加剧了灾荒程度

在灾荒严重的情况下，如果桂林市政府当局能够励精图治，采取积极的措施，可以减轻灾荒带来的损害。然而由于吏治腐败和国民政府为备战而实行的“三征”政策，使桂林的饥荒雪上加霜。

面临着连年的灾荒，桂林人民处于水深火热之中，然而却有一些官员贪赃枉法，大发灾荒财。据记载，桂林广西善后救济分署储运站粮食过磅发生了严重舞弊案，从柳州分署运来的赈粮竟然在过磅过程中短少1.5吨[②]。如此种种之类的腐败案件，一定程度上加剧了桂林灾荒的程度。不仅如此，国民党政府为支持内战，还在全国范围内实行大规模的征粮、征兵、征税的“三征”政策。桂林当然也不例外，这也进一步加重了灾荒程度。据记载，1946年，国民政府核定广西田赋征实为200万市石，征借为100万市石，后调减为50万市石，合计当年征实征借配征为250万市石。甚至同时还要在广西采购军粮，同年3月至9月的半年时间内，即配购军米8.74万大包[③]。1947年春，市政府一科员盗卖救济粮得款1亿多元[④]。由于广西各地的粮食被大量征购或被贪污，因而粮价大幅上涨，粮食缺口更加严重，也加剧了桂林灾荒的严重程度。

4. 战后繁重的城市清理及建设工作在客观上弱化了抗灾的能力，灾荒因此得以肆虐

① 颜邦英总纂：《桂林市志》上册，中华书局1997年版，第222—229页。

② 《行总磅秤舞弊案犯已看管，碎米案尚无下文》，《广西日报》1946年12月10日。

③ 《广西通志·粮食志》，广西人民出版社1994年版，第14、79页。

④ 颜邦英总纂：《桂林市志》上册，中华书局1997年版，第963页。

战后的桂林一片狼藉，惨不忍睹。据时人调查，当时全市“瓦跞垃圾尸骨，触目皆是”。因此，不仅要清除蚊蝇、灭虱虫，清洁饮水，还要清除路上的瓦砾垃圾污物，掩埋尸体。此外还要挖通沟渠，改善商店、菜场、机关、团体等卫生条件，以保证其能正常工作。1946年清除的垃圾有222516担，1947年有312203担，清沟渠909丈，掩埋无主尸体198具。这两年开展大规模的灭蚊蝇运动56次，卫生条件得到改善的店所有近400家。[①]在此过程中，政府和社会各界不得不投入大量的人力、物力和财力。由于机关团体和企业的人力、物力和财力都比较有限，因此，市政当局“饬令各区村街公所动员民众协助清理市区，整顿市容”。该项工作持续了三四年，而这正是灾荒非常严重的时期。作为当时的省会城市，桂林的确需要抽调大量的人力、物力和财力来清理废墟，恢复城市的基本功能。但是，在灾荒非常严重的情况下，这样做的结果势必弱化了抗灾的能力，使灾荒得以延续。

当然，战后桂林发生的灾荒是多方面原因造成的。上述原因中，既有“天灾”，也有“人祸”，“天灾”和“人祸”交织在一起促成了战后桂林严重的灾荒。其中，日军入侵和破坏而导致的损失应是其中最根本、最重要的原因。

（三）灾荒影响

1. 延缓了家园重建的进程，使桂林的经济发展水平出现了很大的反差

抗战前广西的经济建设取得了令全国瞩目的成就，桂林当时是全国最有经济活力的地区之一。虽然沦陷后遭到了重大的损失，但是日军从桂林撤走的时间相对来说比其他地区要早，加上桂林在第三次国内革命中基本上没有受到战火的波及。因此，从这几个因素来看，桂林有着重新振兴经济的有利条件。然而，由于战后桂林发生了严重的灾荒，广大民众无法恢复生产，重建家园，生产水平低于其他地区，见表7–4。

表 7–4 1946 年广西部分中心城市主要农作物栽培面积与产量

（单位：亩、担）

种类		桂林		苍梧		柳江		邕宁	
		面积	产量	面积	产量	面积	产量	面积	产量
水稻	早稻	2380	4980	363453	472489	188640	230120	80000	85000
	中稻	10080	20160	—	—	106500	270600	258000	300000
	晚稻	20259	40520	377250	377250	188640	169776	400000	800000
旱地粮食作物	荞麦	1235	521	3600	876	13079	3451	35282	9433
	玉米	870	522	—	—	28000	27300	97000	191000
	甘薯	1500	3000	20000	60000	11000	13200	62000	186000

资料来源于广西省政府《广西统计年报》，1947 年版。

① 易熙吾主编：《桂林市年鉴》“社会事业”，1949年版，第19—20页。

表7–4数据显示，抗战结束后，作为省会城市的桂林，农作物的种植面积及产量均远不如其他城市。这说明当时严重的灾荒确实制约了桂林的生产。由于桂林的生产水平远远低于其他城市，其经济恢复的进程大受影响。生产水平低势必影响到财政收入，在当时各主要城市中，桂林的财政收入相对是较少的。1946年，全市的财政收入为4.05亿元（当时的国币，下同），而支出为3.77亿元。财政收入用于经济建设的十分有限，日常的行政支出占了绝大部分①。1946年中央补助广西的财政为88.6亿元，占是年下半年全省财政预算的65.24%②。随着第三次国内战争的爆发，中央政府对广西财政支持能力日益减弱，而自救的能力又受到很大的限制，因此，桂林不断受自然灾害的侵扰。

2. 激化了阶级矛盾，引起了社会动荡

饥荒破坏了原有的经济秩序，带来了相当严重的社会问题。大量的农民、工人、商人和公务员失业，“一切生计，均成问题，统计全市人民除千分之一二因特殊地位，或职业关系，能应付当时环境生活之外，其余多数人，俱昏垫于水深火热态状之中”③。1947年2月，东附郭区绝粮孤老上门乞求政府当局给予紧急救济，但是如前所述，严重而持续的灾荒使政府的救济能力大为减弱，因此政府10天后只能答复“今后再说”，三合区的孤老、孤儿无法生活下去，要求政府批准进救济院，市长批示“无法解决”④。在这种情况下，抢劫、盗墓等犯罪现象出现上升的趋势。同时，卖儿鬻女现象也越来越普遍。为了争取基本的生存权利，社会各行各业的民众不得不举行示威游行乃至武装斗争。如，1946年3月5日，市区商人举行抗税大会，4000余人上街游行，迫使市长当场答应撤销所有的“报税辅导站”，缓征营业税、所得税、利得税。21日，东江区饥民到善后救济总署办事处和市政府请求救济。1949年3月28日，北站铁路工人罢工，以抗议铁路当局拖欠工饷。他们每人每月仅得十元（银圆），“万多名员工生活陷入绝境，苦得不能再苦了，有的数口之家，每日午饭晚粥，有的已经断炊”⑤。30日，广西大学师生员工1000多人，到中央银行桂林分行索取被长期拖欠的教育经费。该行由于迟迟不兑现学校3500万元的汇单，致使学校的教学工作中断⑥。4月18日，桂林中学教师秦强因饥饿致死，1000多名学生抬棺上街游行，为改善教师

① 颜邦英总纂：《桂林市志》中册，中华书局1997年版，第2405—2411页。

② 黎灼仁主编：《广西通志·财政志》，广西人民出版社1995年版，第46页。

③ 易熙吾主编：《桂林市年鉴》“特载（一）”，1949年版，第38页。

④ 颜邦英总纂：《桂林市志》上册，中华书局1997年版，第952页。

⑤ 《民声日报》1949年3月30日。

⑥ 《央行延不兑付汇票，西大学生坐催获款》，《广西日报》（桂林版）1949年3月31日。

待遇请愿①。因灾荒而导致的疾病也越来越多，1946年，仅桂林医院1家门诊免费治疗就37574人②，未能治疗的人数根本无法统计。战后仍有部分难民滞留桂林，仅1946年城区固定的难民就有1.5万人，政府为了减轻救济的负担，将其强行遣散。由于需要向其发放基本的粮食或路费，而政府能提供的条件又非常有限，因此许多难民遣而不散。是年被遣散回籍的只有680余人③。难民滞留在桂林，使生活资料和生产资料更为匮乏，他们与当地民众的摩擦和争斗在所难免。由灾荒引起的社会动荡使政府职员和军警增大了负担，他们的工作压力不断增大，而生活水平却不断下降，因此，不满情绪也日益增大，1948年11月14日，七八百名军警捣毁榕城戏院剧场就是这种情绪的宣泄④。上述社会问题的出现，激化了民众同政府之间的矛盾，使社会危机进一步加剧。

3. 动摇了农业生产力的基础，制约了桂林的长远发展

以桂林为中心的桂北地区受战祸最重，受灾荒最烈。沿桂黄公路两侧村庄，许多房屋无人烟，平均每村死亡人数达三分之一。这就是历史上有名的“丙戌桂北饥荒”。这场灾荒的破坏性极大，灾后土地的利用率大为降低，耕畜、生产工具、种子、肥料等生产要素进一步丧失，民众的生产积极性受到沉重的打击，同时，由于农副产品无法出口，与外界的经济联系也被迫中断。这些，从根本上动摇了农业生产力的基础。农业基础的动摇，直接影响到其他行业的发展。正如美国著名的经济史学者德·希·珀金斯在他所著的《中国农业的发展（1368—1968年）》中说：“20世纪以前，实际上整个中国经济全部都是农业部门。其他部门不是为农业服务，就是从它那里取得原料。直到20世纪40年代和50年代，中国的工业主要是一些棉花、粮食和其他农产品加工工业。商业主要是食品和衣着的分配。只有很小的矿业部门、政府服务部门，也许还有建筑业，才是不依赖农业原料的。”⑤桂林在历史上是广西的文化、政治及经济中心，抗战时期特殊的社会形势使其中心地区得到强化。但是战后其经济中心的地位很快消失，原因固然很多，而农业生产力基础的动摇无疑是最重要的。自然经济在中国占据主导地位，由于农业生产以家庭为单位进行，所以人口、耕畜、生产工具、种子、肥料、土地利用程度等是农业发展的决定性因素。战后的灾荒使这些因素受到了很大的破坏，生产和生活的原料基本上没有了供应，所以，其他经济部门

① 颜邦英总纂：《桂林市志》上册，中华书局1997年版，第73—77页。
② 颜邦英总纂：《桂林市志》上册，中华书局1997年版，第960页。
③ 易熙吾主编：《桂林市年鉴》“特载（一）”，1949年版，第45页。
④ 颜邦英总纂：《桂林市志》上册，中华书局1997年版，第76页。
⑤ [美]德·希·珀金斯：《中国农业的发展（1368—1968年）》，上海译文出版社1984年版，第1页。

的发展也就没有了基础。这种经济中心地位的丧失，对桂林的未来产生了很不利的影响。事实已经证明，不论在广西还是全国范围内进行比较，桂林在抗战之后的经济发展速度明显减慢。战争和灾荒的结合所具有的超强破坏力，由此可见一斑。

二、区域现代化进程的受挫

现代化是人类历史上发生的最重要的社会变迁之一。它是一个多层面、多方位的社会转型过程。一般来讲，它包括经济领域的工业化、社会领域的城市化、政治领域的民主化以及观念领域的理性化等内涵。按照日本学者滨下武志的研究，对于中国这样的以农业生产为中心长期积淀下来的亚洲传统社会，是在其外部制造出推进城市化、工业化进程的据点，并以这些据点为中心向外扩大，大显神通而改变整个社会面貌[①]。对于近代广西社会来说，梧州、柳州和桂林无疑都是这种据点，桂林作为抗战前后广西的省会，经济发展曾一度繁荣，如前文所论的那样，已经初步实现区域现代化，下一步的发展目标即是带动桂东北地区现代化的实现。然而，由于日本的入侵和桂林的沦陷，一切美好的现实和理想终成泡影，区域现代化的历史进程大为受挫。

（一）工业化道路被阻断

1925年新桂系统一广西之后，为了达到“富省强兵”的目标，采取了一系列的措施来发展广西的实业，工业化进程开始启动。随着抗日战争的深入进行，沦陷地区的工厂大量迁入广西，其中就有许多落户桂林，参与桂林的初步工业化的历史进程。同时，各种民办工厂和手工业作坊都有一定的发展，使得桂林的工业呈现蓬勃发展的形势。甚至在当时，桂林还出现了许多现代的资本运作主体——公司[②]，这些公司对桂林的区域工业化实现有着相当重要的作用。在这种情况下，中国社会形成了新的生产布局，经济重心随之发生了变化，西南大后方经济成为支撑抗战的一种决定性力量。桂林成为抗战大后方重要的工业生产基地。

然而，由于日军的空袭和直接侵略，桂林的许多工厂变为废墟。日本侵略者在占领桂林以后，以各种掠夺方式控制了桂林的工业。1945年日军撤出桂林时，又放火烧毁了很多工厂，使得桂林的工业更加凋敝。据桂林市政府1945年10月的统计，108家工厂当中仅有12家幸存了下来，而且千疮百孔，无法尽快投入生产。各类工厂损失价值达22868023千元国币。可以说，日本的入侵给桂林的工业发展带来了毁灭性的打

---

① [日]滨下武志：《近代中国的国际契机》，中国社会科学出版社1999年版，第18页。

② 广西省政府统计处编：《广西年鉴》第三回，1946年版，第694—697页。

击，各项工业资产损失殆尽，旧桂林的工业化成了不可能实现的梦想。在抗战胜利后的很长一段时间内，除广西省立的一些工厂以外，以前很多工厂并未恢复。印刷方面仅有建设印刷厂、新时代印刷工业合作社、广西合作文化印刷厂等可怜的几家，与沦陷前繁荣状况真是不可同日而语。化学工业方面，除大公、日新等厂比较著名外，并无其他制造厂[①]。

日军两次入侵，不仅给当时桂林的工业生产力造成了严重的破坏，更重要的是制约了桂林潜在工业生产力的发展。

根据区域经济学的有关理论，任何一个经济区域，其生产方式都有萌芽、壮大、繁荣、衰落、消亡的过程。近代的桂林仍然是一个相对封闭的区域。外国资本主义的入侵和广东及东南亚地区商业贸易的发展，给桂林社会的经济带来了一些新的元素。但是，工业生产力的成长、壮大，则主要依靠自身的培育。既然桂林及广西的工业生产力已在20至30年代以较快的速度发展起来，成为改变广西社会经济结构，促进广西社会经济近代化的决定性力量，那么可以肯定的是，按照这种发展态势，工业生产力就会逐渐地成为主导性的生产方式。日军的两次入侵，使正在成长中的工业生产力遭到了毁灭性的打击。正常情况下，任何一个区域要实现现代化，都不能跨越资本主义这一历史阶段。而资本主义的发展与工业生产力的发展往往是相辅相成的。资本主义促进了统一市场的形成，统一的市场为工业生产力的发展创设了基本的条件。桂林的资本主义生产方式尚未进入到繁荣阶段就走向了衰落，这就意味着，资本主义生产方式在这里的正常发展道路被阻断了，同时也就意味着，该区域的社会经济因此丧失了现代化发展过程中很重要的一个因素。必须指出，近代中国社会是一个半殖民地半封建社会，民族资本主义在发展的过程中受到外国资本主义的干扰和破坏，工业生产力的发展同样非常艰难。但是，像桂林这种原来实业基础比较薄弱，主要依靠自身力量启动近代化进程并处于边疆和其他民族的地区，工业生产力的发展更为艰难曲折，相对而言，它的市场发育程度更低，资金、技术、人才等更少，一旦遭到破坏后往往就再也无法恢复起来。抗战结束时，广西省政府向国民政府提出了一个要求救济的计划，认为要想使工矿业生产得到恢复，政府和社会各界至少要救济一大批的机器设备[②]。事实上，这些救济计划尚未付诸实施，第三次国内战争就爆发了，工矿业生产不仅没有得到恢复，相反更为衰落。桂林工业生产力的形成本来就晚，由于日军的两次入侵，它的发展历程又异常的短暂，这就给这一区域的社会经济带来了致命的损

① 易熙吾主编：《桂林市年鉴》“工业与劳工”，1949年版，第2页。
② 广西省政府编：《广西抗战损失概况及请求救济统计》（矿业部分），1945年版。

害。正如时人所言，日军的蹂躏使广西“元气已被丧失殆尽”[①]。桂林及广西后来的工业长期处于落后的状况，与日军的这种破坏有着直接的关系。

工业生产力是一个庞大而复杂的系统，考察它被破坏的情况，必须注重这一系统的构成要素。日军两次入侵广西，不仅直接破坏了工矿业，而且也破坏了交通、电讯等行业。日军占领广西后，先是拆除了黔桂铁路的路轨、枕木用来修复因其轰炸而毁坏的湘桂铁路，以保持该路通车，适应侵华的需要。日军败走时，又对湘桂铁路进行大肆毁坏。光复时，没有一段铁路是完好的。日军第二次侵桂时，桂林几乎所有公私汽车都被调用，投入抢运人员和物资，结果大都遭受了损失。公路交通处于瘫痪状况，同时，各种机动船舶大量受损。电讯器材的损失也很严重。交通、电讯等都是工矿业的支柱性产业，日军对这些行业大肆破坏，加速了工业生产力的衰落。农业和手工业除了满足人们的社会生活需要以外，还负责为工矿业生产提供生产原料，对外贸易则促使工矿业走向国际市场。抗战爆发前，桂林的农业、手工业和对外贸易业在工矿业的推动下进一步提高了经营的水平。日军在侵占桂林期间，一方面抢夺大量的粮食和其他生活用品，另一方面则对全省的耕牛和马匹进行大量屠杀，目的就是从根本上摧毁广西的农业生产，使许多地方的农业生产无法进行。在这种情况下，手工业和对外贸易业自然也大受影响。工矿业得不到农业、手工业和对外贸易业的支持，进一步走向衰落也就在所难免。城市是工业生产的主要基地。日军两次入侵广西，对桂林城市设施的破坏最为严重，因此，工业生产力在这些地方发展所需要的物质载体基本上也就不存在了。抗战初期，东南沿海地区和华中地区的一批工矿企业迁移至西南地区，抗战结束后，一部分企业迁回原地，而另一部分企业则留在了四川、云南、贵州等省，成为当地工业经济的一个组成部分。而桂林由于遭受日军两次入侵的严重破坏，工业生产力发展所需要的环境极度恶化，外迁工矿企业基本上没有留下来。这也是后来桂林与西南一些城市经济发展水平形成差距的一个重要原因。

综上所述，关于抗战时期桂林工业生产力被破坏的严重后果，有三个认识基点是不能忽略的：第一，既然桂林的工业生产力形成时间晚，而发展的历程又比较短，因此，它必然具有脆弱性。这种脆弱的工业生产力一旦遭到日军的打击，恢复起来往往异常困难。第二，日军入侵桂林，时间长，打击面广，工业生产力这一系统的主要构成要素大都被破坏。在工业生产力形成之后，交通、电讯、农业、手工业、对外贸易等行业的作用以及城市的功能等发生了重大的变化，它们不是一种孤立的存在，而是

① 白日新：《广西省抗战损失调查经过》，载广西省政府统计处编：《广西年鉴》第三回，1948年版，第2页。

在工业生产力的聚合下组成为一个整体。因此，评价这种破坏所造成的损失，不能仅限于工矿业，还应将与工业生产力有关的构成要素也包括在内。第三，桂林是主要依靠自身力量发展工业生产力的地区，它的传播只能主要依靠地缘推进的方式。日军入侵，基本上清除了工业生产力的基础，因此，它的生成只得重新开始。从这个意义上说，日军不仅严重破坏了桂林当时的工业生产力，而且还严重地制约了其潜在生产力的发展。

工业的近代化是社会近代化的基础，日军的入侵阻断了桂林工业化的进程，这是对桂林社会发展的最大危害。

（二）城市化进程倒退

城市化有许多指标，而人口数量和城市设施及其功能的完善程度是其中较重要的几个。抗战爆发前，桂林的城市化以较快的速度发展起来，但是日军侵略和破坏，同样使这一进程受到阻断。

1936年10月，新桂系广西当局将省会迁来桂林的时候，桂林还只有7万人。1940年1月，桂林改为省辖市，人口已近20万。1944年，据广西省政府统计处按正式户口统计有309460人，还不包括流动人口。而据桂林市文献委员会编印的《桂林市年鉴》，1944年桂林强迫疏散前，有人口50余万。可见，桂林的人口数量在迅速增长。与此同时，市区也在迅速地扩大。东江一带延伸至六合路、汇通路、建干路、三里店、施家园和穿山；漓江西岸的老市区向西延伸到甲山；南面扩展到将军桥以南和路口；北面到灵川县境。扩大的市区，遍布住宅、商店、作坊和机关，四郊还有许多新建的工厂和学校。为了适应市区发展和需要，桂林进行了大规模的城市建设，新建和修整马路，装饰路灯，设立公园，遍植园林树木等，各种服务设施逐渐完善起来。桂林的城市现代化特征日益凸显。

然而由于日军的入侵和破坏，一切都改变了，沦陷前的52557间房屋至光复时仅余487间而已，昔日美丽的山城沦为了一座废墟，荒草丛生，似入山野旷地般。市区公路几乎全毁，电力、自来水无法供应，绿化树木也被焚毁殆尽。学校、商店、工厂、医院、旅馆、影院等城市设施所剩无几。战后的桂林城市化进程与战前相比出现了严重的倒退。

这种倒退首先反映在人口，尤其是城市人口的大量流失方面。抗战爆发前，由于广西开展了大规模的经济建设活动，一大批国内外人才被吸引过来[①]。1937年，新桂

① 黄绍竑：《五十回忆》上册，第160—161页；另见《呈省政府聘用英籍工程师邓安计划发展本省矿业请核备案示遵由》等，载《广西建设特刊·公牍》，第3期。

系集团在桂林建立了“广西建设研究会”，这既是一个政治机构，也是一个学术团体。其宗旨为“根据三民主义及广西历年来建设经验，为适应对日抗战之需要从事于广西省政治、经济、文化诸方面建设问题之研究”[①]。在其大力推动下，更多的国内外的专门技术人才和管理人才聚集桂林，服务广西。抗战爆发后，沦陷区各种人才相继来到桂林，据对1942年人口职业构成的统计分析，从事商业者占33.5%，工业占9.56%，交通占8.28%，公务占18.73%，自由职业占3.84%。这些人才利用自己的知识、资金和技术等参与桂林的经济建设，促进了桂林城市化的进程。战后，由于桂林变成了废墟，加上自然灾荒的持续肆虐，这些人才大都被迫离去。与此同时，从沦陷区逃难而来的民众也纷纷返回自己的家园。从1946年至1949年，桂林市的人口为14万左右，比桂林建市时的20万人口少了6万，若与大疏散前的50万人口相比则少了30多万[②]。人口是城市化过程中最具活力的因素，其大量流失，则城市化的进程也就失去了推动力。

战后桂林城市化进程的倒退还表现在基本设施大都被破坏，城市失去了其应有的功能。近代城市既是生产中心，也是销售中心，还是消费中心。这些中心要发挥作用，必须有基本的设施予以保障。但是，由于在沦陷期间，桂林的这些设施大都被破坏，因此，城市的功能基本上无法发挥作用。当时，依靠大机器进行生产的工厂企业基本上无法生产，就是依靠简单作坊进行生产的手工业，其生产也很难恢复到战前的水平。调查资料显示，1948年，桂林从事土布业的织户达420多家（其中少数是织毛巾、织袜的），土布年产量约为18万匹，比战前的1933年约少五分之一[③]。值得注意的是，抗战胜利后，人们急需购置衣物，对于布匹的需求量大于以往。在这种情况下，桂林土布业仍未恢复到战前的水平，说明其生产能力很低。同时，由于日军在占领桂林期间和撤离桂林时对公路、铁路和船舶及港口等大肆进行破坏，各种贸易尤其是进出口活动无法有效实现，因此，销售中心的地位也就随之下降。生产和销售决定着消费，当生产和销售都因城市设施破坏而受到制约的时候，消费的基础也就会瓦解。战后，桂林不仅娱乐业非常萧条，甚至正常的消费都很少。当时桂林依然是广西乃至西南地区具有举足轻重地位的城市，在恢复重建的过程中，存在着较大的消费需求，这种需求既有来自社会团体和组织方面的，也有来自普通民众方面的。然而，城市设施的毁灭却使这种需求无法实现。

---

① 陈劭先：《广西建设研究会一年来概况》，载《广西建设》。

② 颜邦英总纂：《桂林市志》上册，中华书局1997年版，第234—235、264页。

③ 马守正、刘西平、刘红：《20世纪上半期的桂林土布业》，载广西师范大学历史系、广西地方民族史研究室编：《广西地方民族史研究集刊》（内部交流）第2辑，1983年印，第108—111页。

作为西南地区的中心城市，桂林长期起着带动周边农村社会发展的作用。农副产品大都在这里进行，农村的剩余劳动力也大都在这里寻找市场。当时，桂林市的各种建筑工作，以及各种小商小贩的售卖工作通常都由周边的农村人口承担。生产原料和生活物品通常也由周边的农村提供。随着桂林城市设施的毁灭，吸纳农村剩余劳动力功能大为削弱。现代化的城市不能离开现代化的设施，一旦设施受到破坏，城市的现代化进程就会滞缓不前。抗战结束后桂林的经历证实了这一点。

（三）投资的制度环境恶化

如果说桂林的工业化道路被阻断和城市化进程倒退已经使投资环境恶化的话，那么，政府为了加快恢复生产而不得不介入企业的管理，则从制度的层面加剧了社会环境的恶化程度，这是制约区域的近代化进程的又一重要因素。政府对企业的控制并插手虽非战后才开始，但战后的严峻经济形势使政府不得不直接对企业的生产、管理等进行干预。以矿业生产为例：1946年2月，资源委员会根据当时的社会形势以及生产的需求，在桂林设立第三区特种矿产管理处，对“特矿”（即为军工生产所急需的锡、钨、锑、汞、钼等金属矿）进行管理。第三区特矿管理处作为一个管理机构，却有着企业的职能，例如，该管理处组织规程第四条规定：“本处因工程上及业务上之需要，得呈准资源委员会设立矿场、选炼厂、办事处、转运所”，而且“矿场得因必要与其他机关合办之，并得组织特种股份有限公司，准许人民参加股份”。在战争摧毁了中国和广西社会的工业基础，同时也摧毁了金融系统的情况下，政府出面动员民众积极参与战后建设是非常必要的，但是，如果直接参与企业的管理甚至资金的筹措，则违背了近代市场经济所应遵循的基本原则，导致政企不分的结局，这对民众投资的积极性无疑会带来很不利的影响。该组织规程还规定应根据需要设立矿业警察所和诊疗所。这就意味着战后的治安形势和卫生状况很严峻，特矿生产在恢复和发展的过程中，必须通过政府的管理部门采取措施加强治安，医治矿业职工心理和生理上的创伤①。当时，第三区特种矿产管理处向矿商发放生产贷款，最高数额可达到一千万元，但是能获得贷款却不容易，因为一般的矿商很难具备“办法”所要求达到的那些条件。仅“妥觅一家以上规模相当之矿公司，或二家以上之殷实商号，负责立约担保清偿贷款”一项就使许多矿商望而却步。因为在日军的沉重打击之下，有相当规模的矿业公司或殷实商号已经很难找到，加上“办法”还进一步规定“负责担保之公司或商号，以纯粹商营者为限”，这就难上加难了。另一条件更使矿商心存疑惧，即“借

---

① 《资源委员会第三区特种矿产管理处组织规程》（民国36年3月3日会令准修正备案），载《资源委员会公报》第12卷第4期，第30—31页。

户除觅担保人负责保证偿还贷款本息外，并应具结将所有资产设备、矿地矿权等全部作为抵押保证，在未清还本处贷款本息前，不得再向任何方面作抵押借款，及出售转让一切财产及权益”①。在规范的市场环境及法制体系下，这种规定本应是无可非议的，问题在于，民国时期，中国社会正处于转型过程中，法制不健全，市场缺乏自由竞争的机制和环境。更重要的是，国民政府和广西省各级政府代表地主资产阶级的利益，具有较强的封建专制性和腐败特征，矿商要把自己所有的资产设备、矿地、矿权等全部作为抵押，很担心受到非经济因素的侵害。贷款办法一旦被这些条件或因素限制，成效就会受到影响。特别需要指出的是，当时的贷款并非由银行发放，而是由资源委员会第三区特种矿产管理处一手操办。该办法的内容，从一个方面展示了政府与企业的关系，为我们提供了解读具有中国特色的近代工业化道路的素材。当时，投资的制度环境恶化不仅表现在矿业方面，其他行业的情况也同样如此。因为战后经济生产危机的形势越来越严峻，政府为了实现封建独裁对企业或经济部门的控制也越来越严厉，从而使投资制度环境一步步恶化。制度因素是近代化过程中最重要的因素，投资制度环境不断恶化，使区域近代化失去了基本的保障。

三、文化事业及“文化城”的衰落

由于日军的入侵和破坏，桂林的文化事业遭受了相当沉重的打击，与沦陷前的情况相比较，“形势日非”②。“文化城”的光环不再，文化事业处于衰落之中。

（一）教育的衰败

沦陷前，桂林教育有了很大的发展。大专院校有国立广西大学、国立桂林师范学院、江苏教育学院、无锡国学专科学校等9所，公私中学有10余所，小学有100多间。沦陷后校舍大都遭日军摧残，其中中小学校舍全部被摧毁者111校，损失教育房舍807栋，约值24500千元国币，残存的国民学校仅15校而已③。虽然省市政府在极端困难的情况下拨出巨款恢复学校教育，然而直到1946年7月，得以入学的学生仍不及沦陷前的三分之一。当年桂林市文献委员会编辑的资料记载此事颇详，见表7–5。

① 《资源委员会第三区特别矿产管理处矿业生产贷款办法》（民国35年8月6日会令准备案），载《资源委员会公报》第11卷第3期，第39—42页。

② 易熙吾主编：《桂林市年鉴》“文化事业”，1949年版，第1页。

③ 易熙吾主编：《桂林市年鉴》“教育”，1949年版，第1页。

表 7-5 桂林各级国民校复员前后学校数及学生统计表

时间 / 学校类别	三十三年度（沦陷前）			三十四年度（沦陷后）			三十五年（二月至七月）		
	校数	班数	学生数	校数	班数	学生数	校数	班数	学生数
市立中心学校	8	98	4655	2	12	642	4	33	1815
区立中心学校	6	26	1046	3	6	235	2	4	156
林街国民校	83	172	6540	12	14	552	44	69	2464
私立小学	29	164	6582	1	3	105	8	33	1441
合计	126	460	18823	18	35	1534	58	138	5876

资料来源于易熙吾主编《桂林市年鉴》“教育”，1949 年版，第 8 页。

从表7-5中我们可以看出桂林市在沦陷前后的各级国民学校的学校数、班级数以及学生数的统计情况。沦陷以前，桂林有学校126所，460个班级，18823名学生；而在沦陷后仅有18所学校，35个班级，1534个学生，入学人数不及原来的10%；甚至到1946年7月时，还仅有58所学校，138个班级，5876名学生，学生数亦仅是沦陷前的31.22%。可见，日军的入侵给桂林市国民基础教育带来了多大的冲击。文化观念是一种深层的存在，一旦形成往往很难改变。教育是更新观念、提高民众素质的最有效的途径之一。虽然我们无法测量文化观念的能量，但是必须肯定，学校教育的受挫必然会影响到民族素质的提高和文化观念的更新。

（二）文化出版事业的萎缩

随着文化人的内迁，桂林的文化事业逐渐发达起来，至1943年、1944年间，由于桂林人口集中，机关林立，同时一般文化活动亦达登峰造极的境地，当时的书店之多，出版业之发达，前所未有。因此，与文化事业有关的印刷业极其繁荣，其鼎盛时期，计全市大小印刷厂有105家之多，与印刷有连带关系的造纸、铸字、制版、土制油墨等业，亦皆应运而生，平添“文化城”不少声色。

日军的侵略使桂林社会动荡不堪，沦陷前夕，桂林出版业的衰败已见端倪。1943年，书刊印刷成本中最少的一项较战前增加了80倍，最高的增加了600倍，而图书的售价却只有战前的60倍。尽管如此也难卖得出。不少官办或官助期刊不得不压缩改版或停刊，民营期刊的处境更为艰难。如《顶点》诗月刊因经济困难，声明不发稿酬，稿件若被刊用，只以刊物相赠。备受欢迎的《戏剧春秋》经费极困难，“只靠抗剧一、二、八、九四个队募捐所得而出版”[①]。1944年5月29日，《新华日报》发表《桂林文化城衰落了》一文，指出：一年前的情形是每月新书出版，总有40多种，如

① 龙谦、胡庆嘉编：《抗战时期桂林出版史料》，漓江出版社1999年版，第347页。

今之剩一半，甚至一半都没有了。以前每种新书，第一版总需印3000本以上，如今最多只印1500本。物价高涨，资金枯竭，购买力低，运输困难，捐税负担重，使文化事业气息奄奄。77家图书出版机构在1944年秋的大撤退中，有近50家被迫停办①。接着出现的大焚烧，不仅为桂林的大灾难，而且为文化出版事业的大厄运，报纸仅余《广西日报》《小春秋日报》等数种。留在城里的一切生财机器固成一片焦土，即由各厂辛辛苦苦迁运出去的一些仅有的机器和字粒，也因为战局发展得太意外，而沿湘桂及黔桂路弃置于宜山、金城江、六甲、镇远各站，虽然没有变成敌人的战利品，但从此也就无法"复员"，因此，1945年冬最初"复员归来"的印刷厂只有永源、学院等寥寥可数的几家，最幸运的是学院、建设二厂，全部机器几乎没有损失，但欲恢复疏散前的盛况，则完全不可能。原因最主要是印刷业本身的损失太重，难以于短期内恢复旧观；而另一方面则在于桂林市文化的根本衰落，机关减少，印刷的表册卷票随之低微。而图书的出版几乎全部陷于停顿，疏散前活跃于桂林市的七八家出版社，疏散后除文化供应社照常复业恢复发行工作外，大都没有复员回来。

战后印刷厂的数目锐减。在复员之初，据同业公会大略统计，开业者不及疏散前1/6，其后虽力图挣扎，渐有复兴之象，但至目前为止，全市所有的石印、铅印工作仅40家，仍然达以前的1/3；而若以规模言，则万难相比，每日之出货量，更惨淡不到疏散前1/10的地步②。

甚至直到1948年，桂林的文化出版事业仍然不见有大的起色。当时印刷厂字颗不足，字类不齐，应用之字类告缺的现象仍很普遍，致印刷《广西年鉴》第三回时"如无黑体以斜体代，无仿宋体以新五号代，各表注文应排七号字者，仍排五号字，各图应制锌版者，仍以石印代替"③，严重影响印刷的质量和美观程度。

（三）文化活动相对减少

繁盛时期的"文化城"文化活动多种多样，涉及戏剧、音乐、漫画、舞蹈等多个方面，这些文化活动在抗战过程中发挥了重要作用，鼓舞了人民群众的抗战士气，对于抗日的胜利起到一定的积极意义。

然而，由于日军的入侵和对桂林文化设施的大破坏，"文化城"赖以存在的物质基础被破坏殆尽。这样，文化活动所据以开展的物质基础也就根本上不存在，因而文化活动的减少成为必然的结果。

---

① 《抗战时期桂林文化城图书出版发行机构一览表》，载龙谦、胡庆嘉编：《抗战时期桂林出版史料》，漓江出版社1999年版，第129—135页。

② 易熙吾主编：《桂林市年鉴》"文化事业"，1949年版，第14—15页。

③ 白日新：《编印后记》，载广西省政府统计处编：《广西年鉴》第三回，1948年版。

就拿音乐活动一项来说，抗战期间，自国内知名的音乐专家们到来倡导，使落后的桂林音乐教育在短短的几年当中，得到长足的发展。许多音乐团体经常举行演奏会，整个城市充满着音乐的气息，桂林的音乐水准因此得到提高。战后的情形便大不相同了，这块美丽的园地倍受摧残，不用说管弦乐队，就连听一次完整一点的音乐演奏会也绝不可能。当时逗留在桂林的音乐工作者数量甚少，即想组织一个小型的乐队，或水准较高的合唱团，也觉得困难重重，加上音乐界在工作方面极少联系，因此，桂林音乐运动长期停留在瓦砾堆中而无法复原①。

像音乐活动一样，其他方面的文化活动也比较稀少②，甚至最具生命力和影响力的桂剧演出活动也屈指可数，评剧、粤剧、湘剧等剧团见势相继离开了桂林。这些，也在相当大的程度上显示了桂林文化的衰落。

（四）文化影响持续减弱

前述几个方面皆是从数量上看“文化城”的衰落，事实上，“文化城”的衰落最主要的表现应当是其文化影响的持续减弱。

对这种减弱的情况，我们不妨通过一个具体的事例进行说明。1943年10月21日至26日，中国工程师学会第12届年会在桂林召开。抗战后期，由于战争的巨大消耗，以及由此而引起的经济形势的恶化，大后方的工矿企业遇到了很大的困难，有的生产停滞不前，有的产品大量积压，有的甚至被迫关闭。与此同时，中国和世界的反法西斯战争不断取得胜利，德、意、日等帝国主义国家日益衰败。在这种情况下，作为领导大后方科技力量的中国工程师学会，在桂林召开第12届年会，对于振兴企业的生产，争取中国抗战和世界反法西斯战争的胜利，有着特殊的意义。这次会议在桂林召开并非偶然，首先，桂林是抗战时期著名的文化城，聚集着大量的文化名人以及科学家，文化氛围较浓厚。其次，桂林当时是许多科学技术的发明地，例如，1942年国民政府经济部公布的工业技术发明中，就有“江氏式计算盘”“仲明动力机”“植物油灯”等项是在桂林研制出来的。次年在桂林产生的工业技术发明又有“各色玻璃刻度盘”“大叶鹿角果橡胶”“薜荔橡胶”“感光胶”“木质可型粉”等。这些技术不仅获得了专利，而且给社会带来了较大的效益，其发明者被政府奖励③。另外有些技术虽然未获得专利，但也具有较大的价值。例如，中央无线电器材厂设计制造的三千瓦

① 党明：《音乐节感言》，《广西日报》1947年4月5日，第3版。

② 刘寿保主编：《桂林文化大事记》，漓江出版社，第402—491页。

③ 《经济部依照奖励工业技术暂行条例核准奖励案》，载《资源委员会公报》第4卷第3期，1943年，第49—51页；第6卷第3期，1944年，第57—58页，第5期，1944年，第44页；第7卷第3期，1944年，第49页，第4期，1944年，第40页。

波长发送机、永久磁石式电动扬声器、短波无线电定向器、电话秘密终端器等，都是重要的技术发明，资源委员会特以“公报”的形式向全国公布[1]。这些技术也主要产生在桂林。显然，在桂林召开工程师学会，有利于技术的交流与推广。桂林当时还有不少科学技术的指导机构及其刊物，例如锡业管理处就设在桂林，资源委员会所办的《资源委员会季刊》也主要在桂林编印。该刊除登载经济建设方针、法规、统计以及动态等内容外，主要介绍各种技术、方法和各厂矿的生产管理情况，针对性很强[2]。桂林的一些厂矿为了及时报道业务进展情况，也创办了一些刊物，如中央电工器材厂第四分厂创办的《桂四讯息》，在大后方有较大的影响[3]。这些机构和刊物，为工程师学会在桂林召开及其推广科学技术，提供了又一重要条件。再次，当时的桂林云集着一批重要的工矿企业，这些企业或多或少地采用了新式的生产技术和方法，其中有些就是中国工程师学会的会员所研制或推广的。在这里召开工程师学会，就为与会代表提供了实践的机会。参加这次工程师学会的有中国工程师学会会长兼资源委员会主任翁文灏以及各地的会员20000多人。美国机械工程学会、电机学会也派代表参加了会议，蒋介石为本次会议写来训辞。会议过程中，除了进行学术及技术交流外，还举办了展览会，展示各种技术成果，同时还研究了国家未来经济建设的方案。这次会议是抗战以来大后方科技力量的总检阅，史称“桂林盛会”[4]。通过这次会议，先进的生产技术和方法得到了较快的传播，桂林因此成为抗战时期重要的科学技术的源泉之一。

抗战结束后，桂林的文化影响力迅速地减弱。客观地说，随着上海、广州、武汉等地区文化中心的光复，桂林作为大后方文化城的地位下降，因而文化科技事业影响力的减弱是一种不可避免的趋势。但是，如果桂林的城市设施没有受到毁灭性的打击，那么，文化机构、工矿企业至少会有一部分留下来，其作用也会继续得到一定的发挥，然而事实上，不论是文化机构还是工矿企业基本都无法在废墟上生存，因此，尽管中国工程师学会第12届年会使桂林成为先进的科学技术源泉之一，却因科技文化人才的流失和科学技术依存的文化机构、工矿企业的毁灭而不得不丧失其效能。战后

---

① 资源委员会：《工业技术进步简讯》，载《资源委员会公报》1944年第6卷第5期，第42页；第6期，第49页。

② 资源委员会：《本会要闻及事业消息》，载《资源委员会公报》1942年第3卷第4期，第53页；第6期，第38页。

③ 资源委员会：《本会要闻及事业消息》，载《资源委员会公报》1942年第2卷第2期，第69页。

④ 详见唐凌：《抗战时期大后方科技力量的检阅及动员——中国工程师学会第12届年会在桂林》，载魏华龄等主编：《桂林抗战文化研究文集》（六），广西师范大学出版社2001年版。

全国著名的《大公报》（天津版）、《中央日报》等具有全国性影响的大报很少报道桂林的文化活动状况，《资源委员会公报》等专业技术刊物也很少再论及桂林地区的工矿业发展问题，持续7年多之久的桂林抗战“文化城”由于日军的入侵衰落了，影响力消失了。

文化是决定区域社会发展的核心因素，当文化的持续影响力被迫中断的时候，区域社会经济的发展必然会陷入困境。桂林经济的大起大落，与此不无关系。

第八章 余论

前面已经具体地论述了日军侵略桂林及其所造成损失的情况，现在，还有几个方面的问题需要提出来讨论，以引起人们对桂林抗战损失问题的进一步关注及思考。

一、关于桂林抗战损失程度及调查研究工作的基本估计

（一）桂林在抗战时期大后方城市中的受损程度

从1931年开始，日军就已对中国实施了侵略。在长达14年的时间里，中国的许多省区尤其是中心城市被日军破坏，遭受了巨大的损失。若仅就损失的程度而言，东北、华北、华中、华南等地区的城市要比桂林严重，例如，沈阳、上海、南京、武汉、长沙、广州等城市是中国的经济中心、政治中心或军事要地，且分布在沿海地区或交通枢纽的交汇处，日军在侵略中国的过程中，不能不将其作为打击和破坏的重点。战争爆发后不久，这些城市都相继沦陷，在日军的摧残之下基本都变成了废墟。由于这些城市不论在规模还是发展水平方面都超过了桂林，所以其损失程度肯定会比桂林严重。但若就大后方这一地域而论，桂林应是受损程度较严重的城市。当时，属于大后方的地区主要是指西南和西北的一些省区，即广西、云南、贵州、四川、陕西、甘肃、西康、新疆等。抗战期间，这些地方的省会城市都曾遭到日军飞机的轰炸，其中，陪都重庆被轰炸的次数是很多的，人民的生命财产受到了很大的损失，但是并未被日军直接侵占，也就是说，重庆等城市遭受的主要是日军轰炸所造成的损失，而桂林除了遭到日军的840多架次飞机的轰炸外，还被日军直接侵占长达9个月，在此期间，日军的烧杀抢掠给民众带来巨大的财产损失和人员伤亡。大后方省会城市中，既受日军飞机反复轰炸，又被日军直接侵占的城市只有桂林。另外，在大后方的城市中，国民政府派重兵进行防守的城市也只有桂林，日军投入攻打桂林的兵力达到7万人，国民政府的守军为2.5万人，近10万军队在桂林展开激战，由此而造成的损失

无疑大大超过其他城市。其他因素如桂林是难民最集中的城市，也是疾病流行最严重的城市等，同样决定了桂林必然是受损程度较高的大后方城市。

之所以对桂林是大后方受损很严重的城市进行估计，目的在于引起人们对桂林抗战损失的关注，同时，也希望通过受损程度的比较，引起人们对城市发展过程中有关因素的深层次的思考。受损程度并不等同受损量。“量”是一种绝对的概念，而“程度”则是一种相对的概念。就城市的历史而言，受损的程度对其发展的影响更大。因此，确定桂林是大后方受损程度较高的城市，有助于人们正确认识日军破坏的危害性。

（二）历史上广西及桂林抗战损失的调查工作状况

这一问题涉及对我们研究工作准确性的评价。通过比较分析，可以肯定历史上广西和桂林关于抗战损失的调查工作是做得比较扎实和有效的。抗战爆发后不久，国民政府主计处就要求各地及时填报有关损失情况，待各地的材料送上来后，便组织人力进行分类整理。1942年底，全国将损失材料送到主计处的只有11个省和西京（洛阳）市政府，广西便是其中之一①。抗战结束后，国民政府再次令各地政府、企业及社会团体组织着手进行战争损失的调查统计工作。1945年9月19日，国民政府公布《抗战损失调查委员会组织条例》，规定设立专门的调查委员会，负责调查抗战期间日军侵略所造成的损失，具体事项包括：

1.中央各机关及其所属机关所有或管理各种财产之损失；

2.省、院辖各机关及其所有或管理机关各种财产之损失；

3.县市各机关及其所属机关所有或管理各种财产之损失；

4.公营工矿道路船舶及其他经济事业之损失；

5.民营工矿船舶及其他企业之损失；

6.国家地方及人民所办各种教育文化事业之损失；

7.国家地方及人民所办医院及慈善事业之损失；

8.人民团体及个人财产之损失；

9.人民生命之损失等②。

根据国民政府的这一指令，全国各地及各有关部门都组织力量开展了抗战损失的调查工作，其中，广西省政府及其所属机关对调查工作投入了较大的力量。因为广西光复的时间相对而言比较早。1945年4月，随着世界反法西斯战争的不断胜利，日本大本营被迫做出收缩中国战场的决定。从5月开始，日军开始从广西撤

① 高平等：《对日索赔纪实》，国际文化出版社1997年版，第135页。

② 《资源委员会公报》，1945年第9卷第4期，第20—21页。

军，一路上受到中国军队和广西民众的堵截和围攻，伤亡惨重。至8月17日，国民政府第20军133师进驻全县，广西全境已无敌踪。不久，广西省政府为了有效配合救济善后工作及为中央政府提供向日索赔的依据和便于复兴建设工作，召开第772次委员会会议，决定抽调人力和投入物力、财力，对全省的抗战损失问题进行调查（调查的具体情况本书第一章“绪论”已做了介绍，不再重复）。当时，全国许多省都开展抗战损失的调查工作，但是，由于光复的时间相对较晚，或者由于战后成为第三次国内战争的主要战场，使调查工作受到很大的影响。例如河南是日军侵略的重点地区之一，遭受的损失是非常严重的。战后，河南省政府组织力量开展了抗战损失的调查研究，却因内战的影响而不得不草率收场，现在我们所看到的该省有关抗战损失的资料大都比较笼统、简单[①]。福建省在抗战期间也受到很大的损失，战后调查工作主要集中在福州、福鼎、霞浦等18个县市的人口伤亡和财产损失情况，与国民政府的规定存在着不少差距。调查者自己承认，尽管做了艰苦的努力，调查的成效却并非令人满意。“国人旧习对调查方面仍存畏惧之心……一次追查被调查者之记忆有限，遗漏之处在所难免。如厦门方面，调查团到达时多数机关学校均未迁回，又以抗战以来，损失者之出国甚多，返乡者无几，致多数调查对象无着……缺漏自多”[②]。相比之下，广西的调查工作不仅做得早，而且也做得比较扎实和有效，主要表现在：第一，投入的人力、财力和物力都较多，整个调查及资料工作共有专员和专职干事50多人，登记员300多人参与，各项工作都能基本落实。第二，调查的地区比较广泛，除兴业、玉林、镇边、靖西、三江等少数县因损失较轻，采用通讯调查之外，其余地区均由调查员亲自前往调查。第三，调查的时间较长，工作程序较为规范。从1945年8月调查专员开始调查到资料整理统计工作结束，共历时7个多月。各地上报的调查资料，不仅要经过统一的登记，而且还要经过资料整理委员会的认可之后才能进行分类和整理[③]。正因为如此，其可信度自然相对较高。

若进一步将广西各地做一比较可以发现，桂林关于抗战损失的调查工作又是做得最好的。这不仅因为桂林当时是省会城市，政府投入调查力量较多，同时政府各机关也大都集中在此，对损失的具体情况易于了解，更重要的是当时桂林成立了专门的文献委员会，按照修志的原则和方法来开展抗战损失的调查和编写工作，该委员会由十

① 陈建宁：《河南省抗战损失调查报告》，《民国档案》1990年第4期。

② 福建省政府：《福建省沦陷区抗战损失调查汇报》（包括流窜县份）“说明”，1946年版。

③ 广西省政府统计室：《广西抗战损失调查统计》，1946年版。

余人组成，包括政府的工作人员和社会士绅，主持者易熙吾（1887—1968）为广西灵川人，清宣统二年（1910）毕业于北京高等实业学堂电机系。曾参加辛亥革命，为同盟会员。宣统三年回广西后，曾任广西勤工所所长，广西大学堂预科算术教员。1913年在桂林创办《民报》。其后曾任广西绥渌县知事、省长秘书，钟山县知事，山西省沁源县、霍县知事[①]。他的这种社会阅历和工作能力为桂林的修志工作提供了有力的保证。在他的带领下，文献委员会的工作人员克服种种困难，在战争结束后不久就开展了广泛深入的调查工作，收集大量的第一手资料，在此基础上，编写出《桂林市年鉴》，于1949年出版。该年鉴从各个方面记述了桂林在抗战时期所遭受的破坏及由此而造成的损失具体情况，同时还记述了战后桂林市政府和社会各界为恢复生产、重建家园的具体过程。虽然修志工作最终没有完成，但是"年鉴"作为修志工作一个阶段性成果，仍具有很高的史料价值。抗战结束后的几年是中国各级政府财政较为困难，同时也是社会较为动荡的时期，桂林市组织力量开展专门的抗战损失及战后重建的调查工作，这不仅在广西甚至在全国都是不多见的。因此，当时的桂林市市长苏新民在该年鉴的序言中对编写人员大为赞赏，说"此事繁重艰辛，殊不易为……诸君之勤劳，不可不一表白"[②]。

广西省政府和桂林市政府的上述工作，为我们的研究奠定了较好的基础。这一基础对评判我们的研究结论无疑是重要的依据之一。

（三）调查研究桂林抗战损失可资利用的国际因素

作为发动全面侵略中国战争的日本，自始至终都在掩盖自己的侵华罪行，推卸自己的战争责任，但是，他们所制定的侵华政策、计划及方案，却不时地暴露出他们的侵华野心及阴谋，尤其是他们关于进攻桂林的军事行动计划及其所谓的"战功"表白，更是为我们研究桂林抗战损失提供了难得的第一手资料。虽然这些资料并未直接涉及桂林损失的问题，但是通过对他们的作战计划及"战功"的分析，我们不难理解他们实施的侵华行为给桂林所带来的灾难。为了更好地了解中国和侵略中国，日本的情报机构如末次研究所等还把各地的情报收集起来，以供日军参考，其中桂南战役和桂柳战役的情报许多都涉及日军对桂林的侵略及其所造成的后果[③]。虽然这些资料仅能部分反映日军侵略桂林的情况，但是从中已经可以看出他

---

① 颜邦英总纂：《桂林市志》下册，中华书局1997年版，第3409页。

② 易熙吾主编：《桂林市年鉴》序一，1949年版。

③ 详见《中华民国史资料丛稿·译稿：广西会战》上册，中华书局1985年版；季啸风、沈友益主编：《中华民国史史料外编——前日本末次研究所情报资料》（中文部分）第67册，广西师范大学出版社1997年版，等等。

们的侵略罪行是触目惊心的。既然这些资料出自日本的情报机构，那么，日本侵略者就无法否认对桂林侵略并造成重大损失的事实。因为这些资料明确肯定，多次轰炸桂林的都是日本的飞机，甚至有的资料还公布了率领轰炸机编队的军人的姓名及其职务，轰炸所造成的结果（包括机场、建筑物、仓库、汽车、轮船、铁路毁坏的情况和人员伤亡的情况等）。这些资料对迫使日本侵略者承担战争责任将产生一定的作用。如果日本军国主义连出自本国军事情报机构的资料也予以否认的话，那么，他们在国际社会面前将越发孤立，丑恶的面目将进一步暴露。抗战时期桂林所具有的特殊的经济、政治和军事地位，使之成为国际关注的焦点。因此，国际上的许多媒体经常报道发生在这里的战事，例如，同盟社的一些报道就分别发自上海、广州、香港、东京等地。这些报道对我们认识日军的侵略意图及其所造成的恶果同样具有重要的参考价值。美国空军志愿队直接参与了对日军的打击，在保卫桂林和广西的过程中发挥过积极而重要的作用。因此，美国关于该志愿队的组建及其任务的规定，世界各国对该志愿队行动的报道及评价等，也有助于人们从一个新的角度加深对桂林抗战损失的理解。另外，日军刚从桂林撤走，以美国为首的部分对外联络官（如戴维斯等）就赶到了现场，他们考察之后所发表的对桂林受损失程度的看法，为世人提供了非常感性的意见[①]。国际救援机构在难民救济、疾病防治等方面发挥了重大的作用，他们的所见所闻所作所为，成为这段历史特有的见证。所有这些计划、方案、报道、评论以及救援工作等，都构成了研究桂林抗战损失可资利用的国际因素。当然，从总的方面来看，这些可资利用的国际因素在研究的过程中还是显得太少，尤其是关于人民生命财产直接及间接损失的具体情况，各国资料所涉及的层面都是比较有限的，日本从自己的侵略立场出发，更是极力回避乃至否认这些损失。有些损失我们可依据国际已认可的事实予以确定，从而对日本右翼势力进行有利的驳斥；但是，有些损失则由于可资利用的国际因素较为缺乏，证据显得较为单一，影响到驳斥的效果。通过加强国际间的合作，进一步发现和发掘有关桂林抗战损失的文献及实物资料，无疑是解决问题的重要途径，但是可以肯定的是，有些损失的研究是根本无法利用国际因素的，因为在沦陷初期，桂林几乎成为一座空城。后来在日军的逼迫之下，部分民众回到了城内。由于日军实行严密的封锁，桂林与外界的联系基本断绝。日军在沦陷期间烧杀抢掠，胡作非为，制造了一系列的惨案，导致了巨大的财产损失和人员伤亡。这些损失，只能通过受害者来予以确

① 详见戈衍棣：《桂林的毁灭》，载政协桂林市委员会文史资料研究委员会：《桂林文史资料》第五辑，1984年版。

认，外人是很难知晓的。因此，对于可资利用的国际因素，必须本着实事求是的原则，能利用的就尽量利用，不能利用的，也不必强求。日军在桂林犯了大量的罪行，铁证如山，不容抵赖。只要让中国受害者提供充分足够的证据，同样能对日本右翼势力进行有力的驳斥。当然，必须承认，在部分领域，战争损失的调查研究工作仍然面临着资料不足、证据不够充分的问题，甚至有些损失随着时间的推移和历史见证者的逐渐消失而无法探寻，成为永久的历史之谜。我们需要继续努力，让历史的证据更为充分，历史之谜尽量减少。这是一个非常艰苦的工作，但是，为了对历史负责，我们必须承担这一使命，别无他择。

二、几个值得继续关注的问题

（一）桂林沦陷期间被俘中国官兵的命运

在桂林保卫战中，中国官兵共有13151人被俘。这一数据虽然出自日军的战报，但是综合各方面的情况进行分析，相当数量的中国官兵在战场上被俘是一个不争的事实（具体理由请见第四章）。现在需要回答的是：这些被俘的中国官兵后来的命运如何？在侵华过程中，日军对待中国战俘的惯用手法，无外乎是屠杀、关押或强迫他们做苦力等几种。迄今为止，不论在中国、日本还是其他国家的文献资料中，都尚未见有关中国官兵在桂林被俘后遭大量屠杀的记载，战争结束后的近80年时间里，桂林及其周边地区也尚未发现集体屠杀的实证。太平洋战争爆发使日军的战略重点发生了改变，桂南战役和桂柳战役，日军的目的都是为了打通大陆交通线，当时的战争形势使他们无法在广西建立长久根据地，也无法建立固定的战俘营。那么，这些被俘的中国官兵看来只有一种命运，那就是充当日军的苦力，帮助他们修筑工事或者从事修路、运输等工作。但是这些人在充当苦力时究竟受到了什么样的待遇？有多少人被折磨致死或受伤？他们是否像东北、华北和华中等沦陷区的中国被俘官兵或劳工一样，被强迫到日本本土充当苦力？这些问题，现在都很难做出准确的回答。根据当时战局的发展，我们只能说这些在桂林被俘的中国官兵被送到日本本土从事苦力的可能性估计不大，因为1944年底和1945年初，日本的本土已处于美军的打击之下，同时美军也加强了对中国沿海地区的封锁。从1945年5月开始，在日本大本营的严令之下，日军被迫放弃了远程奔袭四川，攻陷国民政府的陪都重庆，以迫使国民政府屈服的冒险计划，不得不将战略方针改为在东面防备美军登陆，集中兵力防守京沪、平津胶东和武汉三地。日军的许多军事行动都会强迫被俘的中国官兵或民工帮助他们运输抢夺来的物品或辎重，因此，他们在由广西撤退的过程中，也会采取类似的做法。若这一判断是准确的话，那么，这些被俘的中国官兵命运就很值得关注了。在战争的后期，日军已陷入越来越深的战争泥潭，面对日益明显的败局和中国人民的反抗，他们的报复、屠杀也必然会加剧。日军战报中关于俘虏中国官兵的人数精确到个位数，而对俘虏后的中国官兵的处理只字未提。以韦云淞为总司令的中国守军防守不力，败退后并未组织营救工作。参战者事后回忆曾有少部分被俘官兵在混战中得以逃脱[①]，但是大多数被俘官兵的情况他们谁也说不清楚。这些被俘官兵到底有多少被屠杀或被折磨致死，迄今仍是一个谜。显然，只有通过大量艰苦细致的资料发掘及研究工作，才能解开这一历史谜团。

（二）被强暴的妇女的数量及命运

这也许是一个永远都无法调查清楚的问题，但是人们却不能不继续予以关注。因为一方面，远东国际法庭已经确认日军在桂林强迫中国妇女充当“慰安妇”和肆意强暴妇女的犯罪事实，另一方面，我们现在能够寻找到的受害者却十分有限，证据也显得模糊不清。造成这种现象的原因，我们在第三章做了简要的分析。我们现在所能看到的有关妇女被强暴侮辱的历史记载，要么是由于这种事件发生在公开的场合，有不少人知晓，要么是由于妇女被强暴侮辱后又被日军杀害或者自杀，引起了社会的反响，因此有关信息得以存史。从前面所列举的事实来看，不难发现有许多问题需要我们进一步研究解决：一是日军侵略桂林期间，大致有多少妇女受到日军的强暴或侮辱？二是在日军强暴或侮辱中国妇女的过程中，是否利用了日伪政权的力量？三是被强暴或侮辱的妇女后来的命运如何？她们中的一些人是否会随着日军的败走而被掠到日本？抗日战争已经过去了近80年，研究这些问题无疑变得越来越困难，但是，我们坚信，既然侵略者在桂林犯下了罪行，就不可能不留下罪证。只要不断地努力，总会发现一些有价值的线索。我们当然更希望通过自己的研究工作，能实现这一目标。

（三）桂林及其周边地区的少数重要建筑为什么能幸免于难

日军在侵略桂林的过程中表现出极端的残暴性，整个桂林城市基本上被他们夷为平地。但是，也有少部分的重要建筑幸免于难。例如，靖江王府及其周围的建筑所受到的破坏相对来说就小一些，秦代建造的灵渠运河也基本上得以完好保存。为什么会出现这种情况？根据目前所掌握的情况，桂林守军以城市周围的山头或河流

① 详见蒋道宽：《桂林防守作战前后回忆》、冯璜：《我所耳闻目击的桂林防守战》等，载中国人民政治协商会议广西壮族自治区委员会文史资料研究委员会编：《广西抗战亲历记》，1987年版。

作为阵地防守拒敌，有意将日军引开这些重要的历史建筑。当时，城防司令部设在鹦鹉山南山洞里，第31军军部设于宝积山铁佛寺，第131师师部设于铁封山下猫儿洞，第170师师部设于隐山朝阳洞。以中正桥（今解放桥）至甲山连接线为界，城北及东江为第131师防区，城南由第170师防守。战斗最激烈的地方，大都位于城外，如老人山、象鼻山、德智中学等。后来，在城内也发生了一些战斗，但是由于城防司令韦云淞等带头逃跑，桂林守军已无斗志，因此战斗并未像城外一样激烈。这也许是靖江王府及其周围的建筑未受到很大破坏的主要原因。另一个方面原因可能是靖江王府及其周围的建筑比较坚固，尤其是城墙，高5.1米，全部用巨型方整的料石砌成，历经数百年仍气势非凡，一般的炮火或炸药很难将其摧毁。至于灵渠之所以得以保存，我们认为主要是日军推行“以华制华”政策的需要，同时也是争取国际支持的一种方针。灵渠是秦始皇时期修筑的人工运河，也是重要的水利工程，在历史上具有重要的地位。民国时期，它对桂北地区的农业灌溉仍发挥着积极而重要的作用。桂南战役中，虽然桂林遭到日军飞机的多次轰炸，但是由于主要的战场不在桂林，而灵渠距离桂林又有几十公里，日军的飞机轰炸未对其造成很大的影响。当然，更重要的是应当意识到，抗战中后期，日本被迫放弃了迅速将中国灭亡的幻想，转而施行“以华制华”的政策。1939年11月，日本驻南宁方面军指挥官向李宗仁、白崇禧发出劝降通电，表示“保护两将军治下一般民众之生命财产以其幸福”[①]。因为日军深知以李宗仁为首的桂系集团与蒋介石为首的国民政府一直存在着矛盾，在对他们的军事力量进行打击的同时，若能通过政治拉拢手段达到利用目的，则能更快更好地实现自己的侵略意图。保留灵渠，也许就是在一定程度上为了配合这种劝降活动。同时还要意识到，日本此时在国际上越来越孤立，受到的压力也越来越大。若要破坏像灵渠这样的历史遗址，似也存有疑惧。从另一个角度看，日军侵占桂林并派重兵驻守，最初的目的无疑是为了确保大陆交通线的畅通。而要做到这一点，就必须采取“以战养战”的方针，强迫当地的中国民众进行生产，提供驻军所需要的粮食和其他物质。这种需要可能是灵渠得以保存的又一重要原因。当然，这些都是我们对抗战时期桂林及其周边地区一些重要的历史文化建筑幸免于难原因的判断。由于缺乏确凿的证据，这些判断是否正确，不敢十分肯定。在这里，我们提出这一问题并且发表自己的看法，是希望史学界继续予以关注。这涉及对日军侵略桂林罪责的认定，具有重要意义。

---

① 季啸风、沈友益主编：《中华民国史史料外编——前日本末次研究所情报资料》第67册，广西师范大学出版社1997年版，第270页。

（四）国际社会与桂林抗战损失的关系

第二次世界大战中，中国的抗日战争是整个反法西斯战争的一个组成部分，得到世界各国人民的大力支持与帮助，其中，美国航空部队（“飞虎队”）为桂林做出了重大的贡献。从1941年开始，该队根据其政府的指令，直接参与桂林上空的防守，每当日军飞机轰炸桂林的时候，他们便予以拦截和打击，从而大大地减少了桂林受空袭的次数以及所受损失的程度。但是，在此过程中，他们也遭受了很大的损失，例如，1942年6月28日的空战中，“飞虎队”损失了4架飞机。1943年，驻桂林的美国航空队03号油库被日机轰炸，损失航空油1万加仑。1944年9月，桂林沦陷前夕，“飞虎队”被迫将自己的机场破坏①。1945年3月15日中午，1架美国飞机坠落在百寿县吉良乡佳境村境内（今融安县桥板乡所属），死美军1人，机身全毁。6月，百寿县保安乡驿马村长沟后背山丛林中，坠落美国飞机1架，机身号码2593，飞机大部损坏②。驻守在其他地方的美国航空队，也经常参与保卫桂林的战斗，其中也有不少的飞机和飞行员在战斗中受损。新出版的地方志资料显示，桂南战役和桂柳战役期间，美国航空队参战飞机坠落在广西境内至少还有10次。为便于人们检索及研究，特将这些资料附录如下：

1941年10月，派来中国抗日的美飞行员苏摩登驾机在练滩机场降落。次年4月，美14航队队员巴拉扎驾机抗击日本飞机，返航时因油尽在练滩机场降落③。

1943年2月19日，美国空军飞虎队飞机1架在龙头乡九磨村附近触山坠毁，6名飞行员中5名得救，1名失踪④。

1944年2月6日下午5时，1架美国飞机发生故障，降落在镇流村境⑤。

同年4月5日，日机32架突袭南宁。美军9架飞机迎战，击落、撞毁日机9架，美机被击落、撞毁各1架⑥。

5月3日，美国飞机1架因缺油逼降在惠林乡，机内12人幸存⑦。

---

① 颜邦英总纂：《桂林市志》上册，中华书局1997年版，第69—72页。

② 潘健康主编：《永福县志》，新华出版社1996年版，第16页。

③ 《昭平县志》，广西人民出版社1992年版，第21页。

④ 韦甘睦主编：《宜州市志》，广西人民出版社1998年版，第13页。

⑤ 陆顺天主编：《隆安县志》，广西人民出版社1993年版，第11页。

⑥ 陈谟志总纂：《南宁市志》政治卷，广西人民出版社1998年版。

⑦ 梁名就主编：《百色市志》，广西人民出版社1993年版，第12页。

7月，美国飞虎队飞机1架因与日寇空战受创，迫降于新联村江边[①]。

8月29日晚，美14航队一大型轰炸机在黄姚猪头岩田坠落，7个随机员跳伞生还，3人在机舱内遇难。12月，1架被击伤的美航空飞虎队战斗机，在木格犁尾洲降落，飞行员无恙，乡民对飞机妥加保护，之后，来人将飞机拆散用船运桂林[②]。

1945年8月，美国小飞机一批6架，由百色飞往柳州，在大塘上空迷失方向，2架在大塘街附近迫降……旋起向柳州飞去[③]。

1944年9月，1架美国飞机从平南县丹竹机场起飞后，沿马练河谷飞入金秀瑶山上空，在金秀镇强仰村附近与石山相撞坠毁，机上13名美国乘员全部遇难[④]。

1946年8月，有美国飞机3架，降落在羊头莲花塘岭，1小时后，有2架飞去，1架因降落时撞坏，后由乡派人拉回羊头街停放[⑤]。

上述资料说明，抗战期间，以美国为首的盟军飞机在战斗中的损失是不小的。这些飞机及飞行员大都来自桂林基地。因此，我们有理由认为这是国际社会为保卫桂林而遭受的又一损失。

由于飞虎队对桂林和广西的地形不太熟悉，加上气候等因素的影响，因此，在轰炸日军阵地或其他军事设施的时候，也误炸了一些民房和城市设施。这些损失虽然不大，但是作为战争损失的因素之一，也不容忽略。造成这一损失的直接原因虽然是飞虎队的误炸，但根源却是日军的侵略。债自然还是要记在日本侵略者的身上。

桂林在沦陷期间所遭受的重大人员伤亡和财产损失，以及战后所面临的困境引起了国际社会的愤慨和同情，他们以各种方式对桂林实施了力所能及的救援，包括提供食品、衣物和药品等。这些物质通过国民政府善后救济总署或分署发放到民众手中（具体情况见第六章），使民众在一定程度上渡过了灾荒，社会在一定程度上减少了动荡。对此，桂林及中国人民永远都不会忘记。国际社会的这些救援工作是在战争环境下进行的，也是迫不得已的。他们所付出的代价，从又一个方面证明了日本侵略者所造成的损失涉及面很广。只有认识到这一点，才能对抗战损失的情况进行较为全面

① 刘海寿主编：《蒙山县志》，广西人民出版社1993年版，第15页。
② 《昭平县志》，广西人民出版社1992年版，第21页。
③ 罗富清主编：《忻城县志》，广西人民出版社1997年版，第15页。
④ 刘明原主编：《金秀瑶族自治县志》，中央民族学院出版社1992年版，第8页。
⑤ 韦洪宇主编：《钟山县志》，广西人民出版社1995年版，第15页。

正确的评价。

在调查研究过程中，我们发现，国际社会与桂林抗战损失关系的问题尚未引起人们的高度重视，不论是“飞虎队”还是国际社会的其他救援活动，都很少从损失的角度进行思考和论述，这显然不利于抗战史研究的深入。因此，我们认为应尽快改变这种状况，把国际社会在保卫和救济桂林及其民众过程中的损失纳入研究的范畴，通过有效的合作，将历史事实公之于众，让日本右翼势力感受到更大的国际政治压力。只有这样，才能还历史的本来面目，达到史学研究的目的。

附录一　桂林籍抗日阵亡将士表

姓名	级职	部队番号、机关名称	年龄	牺牲时间	牺牲地点
蒋新武	上等兵	11 师 66 团	26	1937.8	江苏
阳仕成	中尉	59 师 349 团	32	1937.9	江苏
何福林	中尉	90 师 536 团	38	1937.9	江苏
唐桂	上等兵	11 师 65 团	27	1937.9	上海
葛少斌	下士	14 师 80 团	35	1937.9	江苏
韦仲武	上尉	98 师 583 团	34	1937.10	江苏
尹继贤	中校副官	5 战区长官司令部	40	1937.10	江苏
阳高	少尉	174 师 1040 团	29	1937.10	上海
阳烈	中尉	170 师 1015 团	31	1937.10	上海
阳桂标	上士	170 师 1020 团	24	1937.10	上海
朱庆冠	上士	170 师 1016 团	21	1937.10	上海
刘俊杰	上尉	170 师 1020 团	40	1937.10	上海
李老二①	一等兵	170 师 1015 团	21	1937.10	上海
吴国莫	中尉	174 师 1040 团	29	1937.10	上海
唐庆松	上等兵	170 师 1016 团	36	1937.10	上海
秦霖	少将旅长	171 师 511 旅	38	1937.10	上海
秦崧森	少校营长	170 师 1020 团	33	1937.10	上海
粟个三	一等兵	173 师 1034 团	24	1937.10	上海
粟能治	准尉	170 师 1020 团	20	1937.10	上海
彭桂廷	一等兵	173 师 1033 团	20	1937.10	江苏
马德甫	上等兵	171 师 1026 团	35	1937.11	上海

① 《桂林市志》第 3369 页误载为“李志二”。

续表

姓名	级职	部队番号、机关名称	年龄	牺牲时间	牺牲地点
甘寿南	一等兵	67 师 397 团	24	1937.11	江苏
刘良	中尉	176 师 1056 团	31	1937.11	江苏
刘光清	上等兵	67 师 397 团	31	1937.11	江苏
李烈	上尉	172 师 1031 团	33	1937.11	江苏
李振英	准尉	171 师 1022 团	32	1937.11	江苏
张煌	中尉	170 师司令部	25	1937.11	上海
吴镒清	中尉	176 师 1056 团	33	1937.11	浙江
唐权	上尉	174 师 1043 团	27	1937.11	浙江
褚兆月	上校团长	172 师 1031 团	—	1937.11	江苏
傅英忠	中尉	172 师 1027 团	38	1937.11	浙江
冯俊杰	少尉排长	156 师 934 团	33	1937.12	江苏
李宏昇	上尉连长	156 师 934 团	35	1937.12	江苏
陈耀卿①	少尉	160 师 955 团	28	1937.12	南京
胡青云	一等兵	41 师 242 团	25	1937.12	江苏
李家朋	准尉	138 师 824 团	29	1938.1	安徽
秦胜乾	上尉参谋	138 师司令部	31	1938.2	安徽
何信②	中尉副队长	空军 3 大队第 8 中队	26	1938.3	河南
王明泰	二等兵	12 师 666 团	45	1938.4	山东
廖秀山	下士	6 师 34 团	23	1938.4	山东③
吴桂标	二等兵	138 师 823 团	28	1938.4	定县
张家有	二等兵	183 师 1083 团	30	1938.4	山东
黄家信	二等兵	183 师 1083 团	22	1938.4	山东
唐伯骥	少尉	31 军炮 2 连	26	1938.4	安徽
王枝能	上等兵	173 师 1033 团	29	1938.5	安徽
王贱盛	下士	174 师 1039 团	30	1938.5	安徽定远
龙得有	一等兵	174 师 1039 团	28	1938.5	安徽凤阳
刘有才	上等兵	174 师 1039 团	30	1938.5	安徽凤阳
李一	二等兵	199 师 1147 团	23	1938.5	湖北

① 《桂林市志》第 3370 页误载为“陈跃卿”。

② 原表中载其两次，另录其年龄“22”，牺牲日期“1938.3.25”，牺牲地点“河南虞城”。

③ 《桂林市志》第 3370 页误载为“广东”。

续表

姓名	级职	部队番号、机关名称	年龄	牺牲时间	牺牲地点
李大弟	一等兵	173 师 1033 团	26	1938.5	安徽
李巩	上尉连长	131 师 781 团	29	1938.5	安徽
李逢春	中尉	172 师 1031 团	36	1938.5	安徽
吴富苟	一等兵	173 师 1033 团	31	1938.5	安徽
周应元	准尉	无线电轻机 11 站	22	1938.5	安徽
赵汝旺	二等兵	172 师 1028 团	25	1938.5	安徽
郑金桥	一等兵	175 师 1033 团	28	1938.5	安徽
杨四	上等兵	155 师 928 团	23	1938.5	河南
秦天元	上等兵	173 师 1033 团	24	1938.5	安徽
秦定勋	上等兵	173 师 1033 团	37	1938.5	安徽
莫家新	少校营长	138 师 828 团	30	1938.5	安徽
黄　汉	二等兵	58 师 348 团	42	1938.5	河南
黄晏森	中士	155 师 928 团	36	1938.5	河南
梁过佚	一等兵	173 师 1033 团	22	1938.5	安徽
梁坚浩	少尉	171 师 782 团	32	1938.5	安徽
蒋鸿勋	少尉	172 师 1028 团	34	1938.5	安徽
梁培生	上尉	155 师 928 团	31	1938.5	河南
朱玉甫	上尉连长	5 路军第一荣誉团	36	1938.6	河南
欧玉田	一等兵	174 师 1039 团	34	1938.6	安徽寿县
秦土生	一等兵	173 师 1038 团	25	1938.6	安徽
龚桂友	一等兵	134 师 800 团	30	1938.6	安徽
黄铁钧[①]	中尉	187 师 1100 团	43	1938.6	河南
卢勋[②]	少尉	173 师 1034 团	40	1938.6	安徽
尹振	中校课员	5 战区伤兵管理处	45	1938.7	江苏
文德星	上等兵	155 师 929 团	28	1938.7	江西
卢学彭	上等兵	155 师 929 团	20	1938.7	江西
张志干	少校科长	第 4 兵团 11 兵站分监部	28	1938.7	河南
秦景禄	一等兵	26 师 152 团	40	1938.7	江西

① 《桂林市志》第 3371 页误载为“黄铁钓”。

② 《桂林市志》漏载此人。

续表

姓名	级职	部队番号、机关名称	年龄	牺牲时间	牺牲地点
蔡元山	上等兵	155 师 929 团	22	1938.7	江西
马毓鑫	中尉分队长	空军 3 大队 32 中队	27	1938.8	广东南雄
龙步云	下士	155 师 929 团	27	1938.8	江西
唐辉	少尉排长	155 师 929 团	26	1938.8	江西
王亚石	一等兵	57 师 339 团	22	1938.9	湖北
王　钰	上等兵	4 师 19 团	31	1938.9	江西
农正才	二等兵	176 师 1056 团	37	1938.9	湖北
乐义秦	上等兵	57 师 337 团	22	1938.9	湖北
杨文亮	中士	5 战区长官部	24	1938.9	湖北
张竞明	少尉	177 师 1026 团	26	1938.9	湖北
秦子明	一等兵	174 师 1039 团	24	1938.9	松山口
唐瑞生	下士	174 师 1039 团	24	1938.9	湖北浙河
杨狗之	下士	174 师 1039 团	22	1938.9	松岩
黄福锦	一等兵	174 师 1039 团	24	1938.9	松岩
谭志开	一等兵	121 团 659 团	26	1938.9	湖北
龙子求	少尉	160 师 956 团	31	1938.10	江西
吴长伦	中士	14 师 84 团	32	1938.10	湖北
李贵生	下士	102 师 612 团	21	1938.10	江西
邱为平	一等兵	6 师 34 团	30	1938.10	湖北
赵光辉	中士	102 师 609 团	33	1938.10	上海
梁峰	上等兵	199 师 1147 团	25	1938.10	湖北
黄自强	中尉代连长	188 师 1104 团	37	1938.10	湖北
廖金水	一等兵	174 师 1040 团	23	1938.10	湖北应山
何才	下士	新 23 师 2 团	32	1938.11	湖南
陶勉	上尉	176 师 1053 团	32	1938.11	浙江
黄建华	中尉	93 师工兵营	24	1938.11	湖北
廖学安①	中士	54 师 324 团	33	1938.11	山西
廖雄	上校团长	131 师 785 团	30	1938.11	广西
黎仲权	中士	138 师 828 团	30	1938.11	安徽

① 《桂林市志》第 3372 页载为“廖学友”。

续表

姓名	级职	部队番号、机关名称	年龄	牺牲时间	牺牲地点
冯德标	一等兵	116 师 151 团	26	1939.1	安徽
祝胜彪	少校副官	189 师	—	1939.1	湖北
李元诗	一等兵	77 师 462 团	19	1939.3	江西
李明发	上等兵	77 师 462 团	29	1939.3	江西
陈庆华	下士	173 师 517 团	25	1939.3	湖北
杨国清	二等兵	77 师 459 团	23	1939.3	江西
周致明	上等兵	新 13 师 3 团	35	1939.3	江西
黄孝仔	上等兵	173 师 517 团	25	1939.3	湖北
黄满定	一等兵	134 师 402 团	28	1939.3	湖北
曾海涛	中尉	11 集团特务 1 连	36	1939.3	湖北
赵求狗	一等兵	79 师 235 团	29	1939.4	江西
钟国尚	二等兵	41 师 122 团	26	1939.4	湖北
阳老四	中士	174 师 1039 团	30	1939.4	湖北应山
李宽清	上等兵	174 师 1039 团	31	1939.4	湖北应山
秦健初	中士	174 师 1039 团	32	1939.4	湖北应山
秦桂廷	一等兵	174 师 1039 团	27	1939.4	湖北应山
黄贵泉	上等兵	79 师 237 团	27	1939.4	江西
尹郁芳	一等兵	173 师 518 团	36	1939.5	湖北
刘选衡	中士	173 师 1038 团	20	1939.5	湖北
阳庚生	一等兵	7 军工兵 3 连	26	1939.5	湖北
吴二弟	上等兵	173 师 517 团	27	1939.5	湖北
杨火生	一等兵	174 师 1039 团	21	1939.5	河南
李枝荣	一等兵	65 师 193 团	23	1939.6	山西
蒋汉震	上等兵	独 9 旅 627 团	26	1939.6	广东
胡有亮	中士	176 师别动队	32	1939.8	湖北
陈东	上等兵	95 师 566 团	30	1939.9	湖南
杨玉坤	少尉	174 师 1039 团	36	1939.9	湖北
唐春华	上等兵	176 师 56 团	22	1939.9	安徽
靳云标	中士	98 师 292 团	20	1939.9	湖北
李琪	二等兵	95 师 570 团	26	1939.9	湖南
李忠健	上尉连长	171 师 1026 团	36	1939.10	江西

续表

姓名	级职	部队番号、机关名称	年龄	牺牲时间	牺牲地点
杨福棠	上等兵	155 师 926 团	31	1939.10	广东
彭占清	中士	102 师 306 团	25	1939.10	河南
叶昙	上尉连长	135 师 405 团	34	1939.11	广西
韦子成	二等兵	132 师 394 团	39	1939.12	湖北
王德①	上等兵	新 15 师 45 团	24	1939.12	湖北
周振普	一等兵	152 师 911 团	24	1939.12②	广东
孙吉祥	上士	187 师 560 团	41	1939.12	广东
李雄	中士	187 师 560 团	28	1939.12	广东
吴懋昌	一等兵	新 15 师 45 团	21	1939.12	湖北
罗超	一等兵	158 师 473 团	25	1939.12	广东
周国权	中士	175 师 524 团	22	1939.12	广东
徐云生	二等兵	新 23 师 65 团	29	1939.12	广西
唐桂生	上等兵	13 师 37 团	32	1939.12	河北
秦景文	上等兵	157 师 490 团	38	1939.12	广东
秦景义	上士	175 师 524 团	28	1939.12	广东
蔡新寿	中士	187 师 560 团	36	1939.12	广东
李克	上士	173 师 519 团	28	1940.1	湖北
李辉	中尉	175 师 523 团	32	1940.1	广西
李翼珍	一等兵	174 师 520 团	30	1940.1	湖北
陈卓元	下士	304 师 4 团	24	1940.1	广西
林国瑁	二等兵	174 师 520 团	35	1940.1	湖北
赵道喜	一等兵	171 师 1026 团	26	1940.1	湖北
唐少聊	一等兵	暂 8 师 1 团	28	1940.1	广东
秦至远	少尉	174 师 521 团	26	1940.1	湖北
邓国保	上等兵	173 师运输连	38	1940.5	河南
卢汉德③	一等兵	174 师 520 团	31	1940.5	河南
阳桥妹	上等兵	174 师 521 团	29	1940.5	湖北

① 《桂林市志》第 3373 页误载为“王清”。

② 《桂林市志》第 3373 页误载为“1939.5”。

③ 《桂林市志》第 3374 页误载为“卢汉清”。

续表

姓名	级职	部队番号、机关名称	年龄	牺牲时间	牺牲地点
闭益民	二等兵	174 师野补团	27	1940.5	河南
李绍仁	下士	173 师 519 团	30	1940.5	河南
莫汪	二等兵	124 师 3711 团	30	1940.5	河南
林许洪	上等兵	153 师 917 团	41	1940.5	广东
黄良臣	上等兵	173 师 518 团	25	1940.5	湖北
温林富	上等兵	173 师 1033 团	25	1940.5	安徽
王标	上等兵	41 师 122 团	24	1940.6	湖北
龙玉廷①	上等兵	13 师 37 团	23	1940.6	湖北
杨冠雄	少校营长	皖保安 8 团	40	1940.6	安徽
陈桂标	下士	44 师 131 团	28	1940.6	湖北
周政科	下士	172 师 1031 团	25	1940.6	湖北
黄渊局	一等兵	145 师 434 团	29	1940.6	安徽
萧广元	上等兵	59 师 176 团	25	1940.6	湖南
潘立顺②	一等兵	185 师 553 团	35	1940.10	湖北
刘开喜	上等兵	173 师 518 团	29	1940.11	湖北
莫灿	少校连长	173 师	30	1940.11	湖北
黄世源	下士	6 师 17 团	25	1940.11	湖北
周秉荣	上等兵	138 师 412 团	25	1940.12	安徽
蒋福山	上等兵	138 师 412 团	35	1940.12	安徽
李开弟	上等兵	174 师 522 团	29	1941.1	河南
杨林	上等兵	暂 8 师 1 团	38	1941.2	广东
何道明	一等兵	58 师 223 团	25	1941.3	江西
李才	上等兵	51 师 152 团	32	1941.3	山西
陈学斌	一等兵	19 师 57 团	26	1941.3	江西
王淼	少校附员	51 师	39	1941.4	江西
雷日子	一等兵	67 师 201 团	25	1941.4	浙江
王亚君	一等兵	91 师 271 团	27	1941.5	湖北
秦天麟	上尉军械	7 师军械处	53	1941.5	山西

① 《桂林市志》第 3374 页误载为“龙至廷”。

② 《桂林市志》第 3374 页误载为“潘兰顺”。

续表

姓名	级职	部队番号、机关名称	年龄	牺牲时间	牺牲地点
韦生和	下士	忠义军教2团	33	1941.8	江苏
韦克高	上士	60师180团	33	1941.9	湖南
张桂林	中士	5预师13团	37	1941.9	江西
萧坤山	上士	59师175团	23	1941.9	湖南
邓桂清	准尉号长	暂32师3团	27	1941.11	浙江
李志恩	上等兵	171师511团	39	1941.11	安徽
水大洁[①]	二等兵	暂5师通信连	36	1942.1	湖南
赵友元	二等兵	暂5师通信连	25	1942.1	湖南
莫金荣	一等兵	95师285团	27	1942.1	湖南
蒋贵清	下士	忠义军教1团	31	1942.1	山西
粟雄	上士	41师122团	26	1942.1	湖南
韦善宁	一等兵	200师200团	22	1942.3	缅甸
关永澄	少校科长	96师政治部	24	1942.4	缅甸
腾辉南	中校营长	暂33师2团	—	1942.5	浙江永康
刘进宝	二等兵	176师526团	31	1942.5	安徽
张淑良	一等兵	138师414团	23	1943.1	安徽
李言有	一等兵	63师189团	23	1943.2	湖南
黄永沙	上等兵	162师484团	27	1943.3	湖南
张济南	一等兵	67师201团	42	1943.5	湖北
李治元	少尉排长	58师172团	23	1943.11	湖南
朱喜	上等兵	57师辎重营	33	1943.12	湖南
黄国禧	上等兵	77师231团	18	1943.12	湖南
刘剑秋	上尉军需	31军辎重团	34	1944.2	广西
朱贵	一等兵	53军搜2连	20	1944.2	缅甸
唐其廷	上等兵	荣誉1师1团	23	1944.2	广西
秦超民	少尉	175师524团	24	1944.2	广西
黄荣廷	上士	炮47团4营	30	1944.2	麻尾
谭镇煃	少校营长	31军辎重团搜索营	30	1944.2	广西
李汉光	下士	23师69团	24	1944.4	河南

① 《桂林市志》第3375页误载为“水大清”。

续表

姓名	级职	部队番号、机关名称	年龄	牺牲时间	牺牲地点
黄秀三	一等兵	5 战区 10 挺队特务大队	24	1944.5	安徽
邓谋生	一等兵	新 19 师 55 团	20	1944.6	湖南
薛汉中	上等兵	116 师 348 团	30	1944.6	云南
刘长发	一等兵	116 师 348 团	26	1944.7	云南
秦玉麟	中士	157 师 471 团	32	1944.7	湖南
莫龙双	一等兵	4 挺 2 支队 1 大队 3 中队	38	1944.8	湖北
秦邦生	上等兵	46 军炮 3 连	23	1944.8	湖南
王保初[①]	二等兵	198 师 592 团	29	1944.9	云南
尹林森	下士	130 师 388 团	27	1944.9	云南
杨中文	少尉译电员	31 军	29	1944.9	广西
李曼春	少尉队员	135 师司令部	27	1944.9	广西
唐郁林	二等兵	63 师 189 团	24	1944.9	湖南
唐渊[②]	少校副官	广西绥署	45	1944.10	广西
秦义标	上士	155 师 464 团	30	1944.10	广西
方延龄	少校营长	170 师 510 团	38	1944.11	广西
何其琰	上尉营副	131 师 393 团	42	1944.11	广西
霍钟明	中校军需	军政部第 7 军需局	34	1944.11	河南
黄标生	上等兵	59 师 175 团	29	1945.1	广东
吴励之	上尉军医	99 军司令部	28	1945.3	湖南
罗洪	中尉副官	172 师 515 团	30	1945.4	安徽
谢日胜	上等兵	19 师 56 团	24	1945.4	湖南
韦秀德	上等兵	5 战区 10 挺队特务大队	31	1945.5	安徽
陈秉铎	上士	74 师通信营	18	1945.5	湖南[③]
于贵甫	中士	175 师 525 团	34	1945.6	广西
冷观民	中士	160 师 478 团	31	1945.6	江西

资料来源于联合勤务总司令部抚恤处编《中华民国忠烈将士姓名录》，1947 年版。编辑时按牺牲时间先后排列。

① 《桂林市志》第 3376 页误载为“王保永”。

② 《桂林市志》第 3376 页误载为“唐湘”。

③ 原表中载其两次，另录其牺牲地点“湘西”。

附录二　桂林抗战损失大事记

说明：

1.本大事记所载仅限于抗战时期桂林市区范围，只在必要时兼及其他地区。

2.本大事记的时间主要从1937年7月7日至1945年9月3日，对于战后诸事亦酌载。

3.本大事记为明了起见，对国内重大事件及与桂林相关大事件亦酌载。

4.为明确所用资料的来源，在每件大事后均注明了出处。

1937 年

7月7日，日军发动了“卢沟桥事变”，全面侵华战争爆发。

9月中旬，桂系第48军从桂林出师北上，参加抗日战争。（《广西史稿》）

10月初，桂系第7军、第31军向徐州地区集结。（《广西史稿》）

10月中旬，桂系第48军和第7军171师赴上海参加淞沪会战。（《广西史稿》）

10月15日，日军重轰炸机队于中午11时31分飞桂轰炸，在城郊投弹数十枚，城内落8弹，炸毁民房39所，死市民53人，伤达200人。附郊被炸乡村共9处，毁民居50余所，死伤农民逾300人。[《大公报》（天津版）]

11月15日，桂系第7军170师和172师在浙江升山市、朱家巷一带阻击日军，战斗十分激烈，致两师伤亡过半。（《广西史稿》）

1938 年

9月13日，敌机31架两次侵入桂林。（《新华日报》）

9月27日，敌机22架于晨7时半先后由粤经梧，袭柳州、南宁、龙州、桂林、武鸣各地，在桂林武鸣近郊投弹数十枚。（《新华日报》）

11月21日，敌机21架分3批袭击桂林。首批9架经怀集、钟山、平乐、阳朔窜入桂林上空，在城内盘旋一周，飞南郊投弹60余枚。第二、第三批各6架，俄亦侵入城区投弹3枚，并以机枪向下扫射。其中1架为我高射炮命中，带伤逸去。敌机在城内所投之弹重约200磅，落于皇城图书馆门首马路中；落于桂北路88号门首，炸毁民房5栋，伤平民3人；落于桂北路70号马路中，震倒民房4栋，死平民1人，伤3人。（《新华日报》）

9月30日，大队敌机，今午狂炸桂林，平民受祸惨烈，来袭敌机共51架，侵入城区者35架。11时25分，首批敌机15架由恭城侵入桂林城区，在东城一带漫无目的投下爆炸弹、烧夷弹数十枚而去。35分，第2批敌机18架继至在湘桂铁路、北城桂北路一带投弹滥炸，并以机枪猛烈扫射。45分，第3批敌机2架又至散发荒谬传单。敌机在城内皇城、中华街、凤北路、桂南路、方昌阁、伏波山等处及城外象凤山、沙水门、水东门一带投弹约60枚，内有烧夷弹多枚，价和前街、凤北路、皇城北路四处着火，延烧甚广，被毁商店及平民住宅达200户，桂北路、桂南路为桂林最繁盛街道，已成一片瓦砾，湘桂铁路附近，落弹数枚，路轨微损。后查明此次死伤171人，大半系妇孺，被毁房屋200栋，炸沉民船3艘。（《新华日报》）

12月2日，敌机21架来袭桂林，在西南城投下炸弹，燃烧弹67枚，义仓街、白菓巷、临桂路、西城路、交通路、崇善路、西门外、南门汽车站等处大火。崇善清真寺1所被毁，南门外汽车站亦被炸毁。经查明，共损毁房屋442栋，平民死11人，伤17人。（《新华日报》）

12月24日，敌机9架于下午1时侵入城区上空，在东南城依仁路、榕城路、环湖东路一带投弹50余枚，文明路、望街、桂南路等处中烧夷弹起火，桂南路之美国宣道会及通泉巷之回教礼拜堂均被炸毁。有一弹适中宣道会内防空壕，壕内避难教友12人悉数炸毙，名作曲家张曙和女儿大大亦同时遇难。（《新华日报》）

12月29日，敌机18架于下午1时半自肇庆侵入桂境，于下午2时8分窜入桂林上空，在城内投入烧夷弹、爆炸弹约百枚，复在南郊投弹数十枚。由于此间大风，敌机投下烧夷弹后，即迅速发生火灾，东西南北四城共有火头约30个。而以乐群路、桂西路、中北路、特察里、桂南路等处火势最烈，破坏特别巨大，至下午6时许，火势稍缓。但南城文昌街、桂南路一带，入晚犹红光满天。至当晚10时止，已毁房屋约在1500栋以上，全城无家可归者万余人，灾情奇重。（《新华日报》）

1939 年

1月11日，日机18架，经肇庆信都来袭桂林，于11时7分分两队由东南方向同时侵入市空，在伏波门、南门外、江东岸、湘桂路车站等处投百余弹，至11时25分始循原路遁去。伏波山四周落重爆炸弹约20枚，山下承恩观及附近民房数十栋全毁，山腰亦中弹。临河洞口一巨弹在深渊中爆发，飞腾高十余尺，死鱼无数。南门外汽车站附近及火神庙两处中烧夷弹起火，毁民房地产4栋。湘桂路车站附近落弹甚多，路轨微损。总计平民死者8人，伤50余人。（《新华日报》）

1月12日，午前11时15分，日机18架分3批侵入桂林上空，在郊外投弹40余枚，毁屋十余间，伤平民4人。（《新华日报》）

2月3日，夏衍在《新华日报》发表《桂林怎样抵抗轰炸》一文，大力控诉日本军国主义者残酷轰炸桂林的罪行。（《新华日报》）

2月，交通银行桂林分行成立。沦陷前随军西迁川、黔等地。（《桂林市年鉴》）

5月，广西省政府征调桂林等5县民工扩修秧塘机场。（《广西大事记》）

9月5日，广西省政府令桂林各机关赶速疏散。（《广西大事记》）

10月8日，日机8架侵入桂林市上空，投弹70余枚，旋窜入湖南境内。（《广西大事记》）

11月12日，敌机袭击桂林。桂林各岩洞装电话报告空袭消息。（《广西大事记》）

11月29日，桂林征募寒衣运动得7万元。［《大公报》（桂林版）］

12月2日，敌机18架侵入桂林上空，投弹60余枚。（《桂林市志》）

12月16日，湘桂铁路桂林至柳州段通车。（《桂林市志》）

12月22日，桂林霍乱流行，医院收容不下，借小学教室作临时病房。（《桂林市志》）

1月24日，广西造纸试验所在桂林成立，用机器生产各色书面纸和新闻纸，为抗战文化建设提供了物质基础。（《桂林市年鉴》）

1940 年

1月1日，桂林县城及灵川县三合乡及乐清乡所属之新南桥、三民、五权、上下街、四村街为桂林市辖区。市长陈恩元奉筹组市政府。（《桂林市年鉴》）

1月10日，敌机27架袭桂林，发生空战。（《广西大事记》）

1月，广西士敏土厂成立于桂林五权村附近。（《广西大事记》）

5月，广西无线电总台成立，可通达云南、贵州、四川、湖南、广东、江西、福建、浙江、安徽各省。（《桂林市志》）

6月，桂林电力厂新添机器装竣。（《广西大事记》）

8月24日，日机50架在市区盲目投弹，市区及郊外损失尚微，唯美国浸信会总会全部被炸毁，损失约达10余万元，伤病人、工人11人。（《桂林文史资料》）

8月，桂江桥完成通车。后毁于日军侵略的战火。（《桂林市志》）

8月，广西面粉厂成立于桂林。（《广西大事记》）

9月1日，桂林市记者公会为支援抗战发起献机运动，电请国内外记者合力倡导。（《桂林市志》）

是年，桂林霍乱流行，死400余人。（《桂林市志》）

1941 年

2月3日，日机1架晨侵入桂林，盘旋侦察后逸去。（《新年日报》。

2月，再扩修桂林秧塘飞机场，继征到民工10000名。（《广西大事记》）

3月，扩修桂林秧塘飞机场，继续征工9000名。（《广西大事记》）

5月4日，日机1架8时许窜入桂林上空，在市空及西郊外侦察。[《大公报》（桂林版）]

5月，桂林多次实行强制防疫注射。[《大公报》（桂林版）]

6月11日，桂林广播电台装置短波，向国外播音。（《桂林市志·大事记》）

5月30日，日机18架经湘侵入桂林市空，在南郊附近投弹4次，计共30余枚，死伤多人。[《大公报》（桂林版）]

7月13日，桂林市制定了空袭紧急救济办法，关于空袭伤亡事宜，按照中央振委会之规定：死亡者每名给恤金国币60元，重伤者给医药费40元，轻伤者给15元。[《大公报》（桂林版）]

7月20日，广西省政府为充实桂林市防护设备，特拨款3900余元，给令防护团购置药籍、药械。[《大公报》（桂林版）]

8月3日，敌机1架上午经湖南窜至桂林上空，在市郊等外盘旋窥察后，仍循原路逸去。7时12分发空袭警报，7时20分发紧急警报，8时41分始告解除。[《大公报》（桂林版）]

8月4日，8时许有敌机1架窜入桂林上空侦察。至12时许有敌机21架侵入桂林市空，在市区内往返投弹3次，市内文化机关如助产护士学校、省临时参议会、新运妇委会、乐群社等均落有炸弹，房屋多被炸毁。中华圣公会、美浸信会则被部分炸毁，市民方面略有死伤。另因公殉职警察7人，伤者11人。［《大公报》（桂林版）］

8月5日，为了更好地适应防空需要，桂林市防空部制定了94处避难洞分配表，并拟于漓江下游之龙门村设重伤医院1所，被炸重伤者即由镇担架队送下船运院诊治。［《大公报》（桂林版）］

8月14日，广西省政府令市府开办平民医院，救济无主病人。［《大公报》（桂林版）］

8月17日，桂林市从银行界借得30万元防空建设经费，将来由戏票加价所得垫还。为使警报声响传达普遍起见，决定在风洞山、象鼻山、西门城楼、马坪街等处增设手摇警报班；并于东洲花桥头及北门观音山增设警报球。［《大公报》（桂林版）］

11月13日，敌机两批共41架先后侵入桂林，在西南郊外及西南北三门外投弹达100余枚，所投之弹，多数落入荒郊，仅毁房屋数栋，死伤平民数人。［《大公报》（桂林版）］

11月21日，桂林市筹赈款30万元办理冬赈事宜。［《大公报》（桂林版）］

11月，七星岩多辟出入口1处，虽早已开工，但工程进展较慢。［《大公报》（桂林版）］

12月11日，敌机1架8时许侵入桂林，在市空及西南郊外窥察后，即循原路逸去；11时许又有敌机4架窜至桂林，并在西南郊外低飞扫射。曾两次发空袭紧急警报，至12时许始行解除。［《大公报》（桂林版）］

12月18日，桂林市派员慰问征属，每人可得征属慰问金2元，夏季救济费5元，共可得7元。［《大公报》（桂林版）］

1942 年

1月18日，敌机30架分批袭桂。首批4架于上午7时许窜至桂林，在西南郊外盘旋侦察，并用机枪扫射；第二批25架侵至邕宁；第三批1架正午12时许窜至桂林，在市郊盘旋后，即循原路逸去。桂林市曾两度发空袭紧急警报，恰于此时桂林中山北路发生大火灾，义学巷到桂东路的精华商店破损殆尽。一般估计动产与不动产至少损失数百元。［《大公报》（桂林版）］

1月29日，冬赈会赈米约80000斤，预计可救8000人，价值约100000元。［《大公报》（桂林版）］

1月，中央信托局桂林分局成立。（《广西大事记》）

2月3日，中央振济会汇桂林款50000元用于冬赈。［《大公报》（桂林版）］

2月6日，桂林市政府修筑市区各马路两旁人行道，先由南北干路及桂东路、桂西路开始。［《大公报》（桂林版）］

2月，归侨涌入桂林颇多，桂林市政府成立了桂林招待所，并拨款发给伙食费。［《大公报》（桂林版）］

3月，桂林救济归侨筹募捐款60000元。［《大公报》（桂林版）］

4月6日，敌机2架午窜入桂林上空，在市郊等处低飞侦察并用机枪扫射，曾适时发放空袭紧急警报，至下午1时许始行解除。［《大公报》（桂林版）］

4月21日，敌机2架下午侵入桂林，在西南郊外上空100米处低飞侦察时被我高射部队击落于桂林东南郊，另敌机曾低开机关枪扫射，伤3人。［《大公报》（桂林版）］

4月25日，春夏之交，疫病堪虞，市委规定防范事项。［《大公报》（桂林版）］

5月1日，桂林防空疏散委员会成立，并制定了《疏散简要办法》，其中对机关、团体、学校、工厂、人民以及物资设备的疏散进行了初步的安排。［《大公报》（桂林版）］

5月5日，为了保证人民群众用水安全，桂林市政府指定了31处汲水码头，并规定在50米以内不得停泊船只及洗涤任何器物，并不得在沿江任何地段倾倒垃圾、排粪便及洗涤或抛入含有毒物质或病菌之器物或尸体。［《大公报》（桂林版）］

5月10日，创立临时防疫医院1所。［《大公报》（桂林版）］

5月19日，敌机22架分两批袭击桂林，曾在市西南郊投弹20余枚，尽落荒山野岭中，我损失甚微。7时17分发放空袭警报，10时35分发放紧急警报，11时半解除。［《大公报》（桂林版）］

5月20日，敌机四批共24架分批袭桂。首批1架7时许窜入市空侦察，盘旋数匝后逸去。第二批4架跟踪而至，在市空盘旋两匝后绕道北飞。第三批8架9时许侵入桂林，在西南郊投弹20余枚，尽落荒郊，投弹后，仓皇逸去。第四批11架下午1时许在四会发现，旋经八步侵入桂林，仍在西南郊投弹多枚后逸去。［《大公报》（桂林版）］

5月21日，桂林发现霍乱，情形日趋严重。据不完全统计，至8月底，共死亡88人。［《大公报》（桂林版）］

5月27日，敌机两批共24架分袭桂柳两地，其中第一批12架上午由怀集方面侵入桂林市，先由1架盘旋侦察，另11架即在西南郊投弹多枚，仍循原路逸去。[《大公报》（桂林版）]

5月30日，敌机7架今晨袭桂，在北门外投燃烧杀伤弹共20余枚，尽落难民所附近，虽经防护消防队等努力灌救，仍延烧约半小时始熄。桂林空袭救灾联合办事处当日下午即举办急赈，并在义童小学收容灾民，每人每日发给伙食费1元，死亡赈款定于3日后发放。[《大公报》（桂林版）]

6月5日，缅甸华侨8000人疏散到桂林。（《桂林市志》）

6月10日，敌机11架今晨袭桂，首批1架飞桂侦察，次批10架跟踪窜来，在西南郊外投弹20余枚。[《大公报》（重庆版）]

6月12日，日机袭桂，发生空战，并击落8架敌机。（《桂林市志》）

6月28日，日机袭桂，发生空战，击落日军飞机14架，美国“飞虎队”亦损失飞机4架。（《桂林市志》）

8月17日，日机1架由广州怀集飞桂侦察，与我机在空中发生空战，后遁去。[《大公报》（桂林版）]

8月22日，日机1架下午1时许经由怀集来桂侦察，仍遁原路返回。[《大公报》（桂林版）]

8月28日，日机1架午后以由怀集窜入桂林市上空侦察。[《大公报》（桂林版）]

8月30日，市政府鉴于1000辆人力车满足不了需要，鼓励人力车经营，拟增加1500辆。[《大公报》（桂林版）]

9月3日，日机3批共17架于今晨先后扰桂。[《大公报》（桂林版）]

10月24日，日机1架今晨由怀集窜入桂林侦察。[《大公报》（桂林版）]

10月26日，日机3批共11架先后由广州方面飞桂窥扰。[《大公报》（桂林版）]

10月29日，日机5架晨3时许于月色迷蒙之际侵入桂林上空，并在西南荒郊盲目投弹20余枚后逸去，我防空队未置理。另批32架于晨6时许再犯桂林，其中2架至怀集时发生故障返回，余悉窜入桂林上空，在市郊发生激烈空战。[《大公报》（桂林版）]

10月30日，为了防止白喉蔓延，市防疫会开会商讨办法，决定东江区实行挨户注射。[《大公报》（桂林版）]

11月2日，日机40架自广州方面出动分5批袭击桂林，其中第4批12架在桂西南郊

外投弹多枚，尽落荒山野塚中。我机与敌机发生激烈空战，击落2架。［《大公报》（桂林版）］

11月9日，“全国慰劳总会文化劳军运动委员会”成立，决定从12日起开展文化劳军宣传和劝募活动。（《桂林市志》）

是日，日机1架今晨飞桂侦察，旋即逸去。下午1时，另有敌机8架来犯，与我军发生激烈空战。［《大公报》（桂林版）］

11月13日，日机1架侵入桂林上空。［《大公报》（桂林版）］

11月23日，日机侵犯桂林，被击落2架，敌机师1名被俘。（《桂林市志》）

12月25日，桂林各界万余人举行庆祝民族复兴节暨文化劳军献金大会。（《桂林市志》）

1943 年

1月4日，日机21架今晨袭桂，在西南郊外投弹100余枚后逸去。［《大公报》（重庆版）］

1月23日，日机1架飞桂窥察，窜入桂林上空，旋即逸去。［《大公报》（重庆版）］

2月8日，日机60架分三批袭桂。第一批18架于上午8时许窜入市上空，旋窜西南郊投弹，第二批16架跟踪而至，在同地投弹，两次投弹共100余枚，毁茅屋数间，耕牛2头。下午2时许，敌机22架又扰桂林，中有12架窜入市空，在市区投落烧夷杀伤弹数十枚，毁民房数间，死伤平民数人，余机均在郊外以机枪扫射，并散发荒谬传单，肆虐约1小时后始行逸去。［《大公报》（桂林版）］

2月9日，日机13架上午侵入桂林，在西南郊投弹多枚后逸去。［《大公报》（桂林版）］

2月10日，桂林市空袭紧急联合办事处于下午2时在北附郭乡公所，发放日前房屋被炸灾民给养费，每人大口一次发给7天，每天2元，小口每天1元，到所者50余人。并决定于11日下午2时在凤北路镇公所，发放被炸死炸伤恤金，死者每名200元，重伤者120元，轻伤者80元。［《大公报》（桂林版）］

2月11日，日机24架今晨抵桂，在西南郊投弹40余枚后仓皇逸去。［《大公报》（桂林版）］

2月27日，日机5批，每批4架，今晨扰桂，在市空盘旋达2小时之久，始相继逸

去。又日机曾在南站上空掷下手榴弹1枚，落于湘桂铁路理事会内，炸伤1人。[《大公报》（桂林版）]

3月13日，广西大学交通汽车今晨7时许由桂开赴良丰，至南郊××桥时，适有敌机8架袭桂，7架侵入市空及西南郊××，盘旋侦察甚久，并用机枪扫射该车。当时车内乘客一时发生骚动，并有多人跳车窗跃出逃避，及至车停时，敌机便用机枪向该车及躲于路旁之乘客密集射击，历时10分钟之久，造成6死9伤的惨剧。[《大公报》（桂林版）]

是月，桂林设立难民工场，收容难民，施以技术训练。（《广西大事记》）

4月10日，东江一带商讨设置电灯，预定2个月后即可装置完毕。[《大公报》（桂林版）]

是月，驻桂林的美国第14航空队03号油库被日机轰炸，损失航空汽油1万多加仑。（《桂林市志》）

5月6日桂林市开展良心献金活动，参加者极为踊跃，至24日已近40万元。[《大公报》（桂林版）]

7月7日，建于文昌门外的桂林忠烈祠举行入祠典礼。入祠者有33集团军总司令张自忠等38人，抗日阵亡的桂林籍周国权等13人，日机袭桂时防护团因公殉难的全忠等3人。（《桂林市志》）

夏，市区流行霍乱、伤寒，每天死亡100至200人。各医院病床住满，征用东旭戏院为临时防疫医院。（《桂林市志》）

8月20日，日机49架侵入南郊上空，被中国军队击伤多架。（《桂林市志》）

8月24日，日机5架今晨扰桂，并窜入市空窥察，盟机多架曾升空戒备，惜未遭遇，致逸去。下午二时许，另有敌机4架二次扰桂，在桂林市郊外发生空战，旋敌即呈不支，仓皇逸去。[《大公报》（重庆版）]

9月1日，渝桂特快电报开业，后因日军入侵致毁于一旦。（《桂林市志》）

9月12日，日机3架今午侵入桂林附近后被我机阻击逸去。[《大公报》（重庆版）]

10月4日，敌机39架今晨分批先后侵入桂林上空，并与我机及美机遭遇，发生空战。其中数架曾在西南郊投弹，旋均经原路逸去。（《时事新报》）

10月31日，省府发动献机运动，桂林市各界拟献9架，当天献6架。（《桂林市志》）

12月22日，日机于今晨2时起分批扰桂，在西郊外投弹多枚后仓皇逸去。及至6时许，日机又分两批扰桂，因浓雾弥漫，稍后即逸去。[《大公报》（重庆版）]

是月，桂林市政府公布市内登记大小工厂共有191家，其中机械工厂24家，翻砂铁工厂49家，士敏厂2家，煤气厂4家，纺织厂6家，印刷厂25家，皮革厂7家，骨粉厂2家，电机厂6家，酒精厂2家，化工厂4家，碾米锯木厂6家，油墨厂3家，造枧厂5家，汽车、面粉、炭精、造币、橡胶、铅锌、油漆、自来水等业者各1家，砖瓦厂11家，造烟厂3家，被服厂5家，炼油厂2家，其他及专事修理机器工厂21家。（《广西大事记》）

1944 年

3月11日，日机3批共3架，晨2时许乘月色扰桂，在市区西南郊投弹，损失民房数间。［《大公报》（重庆版）］

3月14日，今晨1时许，日机7架分7次前袭桂林，其中6架先后侵入市空，在西南郊投弹，并以机枪扫射。［《大公报》（重庆版）］

4月7日，日机3批每批1架晚袭桂林，在西南郊外投弹3次。桂林自晚8时半起发放警报，至8月晨1时始告解除。［《大公报》（重庆版）］

5月，桂林市政府将公物、文卷、图籍疏散到灵川县和临桂县。后来存于定江乡之文卷被日军焚毁，其他尚无损失。（《桂林市年鉴》）

6月18日至20日，桂林举行“国旗献金”大游行。（《桂林市志》）

6月27日，省府发出第一次疏散令，一些市民纷纷离开桂林市。（《桂林市志》）

7月9日，日机空袭桂林，击落击毁中国军队飞机28架。（《广西会战》）

7月10日，日机今晨于月色皎洁中袭桂东南郊，仓皇投弹，旋即逸去。（《中央日报》）

7月13日，日机13架晨1时起袭桂，在市东南郊投弹。（《中央日报》）击毁焚毁中国军队飞机89架。（《广西会战》）

7月28日，日机10架晚分批窜扰桂林，在西南郊外投弹。［《大公报》（重庆版）］焚毁、击毁中国军队飞机62架。（《广西会战》）

是日，阳桥被日军炮火炸毁。（《广西日报》）

7月31日，日军飞行第16战队及第90战队焚毁、击毁中国军队飞机26架。（《广西会战》）

8月14日，日机2架今晨1时许由广州方面分两次侵扰桂林，在桂郊投弹后逸去。［《大公报》（重庆版）］

8月29日，日机3批各1架今晚逸袭桂林，在市郊投弹多枚后逸去。［《大公报》（重庆版）］

9月8日，桂林城防司令部发布第二次疏散令。（《桂林市志》）

9月11日，桂林市城防司令部发布强迫疏散令，限期在14日正午前疏散完毕。（《桂林市志》）

9月15日，火烧北门口，驻军抢救不及，北城一片火海。（《桂林市志》）

是日，陈纳德将军下令破坏桂林机场。（《桂林市志》）

10月1日至6日，中国军队为扫清射界，火烧城外房屋，桂林大火六昼夜。（《桂林市志》）

10月26日，中国军队炸断中正桥。（《桂林市志》）

10月29日，日军入侵市区，城防军奋起反击。（《桂林市志》）

是日，残暴的日军在市东郊的柘木镇王家村毒死村民137人。（《桂林市年鉴》）

11月9日，日军入侵市区，城防军奋起反击。（《桂林市志》）

11月10日，日军用毒气杀了七星岩内中国官兵823人。（《守城日记》）

11月10日，桂林沦陷。（《桂林市年鉴》）

11月，日军组织复兴队于临桂署内，由白坠公任处长，后又于东江、三合、柘木、北附郭、西南附郭等处设立维持会，向地方抽收赌捐、摊担捐。次年二三月间，改组为维持总会，刘志坚为主任委员。（《桂林市年鉴》）

1945 年

1月18日，日军70余人侵入潮田苦竹村，全村遂被洗劫一空。（《桂林市年鉴》）

5月11日，日军急速北撤全县。（《桂林市志》）

5月20日，战犯调查小组飞桂林进行调查。（《广西日报》）

7月10日，侵桂日军撤尽，城内无一兵一卒。撤走时将中正桥彻底炸断。（《桂林市志》）

8月15日，日本天皇正式宣布向同盟国无条件投降。

8月底，广西抗战损失调查组8人从百色出发，至11月陆续调查完毕。桂林市的调查由巴一挥负责。（《广西省抗战损失调查统计》）

主要参考文献

一、历史文献

1. 民国著作

广西统计局：《广西省各县出入境大宗货物概况》，1934年版。

陈晖：《广西交通问题》，商务印书馆1938年版。

陈劭先：《广西建设研究会一年来概况》，载李宗仁等：《广西之建设》，广西建设研究会1939年版。

沈霍春、陈禾章：《中国战时经济志》，1941年版。

广西省紧急救侨委员会：《半年来之广西救侨工作》，《救侨工作》1942年版。

戈衍棣等：《桂林血战实录》，1945年版。

广西省政府：《广西省抗战损失概况及请求救济统计》，1945年版。

黄绍竑：《五十回忆》上册，上海书店影印风云出版社1945年版。

广西省救灾运动委员会：《广西在饥馑中》，1946年版。

广西省政府十年建设编纂委员会：《桂政纪实》，1946年版。

广西省政府统计处：《广西省抗战损失调查统计》，广西省合作文化印刷厂1946年版。

广西省政府统计室：《广西统计数字提要（增订版）》，1946年版。

洛文（陆联棠）：《受难的人民——桂林疏散记》，联益出版社，1946年版。

福建省政府：《福建省沦陷区抗战损失调查汇报（包括流窜县份）》“说明”，1946年版。

黄药眠：《桂林底撤退》，群力书局1947年版。

联合勤务总司令部抚恤处编：《中华民国忠烈将士姓名录》，1947年版。

广西省政府统计处编：《广西年鉴》第三回，1948年版。

易熙吾主编：《桂林市年鉴》，桂林市文献委员会1949年版。

2. 民国报刊

赓雅：《桂林被狂炸以后》，《申报》1938年12月21日。

夏衍：《桂林怎样抵抗轰炸》，《新华日报》1939年2月3日。

秋江：《今后的难民救济工作》，《新华日报》1939年4月2日。

丁达译：《现代战争中的飞机与坦克》，《新华日报》1939年9月14日。

范纯一：《如何预防霍乱》，《大公报》（桂林版）1942年5月28日。

王坪：《文化城的文化状况》，《广西日报》1943年9月8日。

古曼：《在疏散的日子里》，《新华日报》1944年7月12日。

李中玉：《疏散声中离桂林》，《新华日报》1944年8月11日。

林砺儒、曾度洪：《桂林师范学院疏散及复员的经过》，《桂林师范学院院刊》1946年第1卷第4期。

党明：《音乐节感言》，《广西日报》1947年4月5日。

《桂南会战的意义及其前途》，《中央周刊》1940年第27期。

《广西纺织机械工厂》，《国立广西大学机工通讯》1944年第3期。

《第五军修造工厂》，《国立广西大学机工通讯》1944年第3期。

《全州机厂》，《国立广西大学机工通讯》1944年第3期。

《湘桂铁路桂林机厂》，《国立广西大学机工通讯》1944年第3期。

《广西建设特刊》1932年第3号《公牍》。

《广西省政府公报》1942年第1335期；1942年第1483期；1947年第2176期。

《资源委员会公报》1942年第2卷第2期；1942年第3卷第4/6期；1943年第4卷第3期；1944年第6卷第3/5/6期；1944年第7卷第3/4期；1945年第9卷第3/4/6期；1946年第10卷第3–4期合刊；第11卷第3期。1947年第12卷第4期。

《广西建设》1946年创刊号；1946年第1卷第2期。

《大公报》（天津版）1937年10月17日；1944年10月28日；1944年11月13日。

《新华日报》1938年11月22日；1938年12月2日；1938年12月3日；1938年12月25日；1938年12月31日；1939年1月12日；1939年11月12日；1939年11月13日；

《申报》1938年12月3日；1938年12月26日；1938年12月31日；1944年3月15日；1944年4月10日；1944年7月15日；1944年8月4日；1944年8月31日；1944年9月1日；1944年11月14日。

《大公报》（桂林版）1941年4月1日；1941年4月14日；1941年5月27日；1941年5月31日；1941年7月1日；1941年7月20日；1941年8月5日；1941年8月9日；1941年11月30日；1942年3月31日；1942年4月22日；1942年5月26日；1942年5月27日；1943年

4月13日；1943年7月1日。

《大公报》（重庆版）1943年8月14日；1944年3月13日；1944年3月15日；1944年4月9日。

《广西日报》（昭平版）1945年4月20日。

《广西日报》（桂林版）1946年4月11日；1946年12月10日；1949年3月31日。

《中央日报》1946年11月7日。

《民声日报》1949年3月30日。

3. 民国档案

《中华民国统计简编》（1942年），中国第二历史档案馆全宗号6，案卷号221。

《桂林市各区国民中心学校抗战期间财产损失统计》，桂林市档案馆全宗号01，目录号1，案卷号1044。

《湘桂铁路桂段路股股票》，荔浦县档案馆民国档案全宗号87，目录号6。

《湘桂铁路桂段路股息折》，兴安县档案馆民国档案211-009-0003-0001。

《建筑湘桂铁路桂段兴安绅富认股收款据》，兴安县档案馆民国档案211-009-0005-0050。

《各绅户换领湘桂铁路桂段路股票及息折登记册》，兴安县档案馆民国档案211-009-0007-0001。

二、中文资料

1. 方志

申远华主编：《昭平县志》，广西人民出版社1992年版。

刘明原主编：《金秀瑶族自治县志》，中央民族学院出版社1992年版。

陆顺天主编：《隆安县志》，广西人民出版社1993年版。

刘海寿主编：《蒙山县志》，广西人民出版社1993年版。

梁名就主编：《百色市志》，广西人民出版社1993年版。

向大有主编：《广西通志·侨务志》，广西人民出版社1994年版。

刘兴周主编：《广西通志·粮食志》，广西人民出版社1994年版。

《南丹县志》，广西人民出版社1994年版。

韦洪宇主编：《钟山县志》，广西人民出版社1995年版。

广西壮族自治区通志馆编：《广西各市县历代水旱灾害纪实》，广西人民出版社1995年版。

黎灼仁主编:《广西通志·财政志》，广西人民出版社1995年版。

蓝志流主编：《广西通志·民政志》，广西人民出版社1996年版。

曹洪兴、刘中光总编：《广西通志·交通志》，广西人民出版社1996年版。

潘健康主编：《永福县志》，新华出版社1996年版。

莫如梁主编：《荔浦县志》，生活·读书·新知三联书店1996年版。

李典荣主编：《临桂县志》，方志出版社1996年版。

《柳州铁路局志》，中国铁道出版社1997年版。

颜邦英总纂：《桂林市志》，中华书局1997年版。

廖江主编：《灵川县志》，广西人民出版社1997年版。

罗富清主编：《忻城县志》，广西人民出版社1997年版。

谢求聚主编：《阳朔县志》，广西人民出版社1998年版。

韦甘睦主编：《宜州市志》，广西人民出版社1998年版。

陈谟志总纂：《南宁市志》政治卷，广西人民出版社1998年版。

《河池交通志》，河池日报社印刷厂2006年版。

2. 史料

韩启桐：《中国对日战事损失之估计》，载沈云龙主编：《近代中国史料丛刊续辑》第89—90号，台湾文海出版社1974年版。

中国社会科学院近代史研究所中华民国史研究室编：《中华民国资料丛稿·译稿》第十一辑《中国事变陆军作战史》，中华书局1980年版。

中国第二历史档案馆编：《中华民国史档案资料汇编》（第5辑第2编·财政经济），江苏人民出版社1981年版。

秦孝仪主编：《中华民国重要史料初编·对日作战时期》，1981年版。

周一行编著：《日本侵华史实录》，惠华出版社1983年版。

日防卫厅战史室编，天津市政协编译委员会译：《中华民国史资料丛稿·译稿·广西会战》，中华书局1985年版。

中国人民政治协商会议桂林市委员会文史资料研究委员会编：《桂林文史资料》第五辑《桂林抗战纪实》，1984年版。

中国人民政治协商会议广西壮族自治区委员会文史资料研究委员会编：《广西文史资料》第二十五辑《广西抗战亲历记》，1987年版。

中共中央党史资料征集委员会征集研究室编：《中共党史资料专题研究集：抗日战争时期（一）》，中共党史资料出版社1988年版。

方仁元等主编：《中华民国史史料长编》，南京大学出版社1993年版。

季啸风、沈友益主编：《中华民国史史料外编——前日本末次研究所情报资料》

（中文部分），广西师范大学出版社1997年版。

龙谦、胡庆嘉：《抗战时期桂林出版史料》，漓江出版社1999年版。

黄铮主编：《广西抗日战争史料选编》，广西人民出版社2005年版。

中国第二历史档案馆编：《抗日战争正面战场》，凤凰出版社2005年版。

广西壮族自治区档案馆：《民国时期西南边境档案资料汇编·广西卷》（第21卷交通2），社会科学文献出版社2014年版。

曹福谦：《湘桂黔大溃退目睹记》，载中国人民政治协商会议全国委员会文史资料研究委员会编：《文史资料选辑》第四十辑，文史资料出版社1963年版。

李微：《日本侵略军第二次进攻广西的片段回忆》，载中国人民政治协商会议广西壮族自治区委员会文史资料研究委员会编：《广西文史资料》第十六辑，1983年版。

李应瑜：《桂剧简史》，载中国人民政治协商会议广西壮族自治区委员会文史资料研究委员会编：《广西文史资料》第十九辑，1983年版。

覃戈鸣：《抗日时期桂林大火及沦陷经过》，载中国人民政治协商会议广西壮族自治区委员会文史资料研究委员会编：《广西文史资料》第二十辑，1984年版。

柳芳：《抗日战争时期桂林市工业调查》，载中国人民政治协商会议桂林市委员会文史资料研究委员会编：《桂林文史资料》第十辑，1986年版。

阳林芬：《解放前的桂林中学》，载中国人民政治协商会议桂林市委员会文史资料研究委员会编：《桂林文史资料》第十三辑，1988年版。

滕志峰等编撰：《桂系大事记》，载中国人民政治协商会议广西壮族自治区委员会文史资料研究委员会编：《广西文史资料选辑》第三十七辑，1993年版。

3. 著作

陶菊隐：《孤岛见闻——抗战时期的上海》，上海人民出版社1979年版。

德·希·珀金斯：《中国农业的发展——1368–1968年》，上海译文出版社1984年版。

曾度洪等：《桂林简史》，广西人民出版社，1984年版。

广西社会科学院、广西师范大学主编：《桂林文化城概况》，广西人民出版社1986年版。

广西艺术研究院、广西社会科学院主编：《欧阳予倩与桂剧改革》，广西人民出版社1986年版。

田汉：《田汉文集》第15卷，中国戏剧出版社，1986年版。

桂林市文化研究中心、桂林图书馆编：《桂林文化大事记（1937—1949）》，漓江出版社1987年版。

迟景德：《中国对日抗战损失调查史述》，台北“国史馆”1987年版。

林焕平：《桂林文化大事记·序二》，漓江出版社1987年版。

梁有斌等主编：《广西公路运输史》第1册，广西人民出版社1991年版。

军事科学院军事历史研究部：《中国抗日战争》下册，解放军出版社1994年版。

孟国祥、喻德文：《中国抗战损失与战后索赔始末》，安徽人民出版社1995年版。

覃延欢、廖国一主编：《广西史稿》，广西师范大学出版社1995年版。

郎敏路、唐景积主编：《广西抗战纪实》，广西人民出版社1995年版。

沈奕巨：《广西抗日战争史稿》，广西人民出版社1995年版。

中共桂林市委党史研究室编：《桂林抗战纪实》，漓江出版社1995年版。

雷坚：《广西建置沿革考录》，广西人民出版社1996年版。

高平等：《对日索赔纪实》，国际文化出版社1997年版。

黄家城主编：《桂林旅游史略》，漓江出版社1998年版。

蒙荫昭、梁全进主编：《广西教育史》，广西人民出版社1999年版。

滨下武志：《近代中国的国际契机》，中国社会科学出版社1999年版。

黄家诚、陈雄章等：《桂林交通史略》，人民交通出版社2000年版。

唐凌：《开发与掠夺：抗战时期的中国矿业》，广西师范大学出版社2000年版。

魏华龄等主编：《桂林抗战文化研究文集》（六），广西师范大学出版社2001年版。

苏关鑫、李建平主编：《桂林抗战文化的研究文集》（七），广西师范大学出版社2003版。

袁成毅：《浙江抗战损失初步研究》，陕西人民出版社2003年版。

黄菊艳：《抗战时期广东经济损失研究》，广东人民出版社 2005年版。

中共广西壮族自治区委党史研究室：《广西抗战时期人口伤亡和财产损失》，中共党史出版社 2011年版。

4. 文件

张效林译：《远东国际军事法庭判决书》，五十年代出版社1953年版。

王铁崖、田如萱编：《国际法资料选编》，法律出版社1982年版。

[英]劳特派特修订，王铁崖、陈体强译：《奥本海国际法》下卷第二分册，商务印书馆1989年版。

5. 论文

黄大受：《日本侵华损害估计》，《文史学报》（台湾）1978年第8期。

马守正、刘西平、刘红：《20世纪上半期的桂林土布业》，广西师范大学历史系、广西地方民族史研究室编：《广西地方民族史研究集刊》第2辑（内部交流）1983年。

郭德洁：《一年来教养工作的回顾与前瞻》，《桂林儿童教养院纪念特刊》1990年。

陈建宁：《河南省战时损失调查报告》，《民国档案》1990年第4期。

珞珈：《抗日战争时期中国损失调查及赔偿问题》，《探求》1995年第5期。

郭希华：《抗日战争时期中国损失调查及赔偿问题》，《历史研究》1995年第6期。

李彭元：《抗战时期日本对我国文化典籍的掠夺》，《四川图书馆学报》1997年第2期。

唐凌：《关于抗战期间广西矿业损失的调查》，《历史档案》1999年第4期。

袁成毅：《抗战时期中国最低限度伤亡人数考察》，《杭州师范学院学报》1999年第4期。

戴雄：《侵华日军对中国古建筑的毁损》，《民国档案》2000年第3期。

袁逸：《抗战时期浙江省图书馆事业的损失》，《中国图书馆学报》2000年第5期。

黄菊艳：《抗日战争时期广东损失调查述略》，《抗日战争研究》2001年第1期。

陈剑光、周文芳：《抗战期间中国高校图书馆之损失》，《浙江社会科学》2002年第1期。

姜丽华、袁逸：《抗战时期浙江私家藏书的损失》，《江西图书馆学刊》2002年第3期。

戴雄：《抗战时期中国文物损失概况》，《民国档案》2003年第2期。

唐凌、陈炜：《广告宣传与抗战时期大后方工矿企业的发展》，《广西师范大学学报》2003年第2期。

唐凌：《抗战时期日军侵略广西情报资料辑录及考评——以〈末次情报资料〉为范围》，《华南理工大学学报》（社会科学版）2003年第4期。

王晓军：《日军航空队袭击广西暴行述评》，《抗日战争研究》2003年第4期。

戴雄：《抗战时期中国图书损失概况》《民国档案》2004年第3期。

袁成毅、夏卫东：《“中日战争与战争遗留问题学术研讨会”综述》，《抗日战争研究》2004年第4期。

刘国武：《抗战期间衡阳直接损失述要》，《衡阳师范学院学报》（社会科学版）2004年第4期。

唐咸明：《抗战时期日军两次入侵广西造成的图书损失初探》，《广西地方志》2005年第4期。

莫长胜、唐咸明：《抗战时期广西蔗糖业损失初探》，《广西教育学院学报》2006年第2期。

刘方富：《浅议抗日战争时期广西土产的损失》，《张家口职业技术学院学报》2006年第3期。

巫文生、唐咸明：《论抗战时期广西两次沦陷期间的医药损失》，《柳州师专学报》2006年第4期。

张旭杨：《抗战时期边陲重镇龙州抗战损失初探》，《广西地方志》2014年第6期。

李忠杰：《〈抗日战争时期中国人口伤亡和财产损失调研丛书〉总序》，《中共党史研究》2015年第1期。

张旭杨：《抗战时期广西工业损失研究》，《桂林师范高等专科学校学报》2017年第1期。

后 记

我们产生对桂林抗战损失调查研究的想法是在2001年，因为当时我们通过教学与研究实践，已经很清楚地意识到，抗战损失研究是一个非常重要同时又是很有挑战性的工作，关系到民族的历史尊严和国家的现实利益，也关系到抗战史研究的进展。

桂林在抗战时期被日军反复轰炸，并且还被直接占领长达9个月之久。对桂林的抗战损失开展调查研究，既可以深化自己原有的研究领域，也可以充分利用本地的历史资源，充实历史教学的内容，增强师生理论与实际的结合，还可以为政府和民间反击日本右翼势力提供学术支持，于是决定主动承担这一任务。从资料的收集到内容的确定直至报告的最后定稿，历时数年。接着，根据专家学者提出的意见及知情者提供的新线索，又开展了延续性的调查研究，补充修改调查报告。2019年，南京出版社为推动抗战史研究，选择一些成果，分专题出版，我们的成果被列入侵华日军暴行史专题。我们继续充实调查报告的内容，以《全面抗战期间桂林损失调查研究》为题，既体现14年抗战史观，又真实反映桂林损失的实际状况。

由于抗日战争胜利距今已近80年，许多战争的遗迹已经消失，历史的见证者也越来越少，因此，查证工作异常艰难，耗费了我们大量的时间和精力。同时，随着抗战史国际研究的不断深入，我们越发认识到，面对抗战损失这类历史难题，仅展示日军的暴行，以及中国社会和民众所受到的伤害是远远不够的，还必须运用国际认可的规则和历史事实来予以证明，因此，我们一方面要大量收集有关史料，另一方面，则要本着客观、有效，经得起历史检验的原则进行选择。无疑，这一工作难度很大，而我们必须迎难而上，坚持探索，在探索中思考，解决研究中出现的问题，不敢有所懈怠。

照理说，当一项科研成果即将面世的时候，我们的心情应当充满喜悦。但是，我们此刻的心情却非常凝重。因为，通过调查研究，我们发现了日军在桂林施暴的许多细节，深深地感受到了民族的屈辱，也进一步意识到了历史工作者所肩负的使命。我们一直在问自己：日本侵略者在桂林犯下了如此严重的罪行，我们的调查研究工作能够充分地予以揭露吗？能够告慰被日军残酷杀害的同胞的灵魂吗？能够抚平桂林这座美丽城市所受到的战争创伤吗？能够禁受得住历史的检验吗？每次调查工作告一段落时，这些自我发问都会不断出现。桂林“慰安妇”成为东京审判重要证据，引起国际广泛关注。我们曾到荔浦马岭镇慰安所原址进行考察，望着沧桑、残破的建筑，我们仔细进行勘察，再沿着周围道路，反复观看附近的环境，力图找到这里成为日军慰安所的原因。虽然文献资料和实地调查资料，帮助我们了解了其中的一些原因，但是历史的内幕却难以真正知晓。社会各界围绕这一事件也曾开展了深入的调查研究，甚至动用了一些国际资源和国际力量，由于日本极力掩盖战争罪行，详情一直未能清晰揭示。所以，当我们每次观看《三十二》这部反映“慰安妇”韦绍兰苦难人生的纪录片时，就会联想荔浦马岭镇考察慰安所的情景，总感觉自己做的工作，与还原历史真相的要求，存在着较大的差距。

当然，通过调查研究，我们对全面抗战时期桂林损失研究工作也找到了一些新的路径与方法，增强了自信与动力。例如，调查中我们发现，1944 年桂柳会战前夕，桂林市灵川县定江乡莲花塘村的 400 多人集体逃到位于深山的宝源村，宁愿靠种红薯、玉米、青菜为生，也不愿意留在村里，为日军生产粮食或为日军服务，一直坚持到日本投降后才返回家中，表现出高尚的民族气节。在近 9 个月的时间里，莲花塘村和宝源村的民众彼此相助，共度时艰。此过程中，结下了深厚的情谊。① 从此，两个村的民众开始每两年一次的“走集体老同”活动，至今已经坚持了 70 多年。我们参加了其中的三次。两次是在宝源村，一次是在莲花塘村。时间均为春节期间。两个村的男女老少近千人聚集在一起共贺新春，共叙友谊。每当我们看到老人聚会期间向孩子们讲述两村人“躲日本”，不当亡国奴，以及“走集体老同”活动由来时，

---

① 唐凌、邓景生：《关于日军侵占桂林及周边地区的民间记忆——以广西灵川县定江乡为考察重点》，《广西师范大学学报》2013年第4期。

作为历史工作者，内心都会产生莫名的感动与自豪。我们清楚地意识到，只要这种活动延续，日军的罪行就不会被民众遗忘，抗战精神就会传承下去，在新时代发扬光大。类似的活动，民间还有许多，民众保存历史记忆的方式千差万别，有的特色鲜明，精彩纷呈。只要我们的调查研究工作不断坚持下去，就一定会有更多的发现与收获。

现在呈现在大家面前的《全面抗战期间桂林损失调查研究》，只能说是我们一个阶段的调查研究结果。我们希望自己能够交上一份满意的答卷，至于能否达到这一标准，那就由人们和历史来评判了。

在我们调查研究的过程中，中国社会科学院和广西哲学社会科学规划办公室提供了经费资助。政协桂林市委员会原副主席和桂林市抗战文化研究会原会长魏华龄先生为我们提供了许多有价值的资料线索，并对调查研究工作提出了许多指导性的意见。厦门大学历史系博士生、广西师范大学创新创业学院副院长李闰华副教授，四川大学历史文化学院博士生、南宁师范大学旅游学院院长陈炜教授无私地为我们奉献了他们所收集的有关抗战损失的档案及文献资料。广西师范大学社会文化与旅游学院历史系的钟文典教授生前为我们的研究提供了许多专业指导，谭肇毅教授为我们提供了不少有价值的研究线索。硕士生及本科生康忠慧、黄有艺、周利荣、胡丽华、王德利等与我们一道深入社会实际，开展历史调查，并对收集的有关资料进行了整理分析。广西师范大学社科处、财务处的领导及工作人员为我们的调查研究工作提供了优质的服务。南京出版社的聂焘先生和编辑程瑶女士为本书的出版付出了辛勤的劳动。我们还在调查研究的过程中参考了许多有关抗日战争尤其是有关抗战损失方面的史料集、论著及论文，从中受到很多启发。在此，对所有关心、支持、帮助我们完成这一调查研究工作的机构以及师长、同仁、朋友等表示衷心的感谢！

恳切希望得到社会各界的指教。

著者